本丛书得到国家社科基金重大项目《把握经济发展趋势性特征，加快形成引领经济发展新常态的体制机制和发展方式研究》（批准号 15ZDC009）和深圳市人民政府委托重大项目《加快发展新经济的体制机制问题：中国发展新经济的问题与对策研究》的资助

国家出版基金项目
NATIONAL PUBLICATION FOUNDATION

中国改革新征途：
体制改革与机制创新丛书

A New Journey in China's Reform:
A Collection of System Reform and Mechanism Innovation

大国脱贫之路

Big Powers' Road of Poverty Alleviation

王海燕 ◎ 著

人民出版社

总　序

　　一部中国改革史,其实也是一部制度和体制机制变迁的历史。在中国经济进入新常态的大环境下,制度改革、制度创新和体制机制变迁的作用更加凸显。党的十八大以来,以习近平同志为核心的党中央强调,"摆在我们面前的一项重大历史任务,就是推动中国特色社会主义制度更加成熟更加定型,为党和国家事业发展、为人民幸福安康、为社会和谐稳定、为国家长治久安提供一整套更完备、更稳定、更管用的制度体系"。① "到二○二○年,在重要领域和关键环节改革上取得决定性成果,完成本决定提出的改革任务,形成构建系统完备、科学规范、运行有效的制度体系,使各方面制度更加成熟更加定型"②,推进国家治理体系和治理能力现代化。党的文献中首次出现并重点强调"制度体系""制度定型"的概念,让世界看到新一轮改革的制度取向。

　　今天中国的改革,已经进入以强化制度建设为核心的全面深化改革阶段。"制度改革"始终聚焦重要领域和关键环节,"制度创新"始终注重顶层设计和配套衔接,综合部署"弹钢琴",使一系列制度体系愈加成熟定型。改革不是单个领域体制的调整和修补,而是各方面体制

---

① 《习近平谈治国理政》,外文出版社2014年版,第104—105页。
② 《十八大以来重要文献选编》(上),中央文献出版社2014年版,第514页。

与制度的创新;不是某个领域体制改革的单向推进,而是各领域、各层次的系统推进;不是止步于改革体制机制,而是要着眼于制度聚合与集成,形成总体性的制度成果和制度文明。以制度建设巩固改革开放的成果,以制度创新激发社会活力,增进全体人民福祉,这是全面深化改革不遗余力推进制度创新的深层逻辑。

我国仍然处在社会主义初级阶段,在跨越"中等收入陷阱"的进程中,完善社会主义市场经济体制具有特殊的紧迫性。经济发展进入新常态以来,党中央、国务院提出了供给侧结构性改革的战略部署,核心要义是优化制度供给,形成引领经济发展新常态的好的体制机制。可以说,本套丛书的研究也契合了制度供给侧改革的理论和实践,并得到了国家社会科学基金重大项目《把握经济发展趋势性特征,加快形成引领经济发展新常态的体制机制和发展方式研究》(编号 15ZDC009)的资助。

党的十八大以来,党和国家的事业发生历史性转变,我国发展站到了新的历史起点上,中国特色社会主义进入了新的发展阶段。党的十九大开启中国发展的新篇章,社会主义现代化强国建设的新征程拉开大幕,客观上要求中国特色社会主义制度体系更加成熟定型。本套丛书意在为推进我国重要领域和关键环节的制度建设,提高国家治理能力现代化提供有益借鉴。

张占斌

2017 年 8 月

于国家行政学院

目　录

前　言

　　贫困是人类最大的丑恶现象。

　　如果我们已知人类有百种丑恶，那么多数源于贫困。

　　贫困导致苦难、绝望、仇恨，在贫困面前，尊严、爱情、道德、理想都显得无比苍白。贫困总和混乱、战争如影随形，在贫困超过了穷人的心理承受能力的情况下，通常便爆发革命。自有人类以来，贫困现象从未消失，贫困是困扰人类社会发展的永恒话题。古代贫困的数据我们已很难找寻，主要是穷人常常是没有记录的，我们只能从零星的历史资料中去了解贫困群体的凄苦人生。消灭贫困、实现大同，是古今中外贤君良臣、仁人志士等伟大人物和平民百姓追求的永恒目标。但是，即使到了工业化快速发展的现代社会，即使在全球致力于消灭贫困并不断付诸努力的情况下，贫困问题依旧未能消除，依然困扰着人类社会的发展。

　　中国，泱泱大国，几千年来，致力于实现大同社会。但战乱频繁、灾害频发，中华民族太平、安康时日不多。特别是近代以来，国民更是饱受贫困之苦。先天下之忧而忧，后天下之乐而乐，中国共产党自成立之日起，即以人民幸福为己任，百折不挠不变其心，千辛万苦不改其志，组织团结数亿中华儿女谱写出人类社会消灭贫困的伟大曲章。

党的十八大以来，以习近平同志为核心的党中央发出了消除贫困，打赢脱贫攻坚战的历史呐喊，这是泱泱大国历史的呼唤，这是数十亿中华儿女的心声，这是人类社会不屈的抗争，这是共产党人永恒的使命。五年多来，我们成就历史伟业，中国贫困状况大为改善。但消除贫困的道路依旧艰辛，人民对美好生活的向往强烈迫切。在党的十九大上，习近平总书记号召全党，要永远与人民同呼吸、共命运、心连心，永远把人民对美好生活的向往作为奋斗目标，以永不懈怠的精神状态和一往无前的奋斗姿态，继续朝着实现中华民族伟大复兴的宏伟目标奋勇前进。在中国共产党的坚强领导下，中国消除贫困的历史任务一定要实现，中国消除贫困的历史任务一定能实现。

第一章　摆脱贫困是人类永久的梦想

第一节　贫困是困扰人类社会
发展的永恒话题

一、贫困是人类社会的顽疾

贫困是人类最大的丑恶现象。贫困是人类幸福最大的敌人。人类生活的一切不幸的根源，就是贫困。如果我们已知人类有百种丑恶，那么三分之二源于贫困。贫困导致的恶果——仇恨、苦难、行尸走肉般的躯体。贫困总和战争、混乱如影随形，在贫困超过了穷人的心理承受能力的情况下，通常便爆发革命。穷人是贫穷的最直接的受害者和牺牲品。没有人喜欢贫困，但自从有人类以来，贫困始终与人类社会如影随形。古今中外，概莫如此，贫困现象从未消失。古代贫困的数据我们已很难找寻，主要是穷人常常是没有记录的，我们往往只能从零星的历史资料中去了解贫困人群的悲苦人生。

因此，消灭贫困也就成为古今中外贤君良臣、思想家等伟大人物以及平民百姓追求的目标。但是，即使到了工业化快速发展的近现代社会,即使在全球致力于消灭贫困并不断付诸努力的情况下,贫困问题依旧未能消除,依然困扰着人类社会的发展。

为唤起世界各国对因制裁、各种歧视与财富集中化引致的全球贫富悬殊族群、国家与社会阶层的注意、检讨与援助,联合国组织自 1993 年起把每年 10 月 17 日定为国际消除贫困日。2006 年是第一个"国际消除贫困十年"的最后一年,但根据联合国发布的有关数据显示,截止到 2006 年,世界仍未解决贫穷问题,全世界仍有 8.54 亿人长期遭受贫困和营养不良之苦,有超过 10 亿的极端贫困人口每天生活费不足 1 美元,每年有 560 万儿童死于与贫困有关的疾病。同时,世界各地还有 11 亿多城乡居民喝不上清洁的饮用水,更有 26 亿人连基本的卫生设施都没有。根据联合国开发计划署数据,2006 年全世界最贫穷的人口(25 亿人日收入不足 2 美元)占世界总人口的 40%,他们的收入仅占全球收入的 5%,而最富裕的人口占世界总人口的 10%,可是他们的收入却占了全球收入的 54%。贫困人口主要分布在发展中国家。根据世界银行 2008 年设定的贫困线,按照每人每日收入 1.25 美元计,印度生活在贫困线以下的人口 2005 年为 4.55 亿人,约占全球贫穷总人口的 1/3。全球低于这一标准的贫困人口约有 14 亿人,约占全球总人口的 26%。根据世界银行 2015 年公布的最新绝对贫困线每天每人收入 1.9 美元估算,世界贫困人口目前还有 9 亿人左右,其中高收入发达国家和地区基本没有,全部分布于发展中国家和落后国家。当然,并不是说高收入发达国家和地区不存在贫困问题,发达国家和地区贫困问题也十分严重,只是贫困程度要好于发展中国家而已。如根据不同国家和地区制定的贫困标准,美国 2014 年贫困率为 14.8%,贫困人口达到历史最高点,为 4666 万人。欧盟贫困率为 17.2%,共有贫困人口 8536 万人。分地区看,东欧国家贫困更为严重,西欧和北欧相对较好一些。

贫困问题已成为当今世界最尖锐的社会问题之一,各国政党、政府和社会各界对贫困问题一直相当重视。英国广播公司曾经于 2000 年就全球最主要问题做过专门调查,方式有当面采访、互联网投票、电话采访等,受访者超过 2.5 万人,来自 20 多个国家。调查结果显示,贫穷问题在全球范围内最受关注,71% 的受访者认为极端贫穷是全球最主要的问题,超过气候变化和经济衰退。在 2016 年 G20 杭州峰会新闻发布会上,联合国秘书长潘基文表示:"消除贫穷与饥饿,让所有人能够平等地享有经济社会发展的成果,这在联合国可持续发展目标中排在首位,没有什么比这个实现目标更加优先。"潘基文说:"世界极端贫困人口从 1990 年 17.5 亿减少到 2015 年 7.02 亿,为什么我们依然要把消除贫困放在首位?因为我们不能让任何一个人掉队,我们要消除一切形式和表现的贫穷与饥饿,让所有人平等和有尊严地在一个健康的环境中充分发挥自己的潜能。"

二、贫困的内涵与测量

(一)贫困的内涵

消除贫困首先要了解什么是贫困?怎么准确地界定贫困?怎么衡量它的范围?目前并没有形成统一的意见。如欧共体在 1989 年对贫困做了如下定义:"贫困应该被理解成群体、家庭或个人物质、社会和文化方面的有限,导致该类人群被排除在所在成员国可以接受的最低生活标准的生活方式之外。"诺贝尔经济学奖获得者阿玛蒂亚·森将贫困定义为缺乏获得和享受正常生活的能力和机会。朗特里和布思将贫困定义为:"对于家庭或个人,当缺乏获取必要数量的货物和服务的经济能力的时候,家庭和个人的生活状况可以被看作是贫困。"英国的奥本海默在其所著的《贫困真相》中对贫困做了如下定义:"贫困是物质上、社会上、情感上的匮乏。"世界银行在《1990年世界发展报告》中，将贫困定义为："贫困是缺乏获得最低生活标准的能力。"中国国家统计局课题组对贫困做了如下定义："贫困是指物质方面的困难，也就是一个家庭或个人无法达到社会所接受的最低生活标准，且缺乏必要的物质生活生产资料，生活处于贫困境地。"

概括来讲，受不同历史和研究专业的影响，不同国家的不同学者给贫困下了不同的界定。但对贫困的界定涉及的维度越来越多，涉及的范围越来越广，不仅强调收入对于满足人们基本需要，而且涉及促进机会公平、消除社会排斥、提高贫困人口能力、增加发展机会、给予贫困人口更多的权利等。但就本书而言，我国当前正在进行的精准扶贫、精准脱贫中提到的贫困是一个多维度的含义，不仅包括收入不足的"贫"，也包括了贫困群体不能接受教育、缺乏卫生服务、缺乏安全住房等的"困"。因此，精准扶贫、精准脱贫的目标也是多维度的，即到2020年，稳定实现农村贫困人口不愁吃、不愁穿，义务教育、基本医疗和住房安全有保障。实现贫困地区农民人均可支配收入增长幅度高于全国平均水平，基本公共服务主要领域指标接近全国平均水平。确保我国现行标准下农村贫困人口实现脱贫，贫困县全部摘帽，解决区域性整体贫困。

(二)贫困的测量

早期，人们对贫困的认识主要局限于人能够生存下来，避免饥饿和营养不良。1901年，英国学者朗特里才开始用收入来定义英国的贫困。1981年，世界银行开始对发展中国家进行消费和收入贫困测算。2010年，联合国开发计划署《人类发展报告》第一次公布了多维贫困指数(MPI)，拓展了人类发展理论对贫困的测量。到目前为止，全球广泛使用的测量贫困的标准可以分为两类：收入/消费标准和多维贫困指数,前者使用更广泛一些。

1. 英国的收入/消费标准及变化

1901 年,英国学者朗特里按照"获得维持体力的最低需要"和"购物篮子"所需要的货币预算,估算了英国约克市的贫困线,他估算一个六口之家一周的贫困线为收入 26 先令,个人贫困线为年收入低于 226 先令。1950 年以前,英国选用基本的食品、衣着、住房需求的"购物篮子"作为衡量贫困的标准。1979 年以后,英国对贫困的定义是"家庭收入低于收入中位数的 60%"。中位数是指处于中间收入家庭所获得的税后收入。根据这样的标准,2013—2014 年度英国根据低于当年中位数收入 60% 的贫困线,测算出不同类型家庭的相对贫困线(见表 1-1)。

表 1-1　英国不同类型家庭的相对贫困线(2013—2014 年)

家庭类型	贫困线/家庭收入(英镑/年)
单个成人	6987
单亲家庭,一个孩子	9437
一对夫妇,无孩子	12096
一对夫妇,一个孩子	14495
一对夫妇,三个孩子	19344

资料来源:Living Standards,Poverty and Inequality in the UK:2015,The Institute for Fiscal Studies。收入数据为扣除住房成本后的收入数据。为对比方便,对数据做了相应的调整。

2. 世界银行的贫困标准及变化

世界银行主要采用基本需要法测算个体或家庭是否拥有足够的资源以满足基本需要,基本需要包括食物和非食物两部分。世界银行贫困线分为绝对贫困线和一般贫困线,绝对贫困线一般是依据若干世界最贫困国家的贫困标准来确定,一般贫困线一般是依据发展中国家的贫困标准来确定。从 1990 年开始,世界银行先后公布了三条绝对贫困线和一条一般贫困线(见表1-2)。

表1-2 世界银行的绝对贫困线和一般贫困线

绝对贫困线			一般贫困线	
发布年份 (基期)	数值(美元/ 天/人)	测算依据	数值(美元/ 天/人)	测算依据
1990(1985)	1.00	8个最贫困国家的贫困线	—	—
2008(2005)	1.25	15个最贫困攻坚贫困线的 平均数	2.00	75个国家的 中位数贫困线
2015(2011)	1.90	15个最贫困攻坚贫困线的 平均数	—	—

根据世界银行2015年发布的每天消费低于1.9美元(2011年PPP)的贫困标准,2012年全球贫困发生率达到12.7%,贫困人口8.97亿人。贫困人口主要分布在撒哈拉以南非洲和南亚地区,撒哈拉以南非洲贫困人口最多,高达3.89亿人,南亚地区贫困人口3.09亿人。

3. 中国的贫困标准及变化

中国的贫困标准采用的是中国统计局发布的政府贫困标准。中国的贫困标准有两个:一个是农村贫困标准;另一个是农村低收入标准。前者是极端贫困标准,后者是一条较高的贫困标准。中国农村贫困标准在1985年、1990年、1994年、1997年、2010年由国家统计局根据全国农村住户调查分户资料测定,其他年份则使用农村居民消费价格指数进行更新。1986年,中国制定了206元的贫困标准。1998年,为了更好地进行贫困的国际比较,国家统计局开始测算新的贫困标准,从2000年起,以农村低收入标准向社会公布。2000年将农民人均纯收入865元定为低收入标准。2008年年底,中国将贫困标准和低收入标准合二为一,作为扶贫标准,当年为1067元,2009年和2010年标准进一步上调至1196元和1274元。2011年年底,中国颁布了《中国农村扶贫开发纲要(2011—2020 年)》,为了缩小发展差距,让更多的贫困人口共享改革开放的成果,国家决定将扶贫标准定为"农民人均纯收入2300 元(2010 年不变价)"。

2015 年 10 月 4 日,世界银行发布最新的世界绝对贫困标准,由1.25 美元(2005 年 PPP)更新为 1.9 美元(2011 年 PPP)。按照世界银行确定的 PPP 转换因子,中国的 PPP 转换因子为 3.70,农村的 PPP 转换因子为 3.04。中国农村贫困标准当年为 2536 元,即每天 6.95 元,合每天 2.29 美元。中国农村贫困标准超过了世界银行绝对贫困标准1.9 美元,并高于世界银行标准 20.5%。按照中国现行农村贫困标准,即每人每年 2300 元(2010 年不变价),2016 年中国贫困人口 4335 万人,1978 年中国贫困人口 77039 万人,自 1978 年以来,超过 7 亿农民摆脱贫困。

三、造成贫困的主要原因

自古以来,造成全球大量人口贫困的原因是多种多样的,有直接的也有间接的,包括地理因素如自然环境恶劣等;政治因素如政局动荡和战争等;经济因素如生产力落后和经济危机等;政策因素如治理不善等;历史因素;疾病因素如灾害瘟疫等;个人因素如能力、权利缺失等。而且,不同历史时期,不同国家和地区的主要原因也不尽相同,很难拿一个国家和地区的原因去分析另外一个国家和地区,即使同一个国家,发展时期不同、政策不同,造成贫困的原因也不相同。从较宏大的视野看,以下一些因素都导致了不同时期较大规模的贫困问题。

一是农业生产力落后。古今中外,贫困人口大多数分布在农村,过去如此,现在也如此。城市虽然也有贫民的存在,但与农村相比比例还是很小的。这其中一个重要的原因在于农业生产力落后。古代社会贫困往往与饥饿紧密相连,饥饿基本上也就是贫困的代名词,主要原因在于农业与手工业和商业相比,也即今天的第二产业和第三产业相比,生产力相对落后,难以生产足够的粮食。因此,古代一个国家和地区人口的规模往往与粮食生产的量紧密相关。即使到了工业化的今天,贫困人口依然大多数分布在农村,虽然原因更复杂,但农业生产力落后仍是一个主要原因。

二是自然灾害和疾病。无论过去和现在,自然灾害和疾病都是造成贫困的一个重要原因,过去更为明显。古代一个国家和地区的发展主要靠农业,而农业在没有现代生产技术之前,主要是靠天吃饭,最怕自然灾害。但灾害历史是和人类的生产活动的历史一样久远,没有人类的生产活动,所谓的风雨失时、旱涝成灾就成为无源之水、无本之木。自从有了农业生产活动,也就有了农业灾害的破坏活动。据有关专家统计,中国仅春秋、战国时期灾害的总次数就达 151 次,未提及原因的饥荒有 35 次,平均不足四年一次,而有的灾荒长达数年。疾病是造成贫困的另外一大原因。14 世纪发生在欧洲的黑死病造成欧洲人口大量死亡,有专家估计欧洲人口死亡 6200 万,1350 年至 1400 年间,欧洲的人均寿命从 30 岁缩短到 20 岁。人口的大量死亡造成了欧洲城镇的衰落、大量的农田荒芜、家园被舍弃、工厂矿井被废弃、正常的经济生活停顿,人们衣食住行所必需物质的生产受到严重破坏,欧洲的社会经济陷入紊乱状态,大量人口陷入贫困之中。

三是社会局势不稳和战争。无论在哪一种社会制度中,如果社会局势动荡,时不时地有流血冲突发生,人们正常的生产生活就受到了冲击,贫困就会伴随而来。战争更是与贫困如影随形。战争,一是严重地影响着正常的生产,使社会的物质财富减缓;二是损耗、浪费大量的物质资源,而这些物质资源本可以用来改善人民生活水平;三是造成大量物质财富的破坏,造成社会动荡、大量人口流离失所等,这些都将使大量人口陷入贫困之中。第二次世界大战造成军民伤亡9000余万,直接军费开支约11170亿美元,参战国物资总损失价值40000亿美元,仅在欧洲,战争造成的物资损失(据不完全统计)就达2600亿美元(按1938年价),数不清的人类历史文化遗产毁于一旦。战争中造成数以亿计的人口流离失所,战后数以亿计的人口陷入贫困之中。

四是自然环境恶劣。自然环境恶劣也是造成贫困的一个重要原因,比如中东、非洲的一些国家,在石油没有成为主要能源之前,这里的国家都是大片的沙漠,自然资源匮乏,严重缺乏耕地、严重缺水,加上生产技术极为落后,多数人难以逃脱贫穷的命运。即使到了今天,在生产技术不是很发达的国家和地区,如果自然环境十分恶劣,也基本上难以摆脱贫困的命运。如我国当前精准扶贫、精准脱贫的十四个重点地区,主要分布在中西部的自然环境恶劣地区,交通不便、耕地缺乏、教育落后等,成为脱贫攻坚的硬骨头。

五是国际经济秩序不合理。造成目前许多国家和地区,特别是非洲、亚洲发展中国家严重饥饿、极端贫困的主要原因之一,在于从20世纪初逐渐形成、至今仍未得到根本改变的国际经济旧秩序。国际经济旧秩序的特点是,以不合理分工为基础的国际生产体系,以不等价为特征的国际贸易体系,以国际垄断资本占据支配地位的国际金融体系。这样的秩序危害着发展中国家政策的自主权、经济活动的管辖权、国际市场的自主利用权等。这样的秩序,是削弱大多数发展中国家生产发展、民生改善、粮食安全乃至经济安全的根源,也是亚非等多数发展中国家贫困的祸根。

六是国家治理不善。不少国家和地区由于治理不善、决策失误导致国家经济出现问题,甚至陷入畸形,造成大量人口贫困。20世纪60

年代至 80 年代,非洲不少国家受到脱离实际的理论误导,以"现代化发展理论"等为指导,确定了"赶超"战略,以进口替代为中心,但却忽视了农业和粮食生产,"重工轻农""重城轻乡"等,造成人口增长过快,粮食供不应求。又由于忽略农业发展,造成农业生产方式落后,农业基础薄弱,粮食产量低而不稳,造成大批牲畜死亡,大量人口因缺粮而营养不良。20 世纪 90 年代,俄罗斯错误地采取了"休克疗法"进行经济体制改革,造成大量国有资产流失,经济迅速下滑,大量人口陷入贫困之中。

七是经济制度自身存在缺陷。近代社会以来,资本主义制度确立以后,一方面大大地促进了经济的发展;另一方面,由于其制度本身的缺陷,经济危机成了其不能消除的顽疾。不时爆发的经济危机对经济生活造成了极大的冲击和危害,使不少人生活陷入困境。1929 年爆发于美国的经济危机,导致了全球经济的大萧条,美国和全球从此进入了长达 10 年的经济大萧条时期:银行倒闭、工厂关门、工人失业、贫困来临……这次经济危机很快从美国蔓延到其他工业国家。对千百万人而言,生活成了吃、穿、住的挣扎。在美国,失业人口总数达到了 830 万,排队领救济食品的穷人长达几个街区。英国则有 500 万—700 万人失业,不得不排着更长的队伍等候在劳务交易市场内。全球数以千万计的人口陷入贫困当中。

八是社会济贫制度缺失。自古以来,在不同的社会中,穷人往往是占多数的,他们处于社会的底层,没有创业的资本,也很少有发展的机遇,一旦政治、经济等有稍大的变化,或者家里出现了困难,就会迅速陷入贫困之中,如果不能得到及时帮助,则会长期处于贫困之中。因此,社会济贫制度就十分重要,如果一个社会济贫制度比较完善,就能帮助很多人解决困难,避免陷入贫困之中。但社会济贫制度的建立、健全和完善也就是近一百多年的事情,而且也只是一部分国家具有健全、完善的社会济贫制度,大多数国家依然缺失。因此,长期以来多数国家和地区存在大量的贫困人口,缺乏健全、完善的社会济贫制度也是一个重要的原因。

第二节 国外关于贫困的主要思想和减贫实践

一、国外关于贫困的主要思想

从最早有历史记录的时候开始,贫困就已经是一个引起关注的问题。不同时期,不同国家和地区对贫困的认识也不尽相同。

(一)早期国外关于贫困的主要思想

国外古人关于贫困的思想也有很大的差别。约公元前 1700 年,汉谟拉比国王制定的《汉谟拉比法典》规定,保护穷人、寡妇、孤儿,是"贤明君主"应有的职责,并针对强迫劳动这种偿债形式作出了时间上限的规定,如此一来,欠债方有了法律保障,不至于沦为终身奴隶。

但古希腊和古罗马对于贫困的看法就大不相同。苏格拉底和柏拉图认为,贫困不是人们物质财富匮乏,而是欲求的不节制。因此,柏拉图和亚里士多德认为贫困是恶的潜在根源。柏拉图认为,欲望是人的自然天性,因而无法根除,反贫困可行的办法是训教,对于训教无果的人应驱逐出城邦共同体。在古希腊——古罗马城邦中,共同体的利益高于一切,贪欲所导致的贫困会对维护共同体的秩序和团结产生重大威胁,因此,穷人自然被视为共同体的破坏者和危害者。因而从反贫困的手段来看,不是鼓励穷人通过"经济"的方式去创造财富,而是通过训导和教育,用法律和法令克服人们非必需的欲望。

从古罗马后期,基督教逐步渗透到欧洲的精神领域,早期基督教的慈爱或博爱观念恰恰矫正了古希腊和古罗马狭隘的贫困观念。基督教强调贫穷是社会正义的一种疾病,上帝不丢弃贫穷人。基督教信仰鼓励人们行善积德,不可欺压贫穷人,要眷顾贫穷人,因为人是上帝创造的。早期基督教不赞同在经济生活中谋利,因为贸易特别是追求过高利润的交易在道德上有所亏欠。人们可以用合法手段获得财富,前提是必须负起相应的责任:服务社会、供养穷人、随时准备与其他需要的人分享财产。进一步说,救济穷人不仅是富人的义务,还可以帮助富人完成自身使命、慰藉他们的灵魂。伴随着罗马帝国萎缩,基督教会在公元321年获得拥有和管理世俗财富的权力。按照规定,教会要将收入的1/3用于救济,救济成为教会的一项神圣职责。在中世纪的很长一段时间内,教会的慈善组织提供的救济维系着穷人的生计。

不仅基督教,伊斯兰教也赞成救助穷人。《古兰经》认为,人世间的财富为真主所创,归真主所有,人只是短暂的代治者和拥有者。伊斯兰教一方面鼓励穆斯林消灭贫穷,努力致富;另一方面,又主张安贫知足,廉洁忍耐。伊斯兰教鼓励穆斯林慷慨济贫,做信道行善之人,享受真主赐予的永久幸福。《古兰经》规定:"他们的财产中,有乞丐和贫民的权利。"佛教认为,前世和今世所造贪婪、自私、吝啬和懒惰的因,在现世生活中就会有贫穷的果。如何面对贫穷,佛教有很多说法:首先,自己要勤劳,走正道,要广结善缘,穷人也要布施。其次,对待穷人要有慈悲之心,政府部门应对贫穷百姓给予适当的物质或经济救助。

16世纪以后的宗教改革是西方价值观念的一个分水岭,国外关于贫困的思想也有了很大的变化。宗教改革者路德和加尔文都强调道德伦理对社会生活各个方面的指导意义,路德反对教会的放纵和腐败,加尔文尝试建立一个纯净的理想社会。随着宗教改革特别是清教的发展,基督教对财富和贫困的看法有了很大的变化。清教徒虽然强烈反对纵欲、炫耀和滥用财富,却不再反对财富增长和资本积累,他们认为以积聚财富为标志的事业成功可以在某种程度上说明一个人是有福的选民。他们认为贫穷是懒惰或其他道德缺陷的结果,不再认同随和、慷慨的援助是种美德,因为每个人都应对自己负责,过度的救济于人于己都无裨益。鼓励人们通过奋斗和劳动治愈由懒惰引起的疾病,用财富的增长证明自己事业的成就,进一步证明自己人生的价值。对穷人不再同情、平等、友善,而是傲慢、鄙夷。

(二)近代国外关于贫困的主要思想

伴随着近代资本主义的兴起与扩展,贫困呈现出不同于以往社会的特征。从历史看,资本主义通过圈地运动等手段使农民与土地切断了联系,成为一无所有的贫民,为资本主义提供了庞大的劳动力后备军,贫民的贫困和劳动力的商品化成为维系资本主义再生产最基本的途径。因此,诺瓦克指出"贫困是被资本主义制度创造出来的"。

古典政治经济学更是将贫困视为自然、合理的社会现象,认为在自由市场经济条件下,贫困是市场调节和个人行为共同作用的结果。亚当·斯密认为,贫困是自由市场经济的价格调整下劳动力供求关系波动的结果,解决贫困的最好途径是根据市场的调节作用控制工人数量的增长。政府和社会对贫困人口的帮助是无法解决贫困问题的。马尔萨斯通过人口学理论对贫困也作出了解释。他认为贫困是不可避免的,主要原因在于人口增长的过多过快。消除贫困只能通过抑制穷人的人口增长,通过社会的济贫事业并不能解决贫困问题。李嘉图认为,政府救济不但无法改变贫民的生活状况,而且还使得贫富趋于恶化,国家的全部纯收入被济贫浪费了。而他们的反贫困措施则是:改变穷人的懒惰习性和努力开拓新的市场需求。马克思、恩格斯不赞同古典经济学和人口学理论对当时贫困状态的解释。他们认为在资本主义的生产状态下,贫困并不是因为无产阶级的无能和慵懒造成的,而是因为资产阶级榨取无产阶级剩余价值造成的。同时,绝大多数的成员没有能力解决贫困问题,要想解决贫困问题,必须消灭私有制,建立共产主义制度。

在德国兴起的新历史学派也不支持自由放任的资本主义,认为国家应该对经济生活进行干预,具体包括增进劳资合作、改善工人劳动条件、缩短劳动时间、制定社会保险等建议。与此同时,德国工人运动逐渐活跃起来,为瓦解工人的斗志,德国开始建立具有现代社会保障意义的保障体系,通过制度解决贫困救济问题。

(三)现代国外关于贫困的主要思想

进入现代社会以来,特别是第二次世界大战以后,随着经济社会发展水平的极大提高、新社会问题的持续涌现,人们对贫困的看法也呈现出多元化、多维度的特点。

1953年,纳克斯在《不发达国家的资本形成问题》一书中提出了"贫困恶性循环理论",他认为发展中国家之所以穷,主要是因为其收入水平的低下,造成处于一个恶性循环中。在供给方面,形成低收入→低储蓄→低资本形成→低生产率→低产出→低收入的恶性循环;在需求方面,形成低收入→低购买力→投资引诱不足→低资本形成→低生产率→低产出→低收入的恶性循环。要想打破这种状态,必须增加储蓄,扩大投资,促进资本的形成。

纳尔逊和来宾斯坦认为,发展中国家贫困的主要原因在于人口增长的速度超过了国民收入的增长速度,这样就造成新增加的国民收入被人口的增长抵消了。要想摆脱贫困,必须加快发展,人均收入能够维持生计,同时国民收入增长速度大于人口增长速度。舒尔茨认为,贫困国家的经济之所以落后,根本原因在于人力资本的匮乏和自身对人力资本的过分轻视。

而阿玛蒂亚·森则认为,贫困源于对可行能力的剥夺。相关的能力不仅是那些能避免夭折,保持良好的健康状况,能受到教育及其他这样的基本要求,还有各种各样的社会成就,包括如亚当·斯密所强调的,能够在公共场合出现而不害羞,并能参加社交活动等。20 世纪 60 年代以后,彼得·汤森认为贫困是因为缺乏资源而被剥夺了享有常规社会生活水平和参与正常社会生活的权利,因此提出了相对剥夺研究方法,为相对贫困概念的提出奠定了基础。

安东尼·吉登斯认为,贫困群体之所以贫困,是因为他们被排除在社会提供的主流机会之外。吉登斯认为,在当代社会中,有两种比较明显的排斥类型:一是对社会底层人士的排斥,将他们排除在社会主流之外;二是社会上层人士的自愿排斥,富人们的群体离群索居等。他认为,前一种是"非自愿排斥",而且是可以自我再生的,因此必须设法打破贫困的恶性循环。

阿玛蒂亚·森的能力贫困理论和安东尼·吉登斯的社会排斥理论代表了西方学术界在贫困定义上从单一的收入维度到多维的转变。受阿玛蒂亚·森能力贫困理论的启发,联合国开发计划署在 1996 年设计了能力贫困指标,1997 年设计了人类贫困指标。在 2001 年的《人类发展报告》中又明确了人类贫困概念。

二、国外减贫的主要做法

现代社会以前,国外的减贫主要是通过教会进行,国家进行有组织、有制度和有规模的减贫主要是在 20 世纪,特别是第二次世界大战以后的事情。第二次世界大战后,各国政府均将反贫困作为政府的重要责任之一,制定和实施过很多减贫战略。减贫战略及其具体的政策选择根据各国国情及社会经济背景会有所差异,但是不管采取何种形式的减贫战略,其最终目标都是为了实现资源效益的最大化,达到减缓贫困或消除贫困的目的。

(一)印度、孟加拉国和越南减贫的主要措施

1.印度减贫的主要措施

贫困是印度获得独立后面临的首要问题,时至今日,仍有 3 亿左右的人生活在贫困之中。因此,独立后,印度长期以来一直致力于解决贫困问题。

第一,高度重视农业发展,特别是粮食生产。为解决粮食不足问题,印度先后实现了两次"绿色革命"。第一次是从 20 世纪 60 年代开始,实行了"绿色革命",以引进、改良、推广高产优良品种为核心,提高粮食单产,所种植的粮食作物主要是小麦和水稻。加上灌溉面积的显著扩大,化肥、农药的施用量和农业机械化水平的提高,使印度的粮食单产和总产量成倍增加,基本实现了粮食自给。2006 年,印度又实施了第二次"绿色革命"计划,主要措施有:推广生物和信息技术、完善农产品市场、改进水利管理体系、提升土地健康程度、改善农村信贷和保险等。

第二,实施"白色革命"和"蓝色革命",提高人民生活水平。从1977 年起,印度开展"白色革命"。他们引进、培育、推广优良水牛品种,使牛奶产量有很大提高,20 世纪 80 年代后期印度已成为世界上第三大产奶国。现在,印度牛的存栏数名列世界第一位。20 世纪 80 年代后期印度又推行了"蓝色革命"。大力发展水产养殖业,开发江、河、湖、海资源,从而提高人民的生活水平,扩大就业机会。

第三,努力增加农村就业,提高农民收入。一是实施"国家乡村就业计划"和"农村无地人口就业保证计划"。通过这两个计划,保障和解决农村无地农民的就业问题。二是实施乡村自我就业计划。动员贫困人口自我组织起来,形成自我帮助小组,通过小组开展经济活动。三是实施"普遍以工代赈工程"。通过政府加强对农村的投入,在农村地区修建持久耐用的基础设施,使农民获得额外的就业机会,获得工资性收入,保证贫困人口的最低粮食需求。该工程每年大约可产生 10 亿人的就业机会,每人每日最低可获得 5 公斤的粮食(食物)。

第四,建立农村社会保障体系。一是建立公共分配系统。由国家给予财政补贴,在全国建立专门向低收入居民提供基本生活保障的平价商店。国家向低收入居民发购物卡,这些居民持卡可到平价商店购物。二是对农业工人提供专门的保障措施。独立后,印度中央政府和邦政府采取了系列措施来改良农业工人的经济地位。主要有:废除了长期存在于印度农村的农业奴隶和强迫劳动的制度;实行农业工人最低工资;鼓励在农村建立农业合作社组织等。

2. 孟加拉国减贫的主要措施

孟加拉国经济以农业为主,约 80% 的人生活在农村,是世界收入最低的国家之一,目前有半数以上的人(5000 万左右)生活在贫穷之中。

一是实施"中期结构调整计划"。孟加拉国政府脱贫战略的核心始终是强化产出增长和保证食品供应。通过实施"中期结构调整计划",完善政策以促进金融稳定和资源有效利用,从而保证经济持续增长,进而减少贫困人口。目标计划起初是关注于穷人的食品供应保证方面,现已扩大至包括文化、医疗卫生和技术普及。例如,其中两个项目已产生良好成效,并逐步扩大。一项是对农村临时工以食物付酬形式支付工资的计划;另一项是针对处于不利地位的妇女和儿童的承受力的发展规划。他们所分配食品占公共食品分配体系总量的40%。这些项目涉及300万人口,包括50万妇女,因此至少有3/4的穷人能接受援助。

二是建立孟加拉国乡村银行,为贫困农民提供小额信贷。1974年,穆罕默德·尤努斯在孟加拉国创立小额贷款,1983年,正式成立孟加拉国乡村银行——格莱珉银行。格莱珉银行瞄准最贫困的农户,并以贫困家庭中的妇女作为主要目标客户,提供小额短期贷款,按周期还款,整贷零还,无须抵押和担保人,以五人小组联保代替担保,相互监督,形成内部约束机制,按照一定比例的贷款额收取小组基金和强制储蓄作为风险基金。同时,还交流致富信息,传播科技知识,提高贷款人的经营和发展能力。仅三十多年的时间,尤努斯创办的格莱珉银行已使孟加拉国639多万穷人受益。

3. 越南减贫的主要措施

目前,越南的人均GDP还没达到世界平均GDP的20%。2011年亚洲开发银行公布的资料显示,越南平均每天的生活费在2美元以下的贫困阶层达到3333万人,占国民总人数的40%。

一是优先发展农业。1988年以前,越南粮食还不能自给。为保证粮食安全和社会稳定,越南调整了大米产销政策,控制出口量,大力发展高产良田,减少大米消费。掌控大米经营权,暂不对外开放。同时,合理调整农业产业结构,大力发展经济作物。此外,实行轻税政策,减小农民负担。

二是加强贫困地区基础设施建设,推进公共服务均等化。越南政府通过针对贫穷公社的计划项目,加强了贫困地区的基础设施建设,逐步实行了公共服务的均等化,地区贫困率显著下降。同时,实施了一系列减贫工程,如"消灭贫困工程""贫困户生产融资信贷工程""发展山区和偏远地区特困乡经济与社会工程"等,促进了落后地区经济社会的发展。

三是建立比较健全的社会保障体系。越南强调教育公平,保障资源优先向贫困地区配置。对于贫困家庭,子女上学都是减免学费的,乘坐公车免费。关注医疗保障,强调对贫困地区人口实现医疗全覆盖。政府通过给贫困人口发放免费保健卡,穷人可以免费看病。老人看病免费,大病医疗费用的大部分由医疗保险支付。

(二)南非减贫的主要措施

按照南非政府设立的 430—520 兰特(1 兰特约合 0.5 元人民币)的贫困线,南非 2013 年贫困人口几乎占到了全国 5200 万人口的 47%。

首先,改善贫困人口基础设施。1994 年新南非政府制定了"重建与发展计划",强调提高黑人社会、经济地位。为了实现减贫的目标,"重建与发展计划"积极推动免费房屋建设,政府每年有计划地建设解困住房,逐步改善贫困黑人的居住和生活条件。到 2014 年,已建设 250 万栋经济房,优先提供给受迫害的黑人居住,并安装了太阳能热水器,水电免费使用,解决了近千万人的基本住房问题。同时,筹措大量资金,帮助贫困人口解决水、电等设施和提供基础医疗保健服务。

其次,增加就业机会。南非政府 1996 年推出"增长、就业和再分配计划",旨在通过削减财政赤字,增加劳动力市场灵活性,促进出口,放松外汇管制,鼓励中小企业发展等措施实现经济增长,增加就业,逐步改变分配不合理的情况。2006 年实施"南非加速和共享增长倡议",通过加强基础设施建设、实行行业优先发展战略、加强教育和人力资源培训等措施,促进就业和减贫。2010 年 10 月,提出"新增长路线"发展战略,强调将就业置于经济发展的中心位置,计划未来 10 年优先在基础设施建设、农业、矿业、绿色经济、制造业、旅游及服务业等 6 个重点领域挖掘潜力,争取创造 500 万个就业岗位,将失业率从目前的 25%降至 15%,重点解决社会贫困、失业及贫富差距问题。

最后,建立健全社会保障制度。1994 年以来,南非政府制定了一系列劳动和社会保障方面新的法律,包括:社会救助法、社会养老补助法、工伤和职业病赔偿法、失业保险法,以及医疗卫生、低收入者住房补贴等方面的政策和社会发展战略。1997 年,南非政府制定"社会保障白皮书",把扶贫和对老、残、幼的扶助列为社会福利重点。目前,全国有 1600 万人纳入了社会救助范围。其中儿童 1200 万人,老年人 290万人,残疾人 110 万人。此外,领养儿童的家庭收入低于保障线的为每月补助 800 元,照顾残疾人和儿童的服务人员也给予每月 300 元的补助。从当前的实施情况看,南非社会保障和社会福利制度基本覆盖了没有就业能力的弱势群体。

(三)巴西、阿根廷减贫的主要措施

1. 巴西的减贫措施

巴西曾经是贫富差距较大的国家之一,基尼系数长期在 0.5 以上,通过持续的努力,巴西贫困家庭收入增长较快,贫富差距状况得到较好改善。

一是实施家庭补助金计划。2004 年以来,巴西开始实施家庭补助金计划,该计划的补助对象为低收入家庭,计划对人均月收入低于一定标准的贫困家庭的儿童进行资金补助。2011 年,根据巴西消除极端贫困计划,政府在家庭补助金计划中增加了孕妇和哺乳期儿童两种保障。2012 年,政府又作出决定,若有 0—6 岁幼儿的家庭在享受家庭补助金计划后其人均收入仍达不到极端贫困线收入水平,政府对其提供补助。

目前,家庭补助金计划的受益者已达到 1300 万户家庭,共计 5000 万人,其中 75% 的受益者属于巴西 40% 的最贫困人口。

二是对贫困、残疾及农村老人进行补助。实施终身月收入政策。终身月收入是一项专门针对失去工作能力的残疾人和 70 岁以上贫困老年人的救助计划。1988 年新宪法生效后,该项计划由新设立的社会救济金取代,受益者能获得一份最低月收入保障。实施社会救济金政策。社会救济金的救助对象是人均月收入不足最低工资的 1/4、不具备自行谋生能力或其家庭无力赡养的残疾人和老年人,补助标准是每月一份最低工资。享受这项救济的人最低年龄为 67 岁,申请退休金者须证明至少已有 180 个月的农村劳作经历,不需要缴纳任何费用。早期享受农村退休金者的只限于户主,后来扩大到符合条件的户主配偶。早期规定享受退休金的年龄男女均为 65 岁,后期降为男性 60 岁、女性55 岁。退休金标准早期为最低工资的 1/2,后来提高到 1 倍最低工资。据巴西学者估算,1991—1995 年农村退休金计划已使 30 万户农村贫困家庭脱贫。到 2011 年,农村退休金计划已覆盖 800 多万人。

三是持续上调最低工资。为确保低收入阶层收入水平,巴西政府自 1995 年以来,持续上调最低工资政策。统计数据表明,截至 2013 年,政策实施以来的 18 年间实际最低工资上涨超过 100%,而实际平均工资上涨幅度不足 10%,最低工资与平均工资的比值几乎翻了一番。其中,2001—2011 年最低工资上涨了 56%,2010 年有 32.7% 的劳动者收入超过了最低工资水平。

2. 阿根廷的减贫措施

第二次世界大战后,阿根廷经济经过了一个快速增长阶段。但到20 世纪 70 年代后,在石油危机和金融危机的冲击下,阿根廷经济下滑厉害,造成贫困人口大量增加,最严重时阿根廷一度有一半的人口生活在贫困线以下。

一是采取税收、汇率、物价等综合措施,确保低收入人口权益。采取扶贫的税收和福利政策。阿根廷是农牧业强国,农牧场主也是本国最富裕阶层。政府对农产品出口实施出口提成,最高提留比率为出口总额的21%,并将这笔收入用于社会福利和公共工程项目。由于阿根廷制造业在国际上竞争力较低,政府就通过调低本国货币汇率,提高本国商品的价格竞争力。此外,中央政府还大力开展铁路、高速公路、地铁、住宅等公共工程建设,创造就业机会。为保证中低收入阶层的基本购买力,阿根廷政府控制基本商品的物价。阿根廷在20世纪90年代的新自由主义改革时期,对包括自来水、能源在内的许多公共服务事业都实行了私有化。阿根廷货币大幅贬值以后,这些外资控制的公司要求提价。但政府站在本国居民的立场上强烈反对。

二是对弱势群体进行资助。1996年,阿根廷政府创立"关注弱势群体计划",对弱势群体进行帮助。后调整为"家庭融入社会计划","使易受伤害和(或)社会风险影响的家庭,在医疗、教育、能力发展等方面融入社会,实现他们的基本权利"。该计划包括:(1)"未计入社会保险的现金补助"——分配给符合社会发展部所设定标准的家庭的补贴;(2)"家庭与社区发展补助"——资助旨在推动教育、医疗、劳动培训和社区发展的活动。"未计入社会保险的现金补助计划"的受益人为有19岁以下子女或怀孕妇女,没有接受失业补助、家庭补助或在校助学金的贫困家庭。受益金为依据家庭规模按比例按月发放的补助金,按每个子女或怀孕妇女每月最低100比索(28美元)发放,每个子女额外还能获得25比索。可获资助的子女数上限为5人,每个家庭可获得最高补助为200比索。

三是对老年贫困人口义务提供养老金。2003年阿根廷实施"老年人计划",旨在帮助 70 岁以上难以维持生计的社会弱势群体,为这些老人义务提供受益人终身的养老金,金额约相当于最低退休计划养老金的 70% 和通过"联邦卫生计划"提供的医疗费用。申请条件为申请者须证明没有财产、收入或其他基本生活来源;申请人或其配偶没有任何养老金,没有任何退休金或补助,且在法律上没有赡养亲属的义务,也没有赡养亲属的能力。

四是积极利用外部资源减贫。2014 年,阿根廷政府与世界银行达成协议,双方将在 2015—2018 年开展相关减贫战略合作。根据协议,世界银行将每年向阿根廷提供 10 亿—12 亿美元的资金支持,该组织的国际金融公司将提供 17 亿美元,协助阿根廷开展农业、能源、基础设施和金融业等领域的建设发展。具体目标为:将阿根廷两大都市圈贫困地区周边到城市中心通勤时间减少 15%;将阿根廷低收入地区 8 万个中小型农场的产值提高 12%;将阿根廷国内医保覆盖范围从 28% 提高至 50%。

第三节　中国关于贫困的主要思想和减贫实践

一、中国关于贫困的主要思想

扶贫帮困、共同富裕既是社会主义的本质要求,也是中华民族长期以来的古老梦想。中华民族是一个富有理想又勇于实践的民族。从遥远的上古时代起,我们的先辈在与自然和贫穷的抗争中,就表达了对富裕生活的无限憧憬。历代先贤哲人不断表达着人们对摆脱贫困、追求富裕生活的理想,历代贤君名臣也在实践中为保国安民、摆脱贫困付出孜孜不倦的努力。在历史长河中,中国传统社会虽然存在明显的贫富差别,但贫穷并不是一个需要解决的特殊问题。因为在生产力低下的年代,社会的构成大多是穷人。中国传统社会的扶贫对象主要指因家庭不完整、灾害、战乱、疾病等原因造成的鳏寡孤独人员、饥民、难民等暂时处于困难的人群。在扶贫方式上,古人在坚持政府主导的同时,也注重调动民间力量。在扶贫思路上,古人在注重临时性救助的同时,也注重系统性扶持。

(一)先秦的民本思想

中国在春秋战国时期就形成了比较系统的扶贫救济思想体系,许多学者将其称为"民本思想",这些民本思想尽管很复杂,但保民安民是它们共同的理念。中国古代的扶贫救济理念总体上贯彻着以民为本,但是,这种以民为本的思想是以顺应天意、维护统治为前提的。

在秦朝之前的夏商周三代,统治者就逐步认识到尽管其统治是受命于天的,但是,民在其统治过程中却起到了关键性的作用,因此保民安民、以民为本和维护好自己的统治以顺应天意就紧紧地联系在一起了。在《周礼》《管子》等先秦著作中这些民本思想已经比较系统,在儒、墨、法、道诸家著作中我们也可以看到相关的民本思想。《周礼》是一部记录典章制度的书籍,书中有不少关于扶贫救济的描述。一是专门设置关于扶贫救济的官职。在社会救济方面,有"大司徒""遗人""司救"等职位的官员负责老幼孤寡、贫穷残疾等弱势群体的救助。二是重视灾民救助,专门建立相关制度。如提出了十二条荒政措施:"一曰散利,二曰薄征,三曰缓刑,四曰弛力,五曰舍禁,六曰去几,七曰眚礼,八曰杀哀,九曰蕃乐,十曰多昏,十有一曰索鬼神,十有二曰除盗贼。"[1]即在

---

[1] 徐正英、常佩雨译注:《周礼》(上册),中华书局2014年版,第224页。

灾荒之年,政府要对人们贷给谷种和粮食、减轻各种租税、宽缓刑罚、免除为公家服务劳役、开放关市山泽的禁令、免除市场货物的稽查等。三是提出"保息"六政,普遍实施社会救助。《周礼》提出:"以保息六养万民,一曰慈幼,二曰养老,三曰振穷,四曰恤贫,五曰宽疾,六曰安富。"①"慈幼"指要关心儿童,"养老"指要善待老人,"振穷"与"恤贫"指要对贫穷困难的人民加以救助,"宽疾"指要宽限、免除残疾人的一些徭役,"安富"表示让富人安定。《管子》也写于春秋战国时期,书中将人们的重要性定位到国家立国之本的位置,指出要爱民利民。《管子》中提出的民本思想主要有:一是兴"六德",即厚其生、输之以财、遗之以利、宽其政、匡其急、振其穷②。厚其生,是指改善人民的生活状况;输之以财,是指给人民输送财物;遗之以利,是指为人民提供生活便利,即修缮一些公共设施;宽其政,是指采用相对宽大的政治,包括减轻赋税的征收以及刑法的执行等;匡其急,是指救人之急,包括对老幼孤寡的照顾以及对疾病丧葬的应对;振其穷,是指为穷人提供帮助,以改善贫困状况。二是行"九惠之教",包括老老、慈幼、恤孤、养疾、合独、问病、通穷、振困和接绝。③"老老"是指针对老人的一些保障政策,如家里有一定岁数以上的老人,家里则可有一至多个孩子免除征役,在家照顾老人。比如家中有七十、八十岁以上的老人,家里则相应地可以为一到两个孩子免除征役。家里有九十岁或以上年龄的老人,则全家免除征役,并供给一定数量的酒肉。"慈幼"是指对家庭无力供养的子女给予一定的救助。"恤孤"是指对孤儿的救助政策。"养疾"是指收养残疾人和救助残疾人制度。"合独"是指针对孤寡人口的政策。"问病"是指

---

① 徐正英、常佩雨译注:《周礼》(上册),中华书局2014年版,第225页。
② 李山译注:《管子》,中华书局2016年版,第71页。
③ 李山译注:《管子》,中华书局2016年版,第316页。

对患病者的慰问和帮助的政策。"通穷"是指对最贫穷者情况的调查和上报。"振困"是指帮助困难中的人民的政策。"接绝"是指对因战争而死亡的人的补偿以及对其亲友的救助。

(二)"大同"社会思想

"大同"社会反映的是我国古代人们对未来建立的一种理想社会,在"大同"社会中,没有贫困、人人相爱、没有战争和剥削。最早系统体现中国古代"大同"社会理想的是先秦儒家经典著作《礼记》,《礼记·礼运》对"大同"理想社会的描述是这样的:"大道之行也,天下为公。选贤与能,讲信修睦。故人不独亲其亲,不独子其子。使老有所终,壮有所用,幼有所长。矜寡孤独废疾者皆有所养。男有分,女有归。货恶其弃于地也,不必藏于己;力恶其不出身也,不必为己。是故谋闭而不兴,盗窃乱贼而不作,故外户而不闭,是谓大同。"[①]在理想的"大同"社会中,所有的弱势群体,包括容易成为贫困者的人,都会得到救助、安排。未成年人都能受到合适的养育,健康成长。生活困难者,鳏寡孤独废疾者都可以得到救助、赡养。

对"大同"社会的追求不仅是先秦时期先贤们的追求,而是贯穿于整个中华民族的发展过程中。东晋时期的《抱朴子》一书中提出"无君无臣。穿井而饮,耕田而食,日出而作,日落而息,泛然不系,恢尔自得,不竞不营,无荣无辱",反映了对无阶级、无君臣、无压迫社会的追求。同一时期的陶潜在《桃花源记》中,更是描写了一个大家共同劳动、安居乐业的世外桃源社会。近代,康有为在其《大同书》中,以仁爱之心作为"大同"社会理想的基石,详细设计了"大同"社会中为妇女、儿童、老人兴办的救助措施。孙中山在继承前代"大同"思想的基础上,提出

---

① 王文锦译解:《礼记译解》,中华书局 2016 年版,第 258 页。

了民生主义,主张保障完全就业,实行全面公费医疗,并设立公共养老院,收养老人。"大同"理想也不仅是过去先贤们的追求,更是普通老百姓的追求。秦末陈胜、吴广在起义之前,立下了"苟富贵,无相忘"的约定,反映了贫困百姓对幸福生活的追求。唐末王仙芝起义时,自称"天补平均大将军",其用意在于追求平均。宋朝王小波起义直接提出口号:"吾疾贫富不均,今为汝辈均之。"南宋钟相起义进一步提出:"法分贵贱贫富,非善法也。我行法,当等贵贱,均贫富。"

(三)备灾救荒思想

中国古代是农业社会,生产力水平低下,人们主要靠天吃饭,一旦发生灾害,大量人口就会陷入贫困之中,严重者更是四处逃荒,颠沛流离。中国又是灾害多发的国家。据邓云特的统计,从公元前206年到公元1936年,我国发生自然灾害达5150次,平均每4个多月就遭灾一次。因此,我国古代很早就形成了系统的备灾救荒思想。

中国早在夏代就有积谷防饥、居安思危的思想。《逸周书·文传》:"《夏箴》曰:小人无兼年之食,遇天饥,妻子非其有也。大夫无兼年之食,遇天饥,臣妾舆马非其有也。戒之哉! 弗思弗行,至无日矣!"[1]这说明夏代的人们已认识到水旱饥荒的危害与不可预期性,必须重视粮食的积蓄。在周代,政治家们进一步认识到储藏谷物,以备将来不时之用,是立国安邦所必需的。《逸周书》中提到:天有四缺,水旱饥荒,其至无时,非务积聚,何以备之?[2]《礼记》进一步提出:"国无九年之蓄,曰不足;无六年之蓄,曰急;无三年之蓄,曰国非其国也。"[3]在

---

① 黄怀信修订:《逸周书汇校集注》(上册)(修订本),上海古籍出版社2007年版,第245页。

② 黄怀信修订:《逸周书汇校集注》(上册)(修订本),上海古籍出版社2007年版,第244页。

③ 王文锦译解:《礼记译解》,中华书局2016年版,第158页。

古代农业社会,没有现代技术,主要是靠天吃饭,所以储粮备荒一直受到重视。墨子也提出:"国无三年之食者,国非其国也。家无三年之食者,子非其子也。"①认为一个国家或一个家庭,至少要储备三年以上的粮食。贾谊进一步提出:"仓廪实而知礼节,民不足而可治者,自古及今,未之尝闻。夫积贮者,天下之大命也。苟粟多而财有余,何为而不成?"②宋代余靖亦指出:"天下无常丰之年岁,倘有缓急,不可无备。"

备灾是一种预防措施,灾害发生后怎么办?针对灾害造成的饥民、灾民,我国古代也形成了系统的救荒思想,主要包括赈济、调粟、养恤等思想。赈济主要是指用实物(粮食和衣服)和货币救济遭受灾害的百姓和生活极端困难无以生存的人们,以保障其最低限度生活需要。后来发展到在每年青黄不接之时,也赈济饥民,使赈济的意义越发广泛。关于赈济,古人有很多丰富的思想。如宋代董煟的《救荒全法》中提出的太守当行十六条中有:准备义仓以赈济,委诸县各条赈济之方,因民情各施赈济之术。同时指出救荒有赈济、赈粜、赈贷三者,名既不同,用名有礼赈济者,用义仓米施及老、幼、残疾、孤、贫等人,米不足,或散钱与之,即用库银来豆、麦、款、粟之类,亦可。明代林希元提出:救荒有三便。曰:极贫民便赈米,次贫民便赈银,稍贫民便赈贷。赈济措施发展到后来,又逐渐形成了以工代赈等方法。调粟思想是指移民就食或移食就民,即在全国范围内通过对丰收和遭灾的不同地域进行移民和粮食调拨,使灾区人民的经济生活得到保障的思想。调粟思想在春秋战国时期已形成,代表人有孟子和李悝。孟子提出:"河内凶,则移民于河东,移其粟于河内,河东凶亦然。"李悝则提出应将丰收的粮食积聚起来运往灾区,通过跨区域粮食的调动,保证无论丰年、荒年百姓生活

---

① 李小龙译注:《墨子》,中华书局2016年版,第37页。
② 王子今、杨倩如:《〈汉书〉解读》,中国人民大学出版社2016年版,第127页。

的平稳。养恤是指国家安置灾民或贫困流民的策略。主要有居养、施粥、赎子、发放寒衣、医药帮助等内容。宋代程明道、司马光,明代林希元等都论述过居养、施粥等养恤学说。清朝光绪在《乙酉年御制文》中提出:"一民饥,曰我饥之;一民寒,曰我寒之。"很好地反映了这种思想。

（四）救济弱者的思想

尊老爱幼、扶贫济弱思想在中国有很久的历史文化传统,而且世代相传一直延续至今。

《礼记·王制》曾记载夏、商、周各代都对残疾人有救济制度,提到要对聋、哑及肢体有残疾、障碍的人实施救济,"各以其器食之",即对这些特殊群体应该给予力所能及的帮助,让他们有饭吃。《礼记·大同篇》更是进一步提出"矜寡孤独废疾者,皆有所养"的主张。孟子也重视对老年人的社会救济,他提出:"老吾老以及人之老,幼吾幼以及人之幼。"[1]并提出了救济老人的标准:"五亩之宅,树之以桑,五十者可以衣帛矣。鸡豚狗彘之畜,无失其时,七十者可以食肉矣。"[2]墨子直接提出:"民有三患,饥者不得食,寒者不得衣,劳者不得息,三者民之巨患也。"[3]统治者要"兴天下之利,除天下之害,使饥者得食,寒者得衣,劳者得息"。管子也主张养长老、慈幼孤、恤鳏寡、问疾病、吊祸丧。他认为只有:"饥者得食,寒者得衣,死者得葬,不资者得赈,则天下之归我者若流水。"[4]对得病老人,要"九十以上,日一问;八十以上,二日一问;七十以上,三日一问;众庶五日一问。疾甚者以告,上身问之"[5]。

① 杨伯峻译注:《孟子译注》,中华书局2012年版,第16页。
② 杨伯峻译注:《孟子译注》,中华书局2012年版,第6页。
③ 李小龙译注:《墨子》,中华书局2016年版,第148页。
④ 李山译注:《管子》,中华书局2016年版,第355页。
⑤ 李山译注:《管子》,中华书局2016年版,第319页。

并提出"合独"思想,即国家出面做媒,使鳏寡者再婚,给予住宅,帮助建立家室,三年内不承担国役。汉初,提出了要"安老怀少、恤鳏慰寡"的思想。明朝朱元璋专门设立养济院,以收养孤贫残疾者。

二、中国扶贫的主要做法

(一)政府实行"仁"政

政府实施"仁"政主要体现在给土地、薄赋税、轻徭役等方面,从政策上施恩于民,与民休养生息。

北魏太和年间政府颁布均田令,政府把由于多年战乱,大量荒芜的田地分配给农民。均田令规定:凡 15 岁以上的男子,每人授给种植谷物的露田(露田指无主荒地)40 亩,女子 20 亩。初受田者,男子每人另授桑田 20 亩,限 3 年内种上规定的桑、枣等树。桑田可作为世业田,终身不还,可以世袭,但限制买卖。在不宜种桑的地区,男子每人另授麻田 10 亩。若全家老小都是残疾的,11 岁以上及残废者各受丁男一半之田,年过 70 岁的不还所受。隋唐继承了北魏的制度,继续实施均田制。拥有土地使大量农民有了基本生产资料,生活有了一定的保障。为减轻农民负担,古代统治者也会减轻农民赋税和徭役。如西汉初年,为休养生息实施无为而治,降低赋税,有些年份甚至减免赋税。惠帝实施十五税一,文帝十二年免税,景帝由十五税一减至三十税一。同时,减轻徭役,尽量少使用百姓。隋朝文帝提倡轻徭薄赋,积极减轻民间赋税负担。公元 582 年,降低田租户调的应交额,并减少了服役天数。宋朝立国后,宋太祖下令,对百姓种桑、开辟荒地等停征租税。宋太宗时废除工商业的杂税。明初,明太祖改税率为三十税一,又免除军民嫁娶丧祭之物和舟车丝布之类物品的税收。这些措施都大大减轻了百姓的负担,增加了他们摆脱贫困的机会。

(二)建立备荒仓储制度

在储粮备荒思想影响下,中国很早就建立了救荒、济贫的备荒仓储制度,在平抑物价、备荒赈灾、救济贫民方面发挥了重要作用。从周朝开始,中国就建立了备荒仓储制度。当时,中央专门设置了大司徒、遗人等官员专门管理粮仓,地方也有专门的机构。自此,备荒仓储制度延续历朝历代,只是名称、做法等略有不同而已。

西汉初,汉高祖在新都长安建立了太仓。除太仓外,还有位于甘泉的甘泉仓、华县的华仓等。汉宣帝时耿寿昌倡议建立常平仓制度,成为后世封建王朝沿用的主要仓储制度。常平仓,其思想最早可追溯到战国李悝的"平籴法",按年成丰歉和灾情大小进行分类,根据确立的标准取丰年之有余,补灾年之不足,使灾年因有储备而保持粮食市场稳定。《汉书·食货志上》记载:"寿昌遂白令边郡皆筑仓,以谷贱时增其贾而籴,以利农,谷贵时减贾而粜,名曰常平仓。"五代时期的周显德年间,创建惠民仓。惠民仓以杂配钱折粟积储,在歉收之年减价出粜以惠民,故称惠民仓。宋淳化五年,令天下置惠民仓,规定谷稍贵即减价粜于贫民,但每人限量一斛。功用与常平仓基本相同,但惠民仓更倾向于解决底层百姓的生计,在救灾救荒中作用更明显。北齐河清年间(公元562—565年),创建义仓。义仓是专门为救荒而储谷之用的仓种,待灾荒时,直接赈给灾民。宋嘉祐二年,宋朝建立广惠仓。仓储粮源来自于各州县无官绝户田地上的租入,用于赈济本州县内老幼贫疾,有余可济其他地区。除以上官办备荒仓储外,中国古代还设立民间自置粮仓。隋朝长孙平创办了义仓,义仓由各州军民共同设置,是我国最早以备荒救灾为主要目的的储粮仓。义仓建于各地村社,委托社司管理。宋代朱熹创办了社仓,社仓是由地方政府或乡里富家提供粮谷作为贷本,以低利借贷给农民作农业资本或生活费用。明洪武年间,明太祖创办预备仓。由官出籴本买粮,储于人口密集地区,用于荒年救灾。预备仓为官督民办,主要由当地德高望重的百姓来管理,在收成差时发放给灾民,限于来年归还。

(三)赈济灾民

中国是世界上有名的灾害高发区,特别是自然灾害频繁发生。灾害频发,除造成不可挽回的生命财产损失外,也造成大量农民生活迅速陷入贫困之中,甚至导致农民大流亡。因此,赈济灾民,历代统治者都极其重视,形成了比较完善的救济体系。

赈济措施很多,有赈谷、赈款、赈粥和以工代赈等。钱粮赈济是一种最直接的赈济方式。秦汉时期,政府多对因灾生活困难、无法进行再生产的灾民进行谷物赈济。《后汉书·桓帝纪》:"民有不能自振及流移者,禀谷如科。"赈济的谷物大约为人均三斛。赈粥是赈济的一种应急措施,通常由政府设立专门的赈粥场点,负责煮粥、接待灾民和发放粥食等事宜。战国时期的齐、卫等国都实行过赈粥政策。东汉末年关中地区旱蝗灾害并发,皇帝派人动用太仓谷米,做成糜粥,赈济灾民。清代还根据不同阶段把钱粮赈济分为先赈、大赈和补赈。为做到及时赈济,清代统治者强调不一定要等到朝廷下令后地方才可以赈济,地方官员可根据实际情况先行对灾民进行救济,此为先赈。乾隆四年先赈制度成为定制,"地方如遇水旱,即行抚恤,先赈一月"。大赈是地方在得到中央批准后的赈济,对象仅限于"极贫"和"次贫"户。赈济以发放粮食为主,根据乾隆四年的规定,年满16岁者为大口,每天给米五合,会走路到16岁之间的每天发放米二合五勺。对于粮食不足的州、县,允许政府用银钱给付。补赈是对大赈的一种补充性赈济,不是法定赈济,而是根据实际情况实施的措施。大赈之后,对一些仍然处于极端贫困不能解决生计的地区,实行补赈。以工代赈也是中国古代常用的一种赈济方式,它是一种间接的赈济方式。通过兴办工程募集灾民干活,进而给灾民发放工钱实现赈济。

(四)救助老弱群体

对社会老弱群体进行救助,是中国历史的一个良好传统。自先秦时期开始,历朝历代都有相应的救助措施。

商汤时期,实行了"饥者食之,寒者衣之,不资者赈之"的政策,这是中国对贫困者进行救助的开始。周文王在发展势力的过程中,力行仁政,必先斯四者(鳏寡孤独)。战国时期,各国为安定社会,也实施了一些救济政策。如齐桓公时期,"振孤寡,收贫病"。晋悼公时期,"养老幼,恤孤疾,年过七十,公亲见之,称曰王父"。越王勾践时期,越国"老其老,慈其幼,长其孤,问其病"。秦汉时期,官方开始设置专门的救助机构。汉朝为穷人设立了专门的收养机构。汉高祖时颁布了养老的法令,规定老百姓活到90岁以上者,不但自己生活有保障,就连他的妻、子、孙也可以得到政府的食物救济,不致使其挨饿。汉文帝时下诏:"年八十以上,赐米人月一石,肉二十斤,酒五斗;其九十以上,又赐帛人二匹、絮三斤。"唐玄宗开元年间专门设置收养、救助贫病孤疾者的机构"病坊"。北宋时期,专门设置福田院、居养院,福田院主要救济流落街头的老年人和身有重疾、孤苦伶仃、贫困潦倒的乞丐。居养院主要收养无亲属供养的孤寡老人。北宋时期,居养院遍布全国各地。南宋时期,设立安济坊、养济院等。规定户数达到千人以上的城寨镇市都要设置安济坊,凡境内病卧无依之人,皆可入安济坊医治。养济院兼具居养院和安济坊的功能。宋朝对老弱群体还有专门的食物救济和丧葬处理。规定:"贫无葬地者,许以官地安葬。"元明时期对老弱群体的救济以养济院为主,当时的养济院集合了宋朝福田院、安济坊等职能为一体,地方府县均有设立。另外,还设有安乐堂、栖流所、惠民药局等救济机构。明初在明太祖朱元璋的力推下,全国许多州县先后恢复或创建了养济院。明朝还对不履行救老扶弱者的官员进行责罚,如在《大明律》中就专门规定:"凡鳏寡孤独及笃疾之人贫穷无亲属依倚不能自存,所在官司应收养而不收养者杖六十,若应给衣粮而官吏克减者以监守自盗论。"清自雍正起,在各地设置普育堂,其中育婴堂负责收容和养育弃婴,普济堂为老年、残疾无依靠者提供住院救济。清朝民间和宗教性的救济也有了较大发展。各州县几乎都设立了养济院。民间的普济堂、育婴堂、栖流所、清节堂、和义庄等,散布于全国各地。

第二章　新中国扶贫的光辉历程

第一节　建立社会主义制度,奠定减贫基础
（1949—1977 年）

1949 年,中华人民共和国成立,实现了民族独立、人民解放。但是,长期战乱遗留下来的是"一穷二白"的落后局面,当时中国是世界上最贫穷的国家之一。根据联合国统计资料显示,那一年,中国人均国民收入仅有 27 美元,不足整个亚洲平均 44 美元的三分之二,不足印度 57 美元的一半,大多数中国人处于绝对贫困状态。为快速扭转落后贫困的局面,中国共产党领导人民实行土地改革,建立社会主义制度,解放和发展生产力,在较短时间内解决了全国人民的吃饭问题。

一、进行土地改革

中华人民共和国成立时,占全国农户总数不到 7% 的地主占据着 50% 以上耕地,大多数农民靠租地为生,生活在贫困中。中国当时地主阶级封建剥削的土地制度极不合理,是我国、我们民族贫穷落后的根源,是我国工业化、独立及富强的基本障碍。

　　1950年6月,《中华人民共和国土地改革法》颁布,《中华人民共和国土地改革法》明确规定:废除地主阶级封建剥削的土地所有制,实行农民的土地所有制,为新中国的工业化开辟道路。没收地主的土地、耕畜、农具、多余的粮食及其在农村中多余的房屋。但地主的其他财产不予没收。征收祠堂、庙宇、寺院、教学、学校和团体在农村中的土地及其他公地。所有没收和征收得来的土地和其他生产资料,除本法规定收归国家所有者外,均由乡农民协会接收,统一、公平合理地分配给无地、少地及缺乏其他生产资料的贫苦农民。1950年冬,土地改革开始有领导地分期分批进行。到1952年年底,除一部分少数民族地区及台湾省外,土地改革基本完成。在整个土地改革中,共没收、征收了约7亿亩的土地,并将这些土地分给了约3亿无地和少地的农民,免除了土地改革前农民每年给地主缴纳高达3000万吨以上粮食的地租。土地改革使我国农村的土地占有关系发生了根本变化,占农村人口92.1%的贫农、中农占有全部耕地的91.4%;原来占农村人口7.9%的地主富农,只占全部耕地的8.6%。此外,广大农民还分得大批其他生产资料和生活资料,计有耕畜296万头、农具3944万件、房屋3795万间、粮食100多亿斤。

　　土地改革彻底废除了在中国延续两千多年的封建土地所有制,实现了"耕者有其田",长期被束缚的农村生产力获得了历史性的大解放,这为缓解农村大面积贫困奠定了重要基础。广大农民生产积极性空前高涨,普遍添置了耕畜、水车及新式农具,掀起了群众性的生产热潮。粮食、棉花、油料等主要农产品的产量逐年增加。1951年比1950年分别增长8.7%、48.8%、22.4%,1952年又比1951年分别增长14.1%、26.5%、12.5%。农民收入普遍增加,生活明显改善。1953年农民货币净收入比1949年增长123.6%,每人平均货币收入增长 111.4%。

二、组织起来发展生产

为了克服小农经济的脆弱性,防止农村出现新的两极分化,中国共产党带领农民组织起来,发展生产。20 世纪 50 年代,中国政府开始实施农村合作化运动和人民公社运动。

1950 年,中华全国合作社联合总社成立,负责解决农业生产的购销困难。1951 年 2 月,发布《政务院关于一九五一年农林生产的决定》,制定鼓励农民安心生产、发家致富的十项政策。1951 年 9 月,中共中央召开全国第一次互助合作会议,制定中共中央《关于农业生产互助合作的决议(草案)》。为了发展生产,兴修水利,抵御自然灾害,采用农业机械和其他先进技术,需要把农户"组织起来",发挥农民劳动互助的积极性。到 1952 年年底,组织起来的农户达 1144.8 万户,占全国总农户的 40%。1949—1952 年,国家用于农业的投入和银行贷款逐年增加。直接参加水利工程建设的劳动力超过 2000 万人,千百年来威胁人民生命财产的水患开始得到防治。农业综合生产能力提高,粮食产量从 2263.6 亿斤增加到 3278.4 亿斤,增长 44.8%。棉花、烤烟、黄麻、甘蔗等农产品也超过新中国成立前最高年产量。1953 年,为了满足工业化带来的城镇人口增加对粮食等农产品的需求,国家实行了粮食和油料统购统销政策。

1953 年年底,中共中央制定《关于发展农业生产合作社的决议》。在决议中,毛泽东提出了带领农民共同富裕的思想,提出要"使农民能够逐步完全摆脱贫困的状况而取得共同富裕和普遍繁荣的生活"。毛泽东提出共同富裕,主要针对的是中国农民,他认为由于农民占中国人口的绝大多数,解决了农民的共同富裕问题,也就基本解决了中国人民的共同富裕问题。在实现农民共同富裕的途径上,毛泽东认为,农民光有土地还是不够的,必须要实行农业合作化的制度,必须走社会主义道路。他指出"全国大多数农民,为了摆脱贫困改善生活,为了抵御灾荒,只有联合起来,向社会主义大道前进,才能达到目的"①。1955年,全国掀起社会主义改造高潮。到1956年年底,全国96%的农民参加合作社,实现了土地公有化,在广大农村建立起社会主义集体所有制经济。1957年,《1956年到1967年全国农业发展纲要》颁布实施。这是中国历史上第一个农业农村发展的中长期规划,按照不同地区的自然条件和经济状况,规定粮食亩产目标。随即,全国掀起农田水利基本建设高潮。到1957年年底和1958年年初,为了适应当时兴修水利的需要,毛泽东主席认为农业合作社还需要进一步发展,需要小社并大社,组建人民公社。1958年8月,中共中央作出《关于在农村建立人民公社问题的决议》。当年,全国99%以上的农户加入人民公社。

三、建立社会主义制度

在中国实现社会主义,是中国共产党自创立时起就确定的奋斗目标。但是,基于旧中国的基本国情,党确定实现社会主义必须分两步走。1952年9月,毛泽东指出:我们现在就要开始用十年到十五年的时间基本上完成到社会主义的过渡。1953年6月,中央制定了过渡时期的总路线:从中华人民共和国成立,到社会主义改造基本完成,这是一个过渡时期。党在这个过渡时期的总路线和总任务,是要在一个相当长的时期内,逐步实现国家的社会主义工业化,并逐步实现国家对农业、对手工业和对资本主义工商业的社会主义改造。1954年9月,第

---

① 《毛泽东著作选读》(甲种本),人民出版社1966年版,第306页。

一届全国人民代表大会第一次会议通过了《中华人民共和国宪法》,以根本大法的形式,把中国共产党在过渡时期的总路线作为国家在过渡时期的总任务确定下来。

在过渡时期总路线的指导下,中国开始对农业、手工业和资本主义工商业进行有系统的社会主义改造。1953 年,中央作出关于农业生产互助合作的决议和关于发展农业生产合作社的决议。1953 年 10 月,中央作出关于实行粮食的计划收购和计划供应(以下简称"统购统销")的决议。1954 年年初,农村很快掀起大办农业社的热潮,1955 年春达到 67 万个。农业互助合作运动的发展和粮食统购统销政策的实行,直接推动资本主义工商业社会主义改造的进程。1953 年 6 月,中央确定经过国家资本主义改造资本主义工业的方针。随后又决定对私营商业也采取国家资本主义的方针。对资本主义工商业利用、限制、改造政策的确定大大地促进了对资本主义工商业的改造。1954 年到 1955 年扩展公私合营的工作取得很大进展。1955 年夏季起到 1956 年年底,我国加快了对农业、手工业和资本主义工商业社会主义改造的步伐,在较短的时间里,实现了生产资料所有制的深刻变革,社会主义改造取得决定性的胜利。全民所有制和集体所有制这两种社会主义公有制形式,已在整个国民经济中占据绝对优势地位。伴随着社会主义经济基础的建立,又有依据社会主义的原则进行政治、文化、思想、社会生活等各方面建设的成果,这就初步建立了社会主义基本制度。

1954 年《中华人民共和国宪法》(以下简称《宪法》)的颁布和社会主义制度的初步建立,确保了工人、农民在政治、经济上的主人翁地位,为消除贫困奠定了政治、经济制度基础。《宪法》规定:"中华人民共和国是工人阶级领导、以工农联盟为基础的人民民主国家。""中华人民共和国的一切权力属于人民。"《宪法》确立了工人、农民在政治上的主人翁地位。社会主义制度的初步建立,确立了全民所有制和集体所有制的绝对优势地位,从经济上确立了工人、农民对生产资料的占有。

四、建立社会保障制度

为了改善和保障人民生活水平,新中国成立后,在发展生产力的同时,我国分别在农村和城市建立了相应的社会保障和社会救济制度。1954年颁布的《中华人民共和国宪法》规定:"中华人民共和国公民在年老、疾病或者丧失劳动能力的情况下,有从国家和社会获得物质帮助的权利。"

在农村,中国建立了以基本医疗保障政策、"五保"供养政策、救济救灾、优抚安置为核心的社会保障政策体系。在基本医疗方面,形成了以农村"保健站""合作医疗"和"赤脚医生"三结合的农村医疗保障制度。新中国成立后,我国政府就开始在农村建立卫生保障体系。到1965年初步形成了以集体经济为依托的农村初级医疗卫生保健网,县设医院、公社设卫生院、大队设卫生室。公社卫生院兼有提供基本医疗服务、初级卫生保健技术指导和乡村卫生行政管理的职能,是农村三级预防保健网的枢纽。土地改革完成后,一些地方在农业互助合作社的启发下,由群众自发集资创办了具有公益性质的保健站和医疗站。1956年颁布的《高级农业生产合作社示范章程》规定:对于因公负伤或因公致病的社员,由合作社负责其医疗,并且斟酌给予劳动补助。这首次明确了集体承担农村社会成员疾病医疗的职责。此后,许多地方开始出现以集体经济为基础,以集体与个人相结合、互助互济的合作医疗站。到1965年年底,全国已有山西、湖北等10多个省区市建立起农村合作医疗制度。到20世纪70年代,农村合作医疗的覆盖率达到全国生产大队的90%。1969年,毛泽东发出"把医疗卫生工作的重点放到农村去"的号召,数量巨大的"赤脚医生"开始活跃在农村。"五保"供养制度形成于 20 世纪 50 年代末期。《1956 年到 1967 年全国农业发展纲要》规定:农业合作社对于社内缺乏劳动力、生活没有依靠的鳏寡孤独的社员,应当统一筹划,指定生产队或者生产小组在生产上给予适当的安排,使他们能够参加力能胜任的劳动;在生活上给予适当的照顾,做到保吃、保穿、保烧(燃料)、保教(儿童和少年)、保葬,使他们的生养死葬都有依靠,优抚安置。一是按照国家规定对优抚对象从政治、经济上给予优厚待遇。抚恤是对伤残人员和牺牲、病故人员家属采取物质抚慰。二是对军队离退休干部移交地方安置。三是对退役士兵按照"妥善安置,各得其所"的方针,对符合条件的城镇退伍义务兵和专业志愿兵安排就业,对回农村的退伍义务兵进行生产扶持。救灾主要由内务部主管,主要进行农村灾害统计、防灾备荒和灾荒难民救助工作。1952 年 5 月,内务部发布关于生产救灾工作领导方法等几项指示,对救灾工作的组织领导、救灾工作内容和方法都提出明确要求。农村居民因自然灾害等原因造成的吃穿住医等方面的困难,由国家提供急需的物资和资金。

在城市,我国政府确立了优先发展重工业的发展战略,逐步建立了独立的比较完整的工业体系和国民经济体系。为了保障广大职工的生活水平,我们建立起了城市社会保障制度,以企事业单位为依托,为职工提供了比较完善的医疗、住房、生育、工伤保险、退休等福利保障。

经过上述努力,我国的生产力得到了较快发展,国民福利水平得到一定的提高,引发了中国历史上第一次大规模的贫困缓解。农业总产值指数在 1952—1958 年期间呈现连续上升的趋势,人均粮食占有量也由 1952 年的 576 斤增加到 1958 年的 612 斤,成人文盲率下降了 50%,预期寿命提高了 50%。但由于"大跃进""文化大革命"等重大失误和计划经济体制的固有弊端,广大居民,特别是农村居民的生活水平普遍低下,到1978 年,我国农村还有 2.5 亿贫困人口,占当时农村人口的 30.7%。

第二节　改革农村体制,实施开发扶贫
(1978 — 2011 年)

1978 年 12 月,中国共产党十一届三中全会在北京召开,会议作出实行改革开放的重大决策。改革开放以来,中国政府实施以解决农村贫困人口温饱问题为主要目标的有计划、有组织、大规模的扶贫开发,贫困人口大幅减少,群众生活水平显著提高,贫困地区面貌发生了翻天覆地的变化。

一、经济体制改革引发的大规模缓解贫困(1978 — 1985 年)

1978 年,中国政府开始逐步由计划经济体制向市场经济体制转变,并实行了对外开放的政策。我国的经济体制改革首先是从农村开始的,通过农村经济体制改革,中国农村经济发展爆发了巨大活力,促进了国民经济快速发展,极大激发了农民的劳动热情,使大批贫困农民脱贫致富,农村贫困现象大幅度减少。

首先,农村经济体制改革极大地解放并发展了农村生产力。中国的改革是从农村开始的,农村的改革是从安徽凤阳小岗村开始的。1978 年,小岗村的 18 家农户为了能吃饱饭,"不再向国家伸手要钱要粮",率先实行了"包产到组、包产到户",这拉开了中国农村经济体制改革乃至整个经济体制改革的序幕。从党的十一届四中全会通过《中共中央关于加快农业发展若干问题的决定(草案)》到 1983 年,农村普

遍建立了家庭联产承包责任制。家庭联产承包责任制使农民再次获得了土地的经营权,解决了农民生产缺乏激励的问题。同时,农村分配制度的改革进一步激发了农民的生产积极性,"平均主义"为核心的农村分配格局被打破,确立了"交足国家的,留足集体的,剩下的全是自己的"的分配原则。同时,我国进行了农产品价格改革,通过改革主要农产品价格有所提高。1978 年,我国开始了农产品价格形成和流通体制的市场化改革,我国对 18 种主要农产品的收购价格进行了调整,价格平均提高 1/5 多,同时放开有关农产品价格和城乡农产品交易。家庭联产承包责任制和农产品价格改革极大地解放并发展了农村生产力,极大调动了农民的积极性,粮食和其他农产品都大幅度增加,长期困扰中国的农产品短缺问题,得到了基本缓解,农民收入大幅度提高。

其次,所有制改革和人口管理放松为农民提供了更多机会。20 世纪 70 年代中后期,乡镇企业快速发展起来。乡镇企业最早叫社队企业,1966 年毛泽东"五七指示"允许农民办工业,一些农民看到市场对商品需求那么大,就抓住了这个机会,利用各种条件办起了社队企业。另外,1971 年国务院召开的全国农业机械化会议提出发展"五小"工业(小钢铁、小煤窑、小机械、小水泥、小化肥),为农业机械化创造物质基础。这样,社队企业慢慢发展起来了。到 20 世纪 70 年代后期,乡镇企业开始快速发展起来。1978 年至 1981 年总产值每年递增 13.8%,1981 年工业产值占全国工业总产值的 10.8%,到 1981 年年底,乡镇企业从业人员达到 3000 万。乡镇企业的发展大大提高农民的收入,支援了集体福利发展。同时,我国人口流动的管理也逐渐放松。1984 年国家允许农村人口自带干粮进城打工,当年全国流动人口猛增到 2000万,而在 20 世纪 80 年代初,据估计全国离开户籍所在地外出打工的农民人数不超过 200 万,从此以后,人口流动的增长更是势不可挡,农村劳动力的转移流动成为脱贫致富的重要途径。

最后,中央政府开始了专项的扶贫活动。1980年,为了支持老革命根据地、少数民族地区、边远地区和贫困地区发展,中央财政专门设立了"支援经济不发达地区发展资金",当年就支持资金5亿元。1982年12月10日,中央政府决定对以甘肃省定西市为代表的中部干旱地区、河西地区和宁夏回族自治区西海固地区实施"三西"农业建设计划,中央政府开始每年投入2亿元资金,专门进行"三西"扶贫开发建设。"三西"建设开创了中国区域性扶贫先河,并为全国性扶贫开发积累了丰富经验,在中国乃至世界减贫史上都具有重要意义。1984年,为了改善贫困地区基础设施建设,中央开始实行以实物形式的"以工代赈"扶贫活动,通过实物或现金的投入,为贫困地区经济发展创造良好的基础条件,提高贫困地区自我发展的能力。1984年,中共中央发布了《关于尽快改变贫困地区面貌的通知》,专门划定18个贫困地带进行重点扶持。这些措施也在一定程度上缓解了农村的贫困状况。

体制改革释放了巨大的红利。从1978年到1985年,我国农村社会总产值由2038亿元猛增到6340亿元;粮食总产量增加24%;农村人均纯收入由134元上升到398元;人均占有的粮食、肉类和油料分别增长14%、88%、176%。农村经济的快速发展成为减缓农村贫困的主要动力,该时期成为我国历史上减缓贫困最为显著的时期,农村绝对贫困人口由1978年的2.5亿人减少到1985年的1.25亿人,七年间共减少1.25亿人,平均每年减少1786万人。

二、在全国进行有组织、有计划的大规模扶贫开发(1986—2011年)

1986年,中国启动有组织、有计划、大规模的农村扶贫开发。先后制定实施《国家八七扶贫攻坚计划》和《中国农村扶贫开发纲要（2001—2010 年）》，不断加大扶贫投入和工作力度，不断完善解决温饱的制度保障，不断激发贫困地区发展的内在活力，不断凝聚社会各界参与减贫事业的强大合力。到 2010 年年底，农村居民生存和温饱问题基本解决，贫困地区面貌发生深刻变化。21 世纪头十年扶贫开发的巨大成就，不仅为中国经济发展、政治稳定、民族团结、边疆巩固和社会和谐发挥了重要作用，而且为全球减贫事业作出了重大贡献。

1986 年 5 月，国家建立了专门的扶贫机构，中央成立了国务院扶贫开发领导小组及办公室，省地县各级也成立了相应的机构，使扶贫工作步入组织化、制度化、专业化。国家制定了相应的贫困标准和重点扶持区域，确定了国家重点扶持的贫困县；安排专项扶贫资金，并制定有利于贫困地区和贫困人口的优惠政策；明确提出由救济式扶贫转向开发式扶贫。从 1986 年开始，我国开始在全国范围内开展有计划、有组织、大规模的扶贫开发。

到 1992 年年底，全国农村没有解决温饱的贫困人口，由 1978 年的 2.5 亿人减少到 8000 万人。为了进一步解决农村贫困问题，缩小地区差距，1994 年，国务院决定从当年起实施《国家八七扶贫攻坚计划》，这个计划力争在 20 世纪内最后 7 年，集中力量，基本解决目前全国农村 8000 万贫困人口的温饱问题。《国家八七扶贫攻坚计划》指出，扶贫攻坚的奋斗目标：一是到 21 世纪末，使全国绝大多数贫困户年人均纯收入按 1990 年不变价格计算达到 500 元以上，扶持贫困户创造稳定解决温饱问题的基础条件，减少返贫人口；二是加强基础设施建设；三是改变文化、教育、卫生的落后状态，把人口自然增长率控制在国家规定的范围内。提出了继续坚持开发式扶贫方针，并明确扶贫开发的基本途径和主要形式以及信贷、财税、经济开发方面的优惠政策，并对资金的管理使用、各部门的任务、社会动员、国际合作、组织与领导作出规定。还提出,今后 7 年里每年再增加 10 亿元以工代赈资金、10 亿元扶贫专项贴息贷款等。经过 7 年的努力,到 2000 年年底,农村绝对贫困人口减少到 3209 万,扶贫攻坚目标基本实现。

2001 年,国务院颁布并实施了《中国农村扶贫开发纲要(2001—2010 年)》,决定:从 2001 年到 2010 年,集中力量,加快贫困地区脱贫致富的进程,把我国扶贫开发事业推向一个新的阶段。明确提出:尽快解决少数贫困人口温饱问题,进一步改善贫困地区的基本生产生活条件,巩固温饱成果,提高贫困人口的生活质量和综合素质,加强贫困乡村的基础设施建设,改善生态环境,逐步改变贫困地区经济、社会、文化的落后状况,为达到小康水平创造条件。指出:要坚持开发式扶贫方针。以经济建设为中心,引导贫困地区群众在国家必要的帮助和扶持下,以市场为导向,调整经济结构,开发当地资源,发展商品生产,改善生产条件,走出一条符合实际的、有自己特色的发展道路。通过发展生产力,提高贫困农户自我积累、自我发展能力。坚持综合开发、全面发展。把扶贫开发纳入国民经济和社会发展计划,要加强水利、交通、电力、通讯等基础设施建设,重视科技、教育、卫生、文化事业的发展,改善社区环境,提高生活质量,促进贫困地区经济、社会的协调发展和全面进步。贫困人口集中的中西部少数民族地区、革命老区、边疆地区和特困地区作为扶贫开发的重点,并在上述四类地区确定扶贫开发工作重点县。把发展种养业作为扶贫开发的重点途径,提出要集中力量帮助贫困群众发展有特色、有市场的种养业项目。对具有资源优势和市场需求的农产品生产,要按照产业化发展方向,连片规划建设,形成有特色的区域性主导产业。进一步改善贫困地区的基本生产生活条件。以贫困乡、村为单位,加强基本农田、基础设施、环境改造和公共服务设施建设。积极稳妥地扩大贫困地区劳务输出,稳步推进自愿移民搬迁。

党的十六大明确提出贯彻落实科学发展观,统筹城乡发展,作出"两个趋向"的科学论断,制定了"多予、少取、放活"和"以工促农,以城带乡"的方针,扶贫工作环境发生深刻变化。在过去主要依靠经济增长拉动和专项扶贫计划推动的基础上,逐步形成了一个集行业政策、区域政策和社会政策于一体的"大扶贫"格局。2007 年,党中央、国务院决定,在全国农村建立最低生活保障制度,对农村贫困人口的基本生存问题做了兜底性的制度安排。2008 年 10 月,党的十七届三中全会《中共中央关于推进农村改革发展若干重大问题的决定》明确提出,实行新的扶贫标准,对低收入人口全面实施扶贫政策。2009 年 3 月,温家宝在 2009 年国务院政府工作报告中进一步明确,"今年将实行新的扶贫标准,对农村低收入人口全面实施扶贫政策。新标准提高到人均1196 元,扶贫对象覆盖 4007 万人"。

2011 年,为进一步加快贫困地区发展,促进共同富裕,实现到 2020 年全面建成小康社会奋斗目标,中共中央、国务院特制定印发了《中国农村扶贫开发纲要(2011 — 2020 年)》。《中国农村扶贫开发纲要(2011—2020 年)》提出了"两不愁、三保障"的总体目标,到 2020 年,稳定实现扶贫对象不愁吃、不愁穿,保障其义务教育、基本医疗和住房安全。并提出坚持开发式扶贫方针,实行扶贫开发和农村最低生活保障制度有效衔接。把扶贫开发作为脱贫致富的主要途径,鼓励和帮助有劳动能力的扶贫对象通过自身努力摆脱贫困;把社会保障作为解决温饱问题的基本手段,逐步完善社会保障体系。并确定六盘山区、秦巴山区、武陵山区、乌蒙山区等 14 个连片特困地区为扶贫开发主战场,加大投入和支持力度,加强对跨省片区规划的指导和协调,以县为基础制定和实施扶贫攻坚工程规划。集中实施一批教育、卫生、文化、就业、社会保障等民生工程,大力改善生产生活条件,培育壮大一批特色优势产业,加快区域性重要基础设施建设步伐,加强生态建设和环境保护,着力解决制约发展的瓶颈问题,促进基本公共服务均等化,从根本上改变连片特困地区面貌。

有组织、有计划的大规模扶贫开发取得了巨大成就。农村贫困人口大幅减少,收入水平稳步提高,贫困地区基础设施明显改善,社会事业不断进步,最低生活保障制度全面建立,农村居民生存和温饱问题基本解决,探索出一条中国特色扶贫开发道路,为促进我国经济发展、政治稳定、民族团结、边疆巩固、社会和谐发挥了重要作用。

第三节　精准脱贫攻坚战,全面建成小康社会
（2012 年至今）

党的十八大以来,以习近平同志为核心的党中央把脱贫攻坚摆到治国理政的重要位置,提升到事关全面建成小康社会、实现第一个百年奋斗目标的新高度,纳入"五位一体"总体布局和"四个全面"战略布局。

习近平总书记指出:"小康不小康,关键看老乡,关键在贫困的老乡能不能脱贫。"①让农村贫困人口如期脱贫是最终判断中国是否全面建成小康社会的重要标志。习近平总书记多次深入贫困地区调研,就扶贫开发工作发表了一系列重要讲话,提出了精准扶贫、精准脱贫、扶贫体制机制改革创新的重大理论和实践问题,形成了精准扶贫精准脱

---

① 刘永富:《以精准发力提高脱贫攻坚成效》,《人民日报》2016 年 1 月 11 日。

贫的战略思想。精准扶贫是指针对不同贫困区域环境、不同贫困农户状况,运用科学有效程序对扶贫对象实施精确识别、精确帮扶、精确管理的治贫方式。精准扶贫是当前扶贫开发工作中必须坚持的重点工作,是中国扶贫攻坚工作的基本方略。党的十八届五中全会明确提出,到 2020 年我国现行标准下农村贫困人口实现脱贫,贫困县全部摘帽,解决区域性整体贫困。中央扶贫开发工作会议贯彻落实党的十八届五中全会精神,分析全面建成小康社会进入决胜阶段脱贫攻坚面临的形势和任务,对当前和今后一个时期脱贫攻坚任务作出部署,动员全党全社会力量齐心协力打赢脱贫攻坚战。

2015 年 11 月,中共中央、国务院发布了《中共中央 国务院关于打赢脱贫攻坚战的决定》。进一步明确了到 2020 年脱贫攻坚的总体目标:到 2020 年,稳定实现农村贫困人口不愁吃、不愁穿,义务教育、基本医疗和住房安全有保障。实现贫困地区农民人均可支配收入增长幅度高于全国平均水平,基本公共服务主要领域指标接近全国平均水平。确保我国现行标准下农村贫困人口实现脱贫,贫困县全部摘帽,解决区域性整体贫困。并提出要坚持精准扶贫,提高扶贫成效的基本原则。指出:扶贫开发贵在精准,重在精准,必须解决好扶持谁、谁来扶、怎么扶的问题,做到扶真贫、真扶贫、真脱贫,切实提高扶贫成果可持续性,让贫困人口有更多的获得感。并明确要实施精准扶贫方略,加快贫困人口精准脱贫。要健全精准扶贫工作机制。抓好精准识别、建档立卡这个关键环节,为打赢脱贫攻坚战打好基础,为推进城乡发展一体化、逐步实现基本公共服务均等化创造条件。按照扶持对象精准、项目安排精准、资金使用精准、措施到户精准、因村派人精准、脱贫成效精准的要求,使建档立卡贫困人口中有 5000 万人左右通过产业扶持、转移就业、易地搬迁、教育支持、医疗救助等措施实现脱贫,其余完全或部分丧失劳动能力的贫困人口实行社保政策兜底脱贫。对建档立卡贫困村、贫困户和贫困人口定期进行全面核查,建立精准扶贫台账,实行有进有出的动态管理。根据致贫原因和脱贫需求,对贫困人口实行分类扶持。建立贫困户脱贫认定机制,对已经脱贫的农户,在一定时期内让其继续享受扶贫相关政策,避免出现边脱贫边返贫现象,切实做到应进则进、应扶则扶。抓紧制定严格、规范、透明的国家扶贫开发工作重点县退出标准、程序、核查办法。重点县退出,由县提出申请,市(地)初审,省级审定,报国务院扶贫开发领导小组备案。重点县退出后,在攻坚期内国家原有扶贫政策保持不变,抓紧制定攻坚期后国家帮扶政策。加强对扶贫工作绩效的社会监督,开展贫困地区群众扶贫满意度调查,建立对扶贫政策落实情况和扶贫成效的第三方评估机制。评价精准扶贫成效,既要看减贫数量,更要看脱贫质量,不提不切实际的指标,对弄虚作假搞"数字脱贫"的,要严肃追究责任。

同时,提出要加强贫困地区基础设施建设,加快破除发展瓶颈制约,加快交通、水利、电力建设。大幅度增加中央投资投入中西部地区和贫困地区的铁路、公路建设,提高贫困地区农村公路建设补助标准。实施农村饮水安全巩固提升工程,全面解决贫困人口饮水安全问题。加快推进贫困地区农网改造升级,全面提升农网供电能力和供电质量。加大"互联网+"扶贫力度。实施电商扶贫工程。加快贫困地区物流配送体系建设,支持邮政、供销合作等系统在贫困乡村建立服务网点。加强贫困地区农村电商人才培训。加快农村危房改造和人居环境整治。加快推进贫困地区农村危房改造,切实保障贫困户基本住房安全。加大贫困村生活垃圾处理、污水治理、改厕和村庄绿化美化力度,推进贫困地区农村环境连片整治。重点支持革命老区、民族地区、边疆地区、连片特困地区脱贫攻坚。

为顺利打赢脱贫攻坚战,全国广泛动员全社会力量,合力推进脱贫攻坚,并从政策上加以支撑,政治上提供保障。健全东西部扶贫协作机制、定点扶贫机制和社会力量参与机制。加大东西部扶贫协作力度,建立精准对接机制,使帮扶资金主要用于贫困村、贫困户。进一步加强和改进定点扶贫工作,建立考核评价机制,确保各单位落实扶贫责任。鼓励支持民营企业、社会组织、个人参与扶贫开发,实现社会帮扶资源和精准扶贫有效对接。强化政策保障,健全脱贫攻坚支撑体系。加大财政扶贫投入力度。发挥政府投入在扶贫开发中的主体和主导作用,积极开辟扶贫开发新的资金渠道,确保政府扶贫投入力度与脱贫攻坚任务相适应。加大金融扶贫力度。鼓励和引导商业性、政策性、开发性、合作性等各类金融机构加大对扶贫开发的金融支持。完善扶贫开发用地政策。支持贫困地区根据第二次全国土地调查及最新年度变更调查成果,调整完善土地利用总体规划,新增建设用地计划指标优先保障扶贫开发用地需要。发挥科技、人才支撑作用。加大科技扶贫力度,解决贫困地区特色产业发展和生态建设中的关键技术问题。切实加强党的领导,为脱贫攻坚提供坚强政治保障。强化脱贫攻坚领导责任制。实行中央统筹、省(自治区、直辖市)负总责、市(地)县抓落实的工作机制,坚持片区为重点、精准到村到户。发挥基层党组织战斗堡垒作用。加强贫困乡镇领导班子建设,抓好以村党组织为领导核心的村级组织配套建设,注重选派思想好、作风正、能力强的优秀年轻干部到贫困地区驻村。严格扶贫考核督察问责。建立年度扶贫开发工作逐级督察制度,选择重点部门、重点地区进行联合督察,对落实不力的部门和地区,国务院扶贫开发领导小组要向党中央、国务院报告并提出责任追究建议,对未完成年度减贫任务的省份要对党政主要领导进行约谈。加强扶贫开发队伍建设。

在历届中央领导集体的高度重视下,经过近七十年的努力,特别是经过改革开放以来的努力,我国的扶贫事业走过了光辉的历程,取得了巨大的成就。贫困人口大幅度减少,根据测算改革开放以来,我们使7亿多农村贫困人口成功脱贫,截至2017年年底,我国贫困人口减少到3046万;广大人民生活水平有了很大提高,农民收入稳步提高;基础设施显著改善,农村实行了公路村村通,人畜饮水有了很大改善;社会事业深刻变化,国家在农村全面实施九年义务教育,推进新型农村合作医疗,全面建立农村最低生活保障制度;区域经济加快发展。经过多年扶持,国家扶贫开发工作重点县面貌发生很大变化,产业结构和就业结构发生了重大调整。部分资源大县、旅游大县和产业结构成功调整的重点县,实现了超常规发展;我国扶贫开发的成就,还加速了全球减贫进程,为世界减贫事业作出了贡献。我国是世界上减贫人口最多的国家,也是世界上率先完成联合国千年发展目标的国家,根据外交部与联合国驻华系统合著的《中国实施千年发展目标报告(2000—2015 年)》,无论按照我国政府的扶贫标准,还是参考国际贫困标准,我国都是最早提前实现千年发展目标中贫困人口减半目标的发展中国家。这个成就,足以载入人类社会发展史册。扶贫开发取得的伟大成就,不仅促进了贫困地区的经济社会发展,缓解了农村贫困状况,优化了国民经济结构,而且巩固了我们党的执政基础,巩固了中国特色社会主义制度,在几十年国际风云激烈变幻中,保持我们党和我国社会主义制度岿然不动。我国扶贫开发取得的伟大成就,同时也向广大发展中国家提供了借鉴经验,向世界充分证明了我们党治国理政的执政能力和中国特色社会主义制度的优越性。

第三章　精准扶贫战略的提出与部署

第一节　精准扶贫战略的提出

一、精准扶贫战略提出的背景

精准扶贫战略思想是习近平总书记在继承和吸纳我国既有扶贫思想的基础上,长期关注、思考、实践我国扶贫脱贫工作的理论创新,是当前我国治国理政的重要战略。

消除贫困、改善民生,逐步实现共同富裕是社会主义的本质要求,是我们党的重要使命和历史责任。我们党成立后,始终把群众利益放在首位。新中国成立以来,我国历届中央政府缓解贫困的努力一直没有停止过,坚持不懈地致力于改变我国贫穷落后的面貌,不断改善群众的生活水平。

特别是改革开放 40 年来,我们坚持改革开放,保持经济快速增长,不断出台有利于贫困地区和贫困人口发展的政策,为大规模减贫奠定了基础、提供了条件。我们坚持政府主导,把扶贫开发纳入国家总体发展战略,开展大规模专项扶贫行动,针对特定人群组织实施妇女儿童、残疾人、少数民族发展规划。我们坚持开发式扶贫方针,把发展作为解决贫困的根本途径,既扶贫又扶志,调动扶贫对象的积极性,提高其发展能力,发挥其主体作用。我们坚持动员全社会参与,发挥中国制度优势,构建了政府、社会、市场协同推进的大扶贫格局,形成了跨地区、跨部门、跨单位、全社会共同参与的多元主体的社会扶贫体系。我们坚持普惠政策和特惠政策相结合,先后实施《国家八七扶贫攻坚计划》《中国农村扶贫开发纲要(2001—2010年)》《中国农村扶贫开发纲要(2011—2020年)》,在加大对农村、农业、农民普惠政策支持的基础上,对贫困人口实施特惠政策,做到应扶尽扶、应保尽保。经过政府、社会各界、贫困地区广大干部群众共同努力,我国的减贫事业取得了巨大的成就,使7亿多农村贫困人口摆脱贫困,成为世界上减贫人口最多的国家,也是世界上率先完成联合国千年发展目标的国家,为全球减贫事业作出了重大贡献,走出了一条中国特色的减贫道路。

但是,2011年年底中央调整了贫困标准,将原有农民人均纯收入1274元的标准提高到了2300元(2010年不变价),在这一标准下,全国贫困人口还有1.28亿人。在新标准下,截至2014年年底,全国仍有7000多万农村贫困人口。扶贫工作进入新阶段,扶贫工作呈现出新特点。扶贫开发战略的重点从以解决温饱为主要任务的阶段转入巩固温饱成果、加快脱贫致富、改善生态环境、提高发展能力、缩小发展差距的新阶段。扶贫工作进入啃硬骨头、攻坚拔寨的冲刺期,扶贫任务更为繁重,扶贫形势更为复杂。剩余的贫困人口主要集中在中西部地区,呈现出贫困程度较深、减贫成本更高、脱贫难度更大的特点。一是贫困人口数量多。截至2015年年底,我国仍有农村贫困人口5575万。五年时间完成5575万人口脱贫和832个贫困县摘帽的任务,每年平均要减贫1100万人以上。二是减贫难度越来越大。剩余的贫困人口不少在特困地区①,这些地区由于特殊地理条件的限制,生存条件恶劣、基础设施薄弱、公共服务滞后,扶贫任务最为艰巨,减贫难度越来越大。我国减贫效益递减问题开始显现,减贫的幅度在逐渐下降,从 2010 年的 26.1%下降到 2014 年的 14.9%。三是返贫压力越来越大。有一定能力的在先期的扶贫过程中都脱贫了,剩余的都是自我发展能力弱的贫困人口。建档立卡贫困人口文化水平总体偏低,初中以下文化程度超过 92%。超过 70%的贫困村没有集体经济。加上农村"老龄化""空心化"日益严重,承接组织扶贫项目的能力越来越弱,返贫压力越来越大。从国务院扶贫办 2014 年建档立卡贫困户的信息分析看,因病致贫占 42.2%、缺资金占 35.4%、缺技术占 22.3%、缺劳动力占 16.8%、因学致贫占 9%、因残致贫占 5.8%、因灾致贫占 5.8%、其他占 9.6%,在减贫过程中边减边返现象突出。四是扶贫工作还存在一定的问题,弊端日益显现。在扶贫工作中,瞄准贫困群体开展针对性扶贫是我国扶贫开发工作的必然需求,但扶贫工作过程中还存在贫困居民底数不清,扶贫资金天女散花,大水漫灌、走马观花、大而化之等问题,年年扶贫年年贫;重点县舍不得脱贫摘帽,数字弄虚作假,挤占和浪费国家扶贫资源的问题,无法真正让贫困人口真正走上富裕道路。

二、精准扶贫战略的提出与发展

2012 年,党的十八大的召开提出了到 2020 年全面建成小康社会的宏伟目标。全面建成小康社会关键是全面,这个"全面"首先体现在覆盖的人群是全面的,是不分地域的全面小康,是不让一个人掉队的全面小康,意味着全国各个地区都要迈入小康社会。也就是习近平总书

---

① 特困地区主要是指一些生态型贫困、社会发育型贫困的地区,还包括边境地区、地方病多发区等。

记讲的"小康不小康,关键看老乡"。这对脱贫攻坚提出了时间表,提出了更高的要求。习近平总书记把扶贫开发作为工作的重点,多次深入贫困地区调研,在多个重要场合,提出一系列新思想,逐步形成了精准扶贫、精准脱贫的战略思想。

2012年12月底,习近平总书记到河北省保定市阜平县进行考察调研,调研的主题是贫困问题。习近平总书记指出,"全面建成小康社会,最艰巨最繁重的任务在农村,特别是贫困地区。没有农村的小康,特别是没有贫困地区的小康,就没有全面建成小康社会"①。习近平总书记强调,"要真真实实把情况摸清楚。做好基层工作,关键是要做到情况明。情况搞清楚了,才能把工作做到家、做到位。大家心里要有一本账,要做明白人。要思考我们这个地方穷在哪里?为什么穷?有哪些优势?哪些自力更生可以完成?哪些需要依靠上面帮助和支持才能完成?要搞好规划,扬长避短,不要眉毛胡子一把抓"②。2013年11月,习近平总书记到湖南省湘西考察时,首次提出"精准扶贫"的思想。他指出,"扶贫要实事求是,因地制宜。要精准扶贫,切忌喊口号,也不要定好高骛远的目标"。并强调,"加快民族地区发展,核心是加快民族地区全面建成小康社会步伐。发展是甩掉贫困帽子的总办法,贫困地区要从实际出发,因地制宜,把种什么、养什么、从哪里增收想明白,帮助乡亲们寻找脱贫致富的好路子"③。

2013年,中共中央办公厅、国务院办公厅印发的《关于创新机制扎实推进农村扶贫开发工作的意见》,将建立精准扶贫工作机制作为六项扶贫机制创新之一,精准扶贫的思路逐渐清晰。2014年3月,习近

---

① 习近平:《做焦裕禄式的县委书记》,中央文献出版社2015年版,第16页。
② 李贞、雷龚鸣整理:《习近平谈扶贫》,《人民日报(海外版)》2016年9月1日。
③ 李贞、雷龚鸣整理:《习近平谈扶贫》,《人民日报(海外版)》2016年9月1日。

平总书记参加"两会"时强调,要实施精准扶贫,瞄准扶贫对象,进行重点施策,进一步阐释了精准扶贫思想。2014年5月,国务院扶贫办等七部门印发的《建立精准扶贫工作机制实施方案》,确定了精准扶贫的初步工作机制,标志着精准扶贫战略已经由理论层面转向实施层面。2014年10月,在首个扶贫日习近平总书记作出重要批示,要求"各级党委、政府和领导干部对贫困地区和贫困群众要格外关注、格外关爱,履行领导职责,创新思路方法,加大扶持力度,善于因地制宜,注重精准发力,充分发挥贫困地区广大干部群众能动作用,扎扎实实做好新形势下扶贫开发工作,推动贫困地区和贫困群众加快脱贫致富奔小康的步伐"[①]。

　　2015年1月,习近平总书记在云南省考察工作时指出,"要以更加明确的目标、更加有力的举措、更加有效的行动,深入实施精准扶贫、精准脱贫,项目安排和资金使用都要提高精准度,扶到点上、根上,让贫困群众真正得到实惠"[②]。2015年3月,习近平总书记参加"两会"时强调,"要把扶贫攻坚抓紧抓准抓到位,坚持精准扶贫,倒排工期,算好明细账,决不让一个少数民族、一个地区掉队"。2015年6月,习近平总书记在部分省区市党委主要负责同志座谈会上强调,"扶贫开发贵在精准,重在精准,成败之举在于精准。各地都要在扶持对象精准、项目安排精准、资金使用精准、措施到户精准、因村派人(第一书记)精准、脱贫成效精准上想办法、出实招、见真效。要坚持因人因地施策,因贫困原因施策,因贫困类型施策,区别不同情况,做到对症下药、精准滴灌、靶向治疗,不搞大水漫灌、走马观花、大而化之"。[③] 在这次讲话中,习近平总书记首次全面系统地阐释了精准扶贫的战略思想,提出"四

---

①　李贞、雷龚鸣整理:《习近平谈扶贫》,《人民日报(海外版)》2016年9月1日。

②　李贞、雷龚鸣整理:《习近平谈扶贫》,《人民日报(海外版)》2016年9月1日。

③　李贞、雷龚鸣整理:《习近平谈扶贫》,《人民日报(海外版)》2016年9月1日。

个切实""六个精准""四个一批"①等重要思想,精准扶贫、精准脱贫战
略思想更加成熟,内涵不断丰富。

2015 年 7 月,习近平总书记在吉林调研时指出,"要特别关注和关
心困难群众,坚持精准扶贫,广泛动员社会力量扶危济困"②。2015 年
10 月 16 日,习近平总书记在 2015 年减贫和发展高层论坛上的主旨演
讲中对"精准扶贫"方略进行了详细阐释。习近平总书记指出:"中国
在扶贫攻坚工作中采取的重要举措,就是实施精准扶贫方略,找到'贫
根',对症下药,靶向治疗。我们坚持中国制度的优势,构建省市县乡
村五级一起抓扶贫,层层落实责任制的治理格局。我们注重抓六个精
准,即扶持对象精准、项目安排精准、资金使用精准、措施到户精准、因
村派人精准、脱贫成效精准,确保各项政策好处落到扶贫对象身上。"③
明确提出中国扶贫工作要实施精准扶贫方略,要走精准扶贫之路。并
强调指出:要"坚持分类施策,因人因地施策,因贫困原因施策,因贫困
类型施策,通过扶持生产和就业发展一批,通过易地搬迁安置一批,通
过生态保护脱贫一批,通过教育扶贫脱贫一批,通过低保政策兜底一
批。我们广泛动员全社会力量,支持和鼓励全社会采取灵活多样的形
式参与扶贫"④。

2015 年 11 月,习近平总书记在中央扶贫开发工作会议上发表重

---

① 四个切实:指切实落实领导责任,切实做到精准扶贫,切实强化社会合力,切实加
强基层组织。六个精准:指扶持对象精准、项目安排精准、资金使用精准、措施到户精准、
因村派人精准、脱贫成效精准。四个一批:指扶持生产和就业发展一批,移民搬迁安置一
批,低保政策兜底一批,医疗救助扶持一批。

② 李贞、雷龚鸣整理:《习近平谈扶贫》,《人民日报(海外版)》2016 年 9 月 1 日。

③ 中央文献研究室:《十八大以来重要文献选编》(中),中央文献出版社 2016 年版,
第 720 页。

④ 中央文献研究室:《十八大以来重要文献选编》(中),中央文献出版社 2016 年版,
第 720 页。

要讲话,全面阐述了精准扶贫、精准脱贫的战略思想。他指出,"坚持精准扶贫、精准脱贫,重在提高脱贫攻坚成效。关键是要找准路子、构建好的体制机制,在精准施策上出实招、在精准推进上下实功、在精准落地上见实效。要解决好'扶持谁'的问题,确保把真正的贫困人口弄清楚,把贫困人口、贫困程度、致贫原因等搞清楚,以便做到因户施策、因人施策。要解决好'谁来扶'的问题,加快形成中央统筹、省(自治区、直辖市)负总责、市(地)县抓落实的扶贫开发工作机制,做到分工明确、责任清晰、任务到人、考核到位"①。2015 年 11 月 29 发布的《中共中央　国务院关于打赢脱贫攻坚战的决定》,明确把精准扶贫、精准脱贫确定为扶贫开发的基本方略。2016 年 3 月,"两会"审议通过的《中华人民共和国国民经济和社会发展第十三个五年规划纲要》对扶贫开发方式、精准扶贫工作机制进行了安排,为"十三五"时期脱贫攻坚工作制定了目标,明确了步骤。2016 年 4 月,中共中央办公厅、国务院办公厅发布的《关于建立贫困退出机制的意见》,对贫困退出的标准和程序作出了严格规定。精准扶贫、精准脱贫战略的体制机制逐渐完善。

精准扶贫战略思想是习近平总书记长期对扶贫工作关注、思考、实践、探索的理论创新,是中国扶贫思想的重大创新,是对党的扶贫理论的新发展。精准扶贫、精准脱贫战略思想深刻阐述了我国当前脱贫攻坚的重大理论和实践问题,是我国下一步扶贫工作的基本方略。

三、精准扶贫战略的意义

精准扶贫、精准脱贫是我国扶贫开发的基本战略,事关"四个全

_____

① 《习近平谈治国理政》第二卷,外文出版社 2017 年版,第 84 页。

面"战略布局,事关中国共产党的执政基础,事关国家长治久安,事关亿万贫困群众福祉,事关中华民族伟大复兴中国梦的实现。

(一)精准扶贫战略的实践意义

1. 精准扶贫是打赢脱贫攻坚战的关键

习近平总书记指出,"扶贫开发推进到今天这样的程度,贵在精准,重在精准,成败之举在于精准"[1],"关键是要找准路子、构建好的体制机制,在精准施策上出实招、在精准推进上下实功、在精准落地上见实效"[2]。目前,我国贫困人口还比较多,分布比较广。到 2016 年年底,全国还有农村贫困人口 4335 万人,大多分布在 14 个集中连片特殊困难地区。如何扶贫?如何提高扶贫效果?第一,扶贫对象精准是关键。由于受历史的局限性,过去的扶贫制度存在一些不足,不能满足地区及今后脱贫攻坚工作需要。以往由于受人力、资金等限制,不少扶贫项目存在"大水漫灌"的现象,瞄准度不高,严重的甚至存在脱靶现象,造成扶贫效率不高,效果不好,存在一定的社会不公等问题。精准扶贫作为一项大战略,是一个系统工程,集中了国家的力量,直接把扶贫对象精准到贫困家庭和贫困人口,大大地提高了瞄准度。第二,项目安排精准、资金使用精准、措施到户精准、因村派人精准、脱贫成效精准,从识别到具体帮扶路径,再到人员安排及脱贫标准等全程都务求精准、实效。第三,精准扶贫把扶贫开发与贫困地区的基础设施建设、新型城镇化、产业发展、新农村建设融合起来,既注重当前,更考虑长远,既重视"输血",更重视"造血",最大化地提高扶贫效果。第四,精准扶贫不仅重视项目、资金、人员等具体工作的细化,而且重视扶贫体制机制的创

---

① 李贞、雷龚鸣整理:《习近平谈扶贫》,《人民日报(海外版)》2016 年 9 月 1 日。
② 中央文献研究室编:《习近平关于社会主义经济建设论述摘编》,中央文献出版社 2017 年版,第 216 页。

新,重视政策的支持和政治上的保障。

2.精准扶贫为农村贫困地区长期发展奠定了坚实基础

精准扶贫不仅立足解决建档立卡贫困户和贫困人口的当前贫困问题,也根据致贫的主要原因着眼于解决制约贫困地区发展的关键问题,这为农村贫困地区长期发展奠定了坚实基础。一是精准扶贫高度重视贫困地区的基础设施建设。贫困地区的发展,完善基础设施建设是脱贫的前提,薄弱的基础设施是制约贫困地区发展的瓶颈。精准扶贫立足长远,集中资金,重点解决贫困地区的道路、水、电等基础设施建设问题,尤其对于集中连片扶贫区域更是积极推进重大基础设施建设。二是精准扶贫注重发挥贫困人口的主动性。扶贫先扶志,在扶贫过程中,如果农民缺乏主动性、组织化程度低下,扶贫政策、措施等的效果必将大打折扣。扶贫的关键是"造血",增强农民的内生发展动力。精准扶贫注重"造血",在扶贫过程中,通过技能培训、合作社等方式增强农民自身能力并把农民组织起来,变被扶贫为我要脱贫,变被动为主动,从精神、思想、思维上先脱贫。三是精准扶贫注重制度保障。着眼长远,从制度上保障农民的教育、医疗和住房等问题,为农民的发展解决后顾之忧。

3.精准扶贫是全面建成小康社会的必经之路

党的十八大报告首次正式提出全面建成小康社会的目标。全面建成小康社会的核心是全面,是包括全体人民,不分地域,不分民族、群体,不让一个人掉队的小康。习近平总书记强调,"小康不小康,关键看老乡"①。决不能让一个少数民族、一个地区掉队,要让13亿中国人民共享全面小康的成果。扶贫开发是我们第一个百年奋斗目标的重点工作,是最艰巨的任务。"全面建成小康社会,最艰巨、最繁重的任务

---

① 中央文献研究室编:《习近平关于社会主义经济建设论述摘编》,中央文献出版社2017年版,第213页。

在农村,特别是在贫困地区。没有农村的小康,特别是没有贫困地区的小康,就没有全面建成小康社会。"①"我们不能一边宣布全面建成了小康社会,另一边还有几千万人口的生活水平处在扶贫标准线以下,这既影响人民群众对全面建成小康社会的满意度,也影响国际社会对我国全面建成小康社会的认可度。"②习近平总书记的一系列论断说明了全面建成小康社会与精准扶贫的必然联系,要实现人民群众的小康梦就必须通过扶贫消除贫困,而消除贫困就必须走精准扶贫的道路。

4.精准扶贫是践行共同富裕目标的重大战略

社会主义的本质是解放生产力,发展生产力,消除剥削,消除两极分化,最终达到共同富裕。共同富裕是中国共产党带领中国人民孜孜追求的目标。共同富裕的核心是"共同",社会主义和共产党人追求的不是仅仅一少部分人的富裕,而是大家共同富裕。共同富裕的关键是"富裕",贫穷不是社会主义,也不是中国共产党带领大家共同奋斗的目标。精准扶贫就是当前实现共同富裕目标的重大战略。改革开放以来,党和政府坚持以经济建设为中心,通过体制改革和对外开放解放生产力,以改革保增长促发展惠民生,实现了一部分人先富起来,并带动大多数人有了较好的发展。但我国农村还有大量的贫困人口,影响着共同富裕目标的实现。习近平总书记强调,对困难群众,要格外关注、格外关爱、格外关心。始终围绕"人民对美好生活的向往,就是我们奋斗目标"的宗旨,始终把解决贫困问题放在工作的重要位置,强调"让广大农民共享改革发展成果","不能丢下一个贫困群众"。精准扶贫是针对现阶段农村贫困现状提出的具有明确目标、对象、措施和期限,杜绝扶贫资源瞄准目标偏

---

① 习近平:《做焦裕禄式的县委书记》,中央文献出版社2015年版,第16页。
② 中央文献研究室编:《习近平关于社会主义经济建设论述摘编》,中央文献出版社2017年版,第214页。

离,实现农村贫困人口脱贫致富,最终实现共同富裕的重要举措。

(二)精准扶贫战略的理论意义

1.精准扶贫是习近平同志长期扶贫工作的思想结晶

从梁家河、正定、宁德到现在,四十多年来,无论是作为一个生产大队的党支部书记,还是一个泱泱大国的最高领导人,习近平总书记始终牵挂着贫困群众,关心和思考着扶贫工作。在梁家河插队时,习近平同志就开始跟贫困打交道,自己苦,看着百姓过得更苦,就带领乡亲们发展生产,办铁业社,搞沼气池,千方百计提高群众生产生活水平。聂荣臻元帅"阜平不富,死不瞑目"的话感人至深,从骨子里透露出共产党人对群众的感情,习近平同志一直铭记在心。在正定、宁德等地工作时,习近平同志都把大量的心血用在脱贫工作上,想办法增加群众收入、改善群众居住条件等等。同时,也一直思考扶贫问题,在福建当副书记、省长时,就提出了"真扶贫、扶真贫"的问题,开始考虑怎么解决扶贫的精准和效率问题。党的十八大以来,习近平总书记更加关注扶贫问题,多次到地方考察调研贫困问题,提出"手榴弹炸跳蚤"是不行的,逐渐形成了精准扶贫、精准脱贫的战略思想,并不断地发展、丰富、完善,到目前逐渐形成一个完整的体系,成为我国打赢脱贫攻坚战的基本方略。

2.精准扶贫是我国脱贫攻坚的基本方略

精准扶贫战略思想是在反思我国过去扶贫政策、方式的基础上逐渐形成的,是我国扶贫思想的最新创新,是我国下一步脱贫攻坚的基本方略。1982年,我国开始有计划的扶贫工作,最早开始的是"三西"专项扶贫。此后,随着扶贫成绩的扩大和贫困形势的变化,扶贫措施方式不断改变,从瞄准贫困的方式来看,先后经历了区域瞄准、省级瞄准、县级瞄准和村级瞄准等变化。在上述基础上形成了以片区攻坚和户、人瞄准为重点的精准扶贫思想。并逐步推动精准扶贫战略规范化、制度化、法治化。精准扶贫思想提出以后,在推进精准扶贫的过程中,扶贫工作的各个环节,包括建档立卡、编制规划、项目安排、考核督察等更加规范化,并且推动扶贫社会参与机制的创新,推动建立精准扶贫的工作机制等。在中央和地方层面不断推进扶贫工作的法治化,如一些省制定了农村扶贫开发条例,使精准扶贫战略更易操作,更易实施,在实践中成为我国脱贫攻坚的指导思想和实施指南。

3. 精准扶贫为世界减贫发展提供了示范

贫困是人类永恒的难题,不仅普遍存在于发展中国家,也存在于发达国家,消除贫困、促进人类社会的繁荣与进步是世界各国的共同理想。为解决贫困问题,各国的政府和学者们对贫困现象进行了大量研究并形成了许多理论,在实践也取得了一定的成效。但像中国这样,经过三十多年成功减贫 7 亿多人的案例还没有。特别是党的十八大以来,中国政府在精准扶贫思想的指导下,在脱贫工作越来越难的情况下,减贫持续取得巨大成绩的情况更是少见。实践证明,习近平总书记精准扶贫思想的提出,不仅推动着我国减贫理论的创新,也在不断开创着中国减贫事业的新局面。因此,精准扶贫思想不仅对其他发展中国家的减贫事业具有极大的示范效应,甚至对一些发达国家的反贫困工作也具有重要的借鉴意义。

第二节　精准扶贫战略的内涵和主要内容

一、精准扶贫的内涵

2013 年 11 月,习近平总书记在湘西州花垣县十八洞村考察首次提出"精准扶贫"思想。2014年3月,在参加十二届全国人大二次会议贵州代表团审议时,习近平总书记指出:"精准扶贫,就是要对扶贫对象实行精细化管理,对扶贫资源实行精确化配置,对扶贫对象实行精准化扶持,确保扶贫资源真正用在扶贫对象身上、真正用在贫困地区。"

准确理解和把握精准扶贫的内涵。首先,要准确理解"精准"二字。习近平总书记用非常形象的语言指出:"扶贫开发推进到今天这样的程度,贵在精准,重在精准,成败之举在于精准。不搞大水漫灌、走马观花、大而化之。"我们要不断深化精准扶贫精准脱贫的方略,变"大水漫灌"为"精确滴灌",政策举措更多面向特定人口、具体人口,扶真贫,真扶贫,真脱贫,让贫困群众真正得到实惠。把握好精准识别、精准帮扶和精准管理的关系。要把精准扶贫、精准脱贫作为基本方略,做到六个精准,即扶持对象精准、项目安排精准、资金使用精准、措施到户精准、因村派人(第一书记)精准、脱贫成效精准。

其次,要重点理解精准识别、精准帮扶和精准考核。精准识别是前提,确保把真正的贫困人口、贫困程度、致贫原因等搞清楚,以便做到因户施策、因人施策。要通过有效、合规的程序,把谁是贫困居民识别出来。一要确定贫困标准。要以国家基准贫困作为标准,制定扶贫对象认定的指标体系。指标体系一定要明确、细化和量化,操作性要强。二要明确扶贫对象。要做好建档立卡工作。建档立卡是一个动态的、不断修订的过程,不是一次定终身。把建档立卡台账做实做细,还需要对信息定期核查,对遗漏的、返贫的、新致贫的要纳入,对造假的、脱贫的要退出。不仅要弄清楚贫困人口数量,还要搞明白贫困程度、致贫原因,做到信息准确、不错不漏、能进能出。建档立卡是各项扶贫举措能够精准的基础和前提,务必要精益求精。三要明确脱贫标准。最核心的就是稳定实现农村贫困人口的"两不愁、三保障"。

精准帮扶是关键,要针对扶贫对象的贫困情况定责任人和帮扶措施,确保帮扶效果。要始终瞄准建档立卡贫困人口,把扶贫资源和帮扶措施精准落在他们头上,一户一户地摸情况,一户一户地想办法,一户一户地解决问题。要按照扶持对象精准、项目安排精准、资金使用精准、措施到户精准、因村派人精准、脱贫成效精准的要求,使建档立卡贫困人口中有 5000 万人左右通过产业扶持、转移就业、易地搬迁、教育支持、医疗救助等措施实现脱贫,其余完全或部分丧失劳动能力的贫困人口实行社保政策兜底脱贫。要把这些措施落实到具体人头上,每项措施各解决多少人、要解决哪些人,都要有具体的保障措施和资金支持。

精准考核是保障,精准扶贫、精准脱贫是必然要求。要防止出现脱贫上的糊涂账,不能搞"数字脱贫"。要按照中央文件的要求,对建档立卡贫困村、贫困户和贫困人口定期进行全面核查,建立精准扶贫台账,建立贫困户脱贫认定机制,实行有进有出的动态管理。要做到每年脱贫的都是哪些人、分布在哪里,一清二楚。各地要建立精准脱贫可监测、可复查的机制。评价精准扶贫成效,既要看减贫数量,更要看脱贫质量,对弄虚作假搞"数字脱贫"的,要严肃追究责任。

二、精准扶贫的主要内容

习近平总书记在中央扶贫开发工作会议上系统阐述了坚持精准扶贫的重要思想,就是要做到"六个精准"、实施"五个一批"、解决好"四个问题",为新时期推进精准扶贫、精准脱贫战略明确了方向,也确定了精准扶贫的主要内容。

(一)精准识别扶贫对象,解决"扶持谁"的问题

精准扶贫、精准脱贫,关键在准,重在实效。准确识别贫困人口,搞清贫困程度,找准致贫原因,是精准扶贫的第一步。在此基础上准确掌

据贫困人口规模、分布情况、居住条件、就业渠道、收入来源等,方可精准施策、精准管理。

精确识别是精准扶贫的重要前提。扶贫工作要到村到户,首先要了解哪一村贫,哪一户穷,摸清底数、建档立卡,被称为精准扶贫的"第一战役"。

一要核准底数。按照国家制定的统一的扶贫对象识别办法,在摸清底数的基础上,根据致贫原因和发展需求,科学划分"扶贫开发户、扶贫低保户、纯低保户、五保户"四种贫困户类型。完善规模控制、精准识别、动态管理机制,采取按收入倒排、公示公告的方式,逐村逐户开展摸底排查和精确复核,以收入为依据,设置排除指标,对上一年建档扶贫对象进行再次摸底识别,并纳入扶贫信息网络管理系统。严格审核各村上报的帮扶贫困户名单,确保建档立卡户是真贫困,确保做到扶真贫。

二要做好建档立卡。要充分发扬基层民主,发动群众参与。可以开展到村到户的贫困状况调查和建档立卡工作,通过群众评议、入户调查、公示公告、抽查检验、信息录入等举措,透明公开,把识别权交给基层群众,让群众按他们自己的"标准"识别谁是穷人,以保证贫困户认定的透明公开、相对公平。做到民主评议和集中决策相结合,公开、公平、公正合理确定扶贫对象,确保真正的扶贫对象进入帮扶范围。

三要分析致贫原因。在找准贫困对象的基础上,还要进一步找准致贫原因。从全国层面看,致贫原因主要包括:因基础设施落后致贫、因生存环境制约和自然灾害致贫、因上学致贫、因地方病和突发重病致贫、孤寡老人或因残疾失去劳动能力致贫等。对家庭没有劳动能力的农村生活困难户,给予农村最低生活保障扶持,根据有关政策切实做到"应保尽保"。对有劳动能力和劳动意愿的低收入户,要明确具体的到户帮扶措施和年度目标,采取各种扶贫开发方式和方法,扎实开展针对性的帮扶。要建立结对帮扶台账,帮扶台账要有帮扶责任人、帮扶措施、年度目标、帮扶投入、实施过程、实施结果和扶贫对象户收入变动等内容和指标。

四要动态监测管理。按照脱贫出、返贫进的原则,以年度为节点,以脱贫目标为依据,逐村逐户建立贫困帮扶档案,及时进行数据更新,做到有进有出、逐年更新、分级管理、动态监测。

(二)精准安排扶贫项目,解决"怎么扶"的问题

在精准识别的基础上,工作重点就是要做到精准施策、分类施策,即因人因地施策、因贫困原因施策、因贫困类型施策。精准安排扶贫项目和建立产业扶贫的带动机制尤为重要。

一要因地制宜发展特色产业。根据各地的区位条件、资源优势和产业基础,选择适合当地发展的特色产业。把扶贫项目与贫困乡镇、贫困村的实际和贫困群众意愿结合起来,把"造血"式扶贫与"输血"式救济结合起来,把近期脱贫与长远致富结合起来,提高群众的积极性和项目的针对性,充分发挥好扶贫项目和资金的带动引领作用。根据市场情况,把贫困户吸入产业,实施短期、中期、长期项目配套措施,以短养长,长短结合,使近期脱贫与长远致富一脉相承。因地制宜制定产业扶持发展规划。坚持宜农则农、宜游则游、宜商则商,大力发展特色优势产业,培育主导产品,提高特色产业开发效益。促进扶持政策落实到户。对有劳动能力和劳动意愿的扶贫对象,申报实施产业扶贫项目的农业产业化组织要因地制宜,因户施策,采取以奖代补、提供种苗,以及提供信息、技术、服务等方式,有针对性地引导和帮助贫困户发展产业。同时,产业扶贫专项资金,主要用于扶持贫困户能直接参与、直接受益、稳定增收的种植、养殖、农产品加工、服务项目和其他产业项目,加大对

贫困村产业基地的基础设施建设投入,发挥产业基地对贫困户的辐射带动作用。

二要构建产业发展带动机制。对建档立卡贫困户统筹安排使用资金,建立产业发展带动机制,奠定牢固的产业发展基础和稳定的脱贫机制保障。重点扶持符合相关条件的农民专业合作社、农村集体经济组织、扶贫企业发展扶贫产业人带动贫困户创收增收。积极引导承包土地向专业种养大户、家庭农场、农民合作社、农业龙头企业流转,增加贫困户财产性收入。推行"公司+合作社(基地)+贫困户"等模式,提高贫困户的组织化水平,让贫困户从产业发展中获得更多利益。对扶贫工作成绩突出的龙头企业、合作社和农村集体经济组织给予扶贫资金项目扶持。对龙头企业而言,在一定的扶持期内,通过在贫困村建立特色种养业基地,发展农业产业化,带动贫困户就业,增加贫困户收入。在贫困地区和贫困村的扶贫项目总投资达到一定规模。对农民专业合作社而言,其入社会员中贫困户要达到一定比例,贫困户人均纯收入年增加额达到一定水平,在贫困村年度总投资达到一定规模。对农村集体经济组织而言,在扶持期内带动贫困户增收的户数增加,且人均纯收入持续增长一定比例。

(三)精准使用扶贫资金,解决"钱怎么花"的问题

扶贫资金,既是贫困群众的"保命钱",也是精准扶贫的"助推剂",承载着保基本、兜底线、促公平的重要使命。衡量农村贫困地区扶贫开发工作绩效的直接途径,就是看扶贫资金的运作与管理是否有效。要提高扶贫资金的有效性,必须对财政扶贫资金运行过程中的每个环节,包括资金的分配、使用对象的确定、使用方向的选择、监督机制的完善等,均作出科学的比较和分析,完善相关机制,切实提升扶贫资金使用管理的精准性、安全性及高效性,让有限的资金发挥最大的效益。

一要"精准拨付"。财政扶贫资金投向必须要符合政策,必须专款专用,只能用于贫困地区和贫困群众,坚决避免资金分配的随意性。财政扶贫资金是贫困群众的救命钱,必须精确瞄准,准确辨别扶贫对象、合理运用各种措施,确保扶贫资金精准拨付、及时拨付,保证好钢用到刀刃上。

二要高效利用。要立足地方实际,以扶贫攻坚规划和重大扶贫项目为平台,整合扶贫资金等各类扶贫资源,统筹安排,形成合力,集中力量解决突出贫困问题,此外,还要强化市场经济理念,积极探索政府购买社会服务、金融机构等参与扶贫开发的新模式、新方法,引导社会力量投入扶贫开发,促进扶贫资源优化配置、扶贫项目推进高质高效,实现扶贫开发效益的最大化。

三要严格监管。按照"项目跟着规划走,资金跟着项目走,监督跟着资金走"的原则,强化项目监督管理,严格按照精准扶贫的标准、程序等实施项目,未经报批不能擅自更改项目的建设内容和用途,确保每一个项目都落实到贫困户身上。各级政府及财政相关部门要督检查,配合审计、纪检监察等部门做好审计、检查等工作,形成齐抓共管的工作机制。实现全程全网监管扶贫项目,建好精准扶贫项目台账,实现项目从申报、立项、审批、资金拨付到实施、验收的全程监管。确保财政扶贫资金"精准投入"。与此同时,要完善资金项目公告公示制度,对扶贫资金使用情况进行监督、检查,确保资金安全、规范运行。要筑牢扶贫资金管理使用的"高压线",强化外部监管,建立常态化、多元化的监督检查机制,对贪污侵占挪用等违法违规行为严惩不贷。提高扶贫工作的整体水平和效益,让扶贫资金在阳光下运行。

打好新形势下精准扶贫攻坚战,就务必以更加积极的态度回应贫困群众的诉求,确保资金使用管理的精准性、安全性和高效性,让有限的资金发挥最大的效益,让扶贫资金真正成为贫困群众的"保命钱"、精准扶贫的"助推剂"、农村经济社会发展的"催化剂"。这样,才能真正实现扶贫开发的目标价值,让贫困地区群众享受到更多改革发展的红利。

(四)精准落实扶贫措施,解决"路怎么选"的问题

要精准帮扶,确保扶贫措施落实到户。针对扶贫对象的贫困情况和致贫原因,制定具体帮扶方案,分类确定帮扶措施,确保帮扶措施和效果落实到户、到人。要从国家扶贫政策和贫困地区实际情况出发,帮助贫困人口理清发展思路,制定符合发展实际的扶贫规划,明确工作重点和具体措施,并落实严格的责任制,做到不脱贫不脱钩。习近平总书记提出,要按照贫困地区和贫困人口的具体情况,实施"五个一批"工程,解决好"怎么扶"的问题。

一是发展生产脱贫一批。对贫困人口中有劳动能力、有耕地或其他资源,但缺少资金来源、缺少产业支撑、缺少专业技能的,要立足当地资源,因地制宜,实现就地脱贫。对这类贫困地区和贫困人口,要把脱贫攻坚重点放在改善生产生活条件上,着重加强基础设施和技术培训、教育医疗等公共服务建设,特别是要解决好基础工程项目入村入户的"最后一公里"问题。要支持贫困地区农民在本地或外地务工、创业。引导和支持所有有劳动能力的人依靠自己的双手开创美好明天。农村贫困人口如期脱贫,离不开农业稳定发展和农民收入的持续增长。农业生产稳定发展、劳动生产率稳步提升、农民增收渠道不断拓宽,农业人口转移力度加大,农民的经营性收入、工资性收入和财产,收入日益提高,是推进扶贫开发从"输血"到"造血",实现精准脱贫的根基。

二是易地搬迁脱贫一批。对生存条件恶劣、自然灾害频发的地区,通水、通路、通电等成本很高,贫困人口很难实现就地脱贫,要在坚持群众自愿的前提下,实施易地搬迁。第一要通过整合相关项目资源、提高补助标准、用好城乡建设用地增减挂钩政策、发放贴息贷款等方式,拓宽资金来源渠道,解决好扶贫移民搬迁所需资金问题。第二要做好规划,合理确定搬迁规模,区分轻重缓急,明确搬迁目标任务和建设时序,按规划、分年度、有计划组织实施。第三要根据当地资源条件和环境承载能力,科学确定安置点,尽量搬迁到县城和交通便利的乡镇级中心村,促进就近就地转移。第四要想方设法为搬迁人口创造就业机会,保障他们有稳定收入,同当地群众享受同等的基本公共服务,确保搬得出、稳得住、能致富。

三是生态补偿脱贫一批。对生存条件差但生态系统重要、需要保护修复的地区,结合生态环境保护和治理,通过建立生态补偿机制,帮助贫困地区和贫困人口脱贫。第一要加大生态保护修复力度,增加重点生态功能区转移支付,扩大政策实施范围。结合国家生态保护区管理体制改革,可以让有劳动能力的贫困人口就地转成护林员等生态保护人员,用生态补偿和生态保护工程资金的一部分作为其劳动报酬。第二要加大贫困地区新一轮退耕还林还草范围,合理调整基本农田保有指标。

四是发展教育脱贫一批。授人以鱼,不如授人以渔。治贫先治愚,扶贫先扶智,让贫困地区的孩子们接受良好教育,是扶贫开发的重要任务,也是阻断贫困代际传递的治本之策。国家教育经费要继续向贫困地区倾斜、向基础教育倾斜、向职业教育倾斜。第一要重点做好职业教育培训,使贫困家庭的子女通过接受职业教育掌握一技之长,促进劳动力就业创业。就业是民生之本,也是脱贫之要。唯有教育培训可以提升就业能力。第二要帮助贫困地区改善办学条件,推进农村中小学校标准化和寄宿制学校建设,加强贫困地区教师队伍建设。为贫困地区乡村学校定向培养一专多能的教师,制定符合基层实际的教师招聘引进办法,建立省级统筹乡村教师补充机制,推动城乡教师合理流动和对口支援。全面落实集中连片特困地区乡村教师生活补助政策。第三要探索率先从建档立卡的贫困家庭学生开始实施普通高中教育免学杂费,落实中等职业教育免学杂费政策。加大对贫困学生的资助力度,完善资助方式。第四要对农村贫困家庭幼儿特别是留守儿童给予特殊关爱,探索建立贫困地区学前儿童教育公共服务体系。

五是社会保障兜底一批。对贫困人口中完全或部分丧失劳动能力的人,由社会保障来兜底,要统筹协调农村扶贫标准和农村低保标准,按照国家扶贫标准综合确定各地农村低保的最低指导标准,低保标准低的地区要逐步提高到国家扶贫标准,实现"两线合一"。此外,要加大其他形式的社会救助力度,加强农村最低生活保障和城乡居民养老保险、五保供养等社会救助制度的统筹衔接。

(五)精准派驻扶贫干部,解决"谁负责"的问题

推进脱贫攻坚,要更好地发挥政府的作用,关键是责任落实到人。从中央到地方,各级党政领导要将脱贫攻坚的责任落到实处。加快形成中央统筹、省(自治区、直辖市)负总责、市(地)县抓落实的扶贫开发工作机制,做到分工明确、责任清晰、任务到人、考核到位,既各司其职、各尽其责,又协调运转、协同发力。

尤其要在选派贫困村第一书记上下功夫,确保"因村派人精准"。"农村富不富,关键看支部",选派优秀干部到贫困村担任第一书记,夯实农村基层基础,对改变农村贫困面貌、带领贫困人口脱贫致富,至关重要。第一书记人选,可以从优秀大学生村官、创业致富能手、复退军人、返乡农民工或各级机关优秀年轻干部、后备干部和国有企事业单位优秀人员中选派。与此同时,对种养业能手、农村经纪人、专业技术人才、知识型人才给予项目、技术、信息、资金等扶持,精准培育农村致富带头人,发挥"领头羊"作用,带动贫困户致富。

2015年4月,中共中央组织部、中央农村工作领导小组办公室、国务院扶贫开发领导小组办公室印发了《关于做好选派机关优秀干部到村任第一书记工作的通知》,就深入贯彻落实习近平总书记关于大抓基层、推动基层建设全面进步全面过硬和精准扶贫、精准脱贫等重要指示精神,对选派机关优秀干部到村任第一书记工作作出安排。该通知强调,选派第一书记的重点范围是党组织软弱涣散村和建档立卡贫困村。对第一书记的人选,有政治素质、工作能力、工作经历及身体条件等基本要求。第一书记的主要职责任务,是在乡镇党委领导和指导下,紧紧依靠村党组织,带领村"两委"成员开展工作,注意从派驻村实际出发,抓住主要矛盾、解决突出问题。各级党委要高度重视选派第一书记工作,党委组织部门要牵头组织,做好协调指导工作,农办、扶贫等部门要开展涉农、扶贫等政策和技能培训,加强业务指导。要保证第一书记工作经费,加大支持帮扶力度。要以求真务实的作风做好选派工作,力戒形式主义。

(六)精准衡量脱贫成效,解决"怎么退"的问题

精准扶贫,目的在于精准脱贫。已脱贫的农户精准有序退出也是非常重要的环节。在这方面,要通过细致调查、群众评议,明确已真正稳定脱贫的户和人,既不能使尚未脱贫的人退出,也不能让已稳定脱贫的人继续"戴帽"。

对贫困县而言,一是要设定与全面建成小康社会进程相协同的时间表,早建机制、早作规划,实现有序退出;二是在政策上为其留出一定的缓冲期,进一步培育和巩固自我发展的能力,防止出现大量返贫;三是实行严格评估,按照标准验收,明确摘帽标准和程序,增强脱贫工作绩效的可信度。

对贫困户而言,要实行逐户销号,脱贫到人。要对建档立卡的贫困户实行动态管理,脱贫了就销号,返贫户重新建档,做到有进有出,客观真实,群众认可。同样对已经脱贫销号的家庭,也要追踪观察一段时间,政策上有一定缓冲,做到不稳定脱贫就不彻底脱钩。

习近平总书记强调,要高度重视革命老区脱贫攻坚工作。我们要永远珍惜和铭记老区和老区人民为中国革命作出的巨大牺牲和贡献。目前一些老区存在发展滞后、基础设施落后、人民生活水平不高、农村贫困人口比重较大等突出问题,各级党委和政府要增强使命感和责任感,把老区发展和老区人民生活改善时刻放在心上、抓在手上,加快老区脱贫致富步伐。

第三节　精准扶贫战略的保障机制

一、精准扶贫的工作机制

精准扶贫的工作机制是指通过对贫困户和贫困村精准识别、精准帮扶、精准管理和精准考核,引导各类扶贫资源优化配置,实现扶贫到村到户,逐步构建精准扶贫工作长效机制。主要包括精准识别、精准帮扶、精准管理和精准考核四方面的体制机制建设。

精准识别是指在国家制定统一的扶贫对象识别办法的基础上,通过申请评议、公示公告、抽检核查、信息录入等步骤,将贫困户和贫困村有效识别出来,并建档立卡。精准识别要重点做好建档立卡与信息化建设两项工作。一是要按照《扶贫开发建档立卡工作方案》的规定要求,中央、省、市、县不同层级各司其职,将贫困人口、贫困村规模逐级向下分解到村到户,做好建档立卡工作。并将相关数据录入电脑,联网运行,并实现动态管理,每年更新。二是通过信息化建设,引导各项资源向贫困户和贫困村精准配置,提高针对性和有效性。

精准帮扶是指对识别出来的贫困户和贫困村,深入分析致贫原因,落实帮扶责任人,逐村逐户制订帮扶计划,集中力量予以扶持。精准帮扶一要建立干部驻村帮扶工作制度。各省(自治区、直辖市)要建立干部驻村工作制度,要做好干部选派,切实落实好帮扶责任。做到每个贫困村都有驻村帮扶工作队,每个贫困户都有帮扶责任人。驻村工作队负责协助村两委摸清贫困底数,分析致贫原因,制订帮扶计划,协调帮扶资源,统筹安排使用帮扶资金,监督帮扶项目实施,帮助贫困户、贫困村脱贫致富。二要完善政策措施,因地制宜寻找切实可行的帮扶措施。将扶贫措施与扶贫开发建档立卡紧密衔接,提高扶贫工作的精准性和有效性。要坚持因地制宜、分类指导、突出重点、注重实效的原则,组织实施好贫困村基础设施建设、农危房改造、特色产业增收、乡村旅游扶贫、易地扶贫搬迁等工作。

精准管理是指对扶贫对象进行全方位、全过程的监测,建立全国扶贫信息网络系统,实时反映帮扶情况,实现扶贫对象的有进有出,动态管理,为扶贫开发工作提供决策支持。

精准考核是指对贫困户和贫困村识别、帮扶、管理的成效,以及对贫困县开展扶贫工作情况的量化考核,奖优罚劣,保证各项扶贫政策落到实处。重点考核地方政府扶贫责任落实情况以及扶贫成效。逐步建立以考核结果为导向的激励和问责机制。

二、精准扶贫的动力机制

精准扶贫的动力机制是指通过创新社会参与机制,广泛动员全社会力量,合力推进脱贫攻坚。

一是要建立社会动员机制,动员全社会力量,合力推进脱贫攻坚。首先,要健全东西部扶贫协作机制。加大东西部扶贫协作力度,建立精准对接机制,使帮扶资金主要用于贫困村、贫困户。强化以企业合作为载体的扶贫协作,鼓励东西部按照当地主体功能定位共建产业园区,推动东部人才、资金、技术向贫困地区流动。更多发挥县(市)作用,与扶贫协作省份的国家扶贫开发工作重点县开展结对帮扶。其次,要健全定点扶贫机制。进一步加强和改进定点扶贫工作,建立考核评价机制,确保各单位落实扶贫责任。深入推进中央企业定点帮扶贫困革命老区县"百县万村"活动。完善定点扶贫牵头联系机制,各牵头部门要按照分工督促指导各单位做好定点扶贫工作。最后,要健全社会力量参与机制。鼓励支持民营企业、社会组织、个人参与扶贫开发,实现社会帮扶资源和精准扶贫有效对接。引导社会扶贫重心下移,自愿包村包户,做到贫困户都有党员干部或爱心人士结对帮扶。

二是要大力营造良好氛围,为脱贫攻坚提供强大精神动力。首先,要扎实做好脱贫攻坚宣传工作。坚持正确舆论导向,全面宣传我国扶贫事业取得的重大成就,准确解读党和政府扶贫开发的决策部署、政策举措,生动报道各地区各部门精准扶贫、精准脱贫丰富实践和先进典型。其次,要加强贫困地区乡风文明建设。大力弘扬中华民族扶贫济困传统美德,振奋贫困地区广大干部群众精神,坚定改变贫困落后面貌的信心和决心。倡导现代文明理念和生活方式,改变落后风俗习惯,发挥乡规民约在扶贫济困中的积极作用,激发贫困群众奋发脱贫的热情。最后,要创新中国特色扶贫开发理论。不断提炼升华精准扶贫的实践成果,不断丰富完善中国特色扶贫开发理论,为脱贫攻坚注入强大思想动力。

三是要加强国际减贫领域交流合作。通过对外援助、项目合作、技术扩散、智库交流等多种形式,加强与发展中国家和国际机构在减贫领域的交流合作,积极借鉴国际先进减贫理念与经验。

四是要建立健全贫困人口参与机制。充分发挥贫困村党员干部的引领作用和致富带头人的示范作用,激发贫困人口脱贫奔小康的积极性、主动性、创造性。通过建立合作社等方式,把贫困人口组织起来,提高贫困人口参与市场竞争的能力,推动扶贫开发模式由"输血"向"造血"转变,增强贫困人口的内生发展动力。

三、精准扶贫的政策支撑

要强化政策保障,不断健全脱贫攻坚支撑体系。

一是要继续加大财政扶贫投入力度。发挥政府投入在扶贫开发中的主体和主导作用,积极开辟扶贫开发新的资金渠道,确保政府扶贫投入力度与脱贫攻坚任务相适应。中央财政继续加大对贫困地区的转移支付力度,中央财政专项扶贫资金规模实现较大幅度增长,一般性转移支付资金、各类涉及民生的专项转移支付资金和中央预算内投资进一步向贫困地区和贫困人口倾斜。加大中央集中彩票公益金对扶贫的支持力度。农业综合开发、农村综合改革转移支付等涉农资金要明确一定比例用于贫困村。各部门安排的各项惠民政策、项目和工程,要最大限度地向贫困地区、贫困村、贫困人口倾斜。各省(自治区、直辖市)要根据本地脱贫攻坚需要,积极调整省级财政支出结构,切实加大扶贫资金投入。加大贫困地区基础设施建设中央投资支持力度。严格落实国家在贫困地区安排的公益性建设项目,取消县级和西部集中连片特困地区地市级配套资金的政策。省级政府统筹可支配财力,加大对贫困地区的投入力度。在扶贫开发中推广政府与社会资本合作、政府购买服务等模式。从 2016 年起通过扩大中央和地方财政支出规模,增加对贫困地区水电路气网等基础设施建设和提高基本公共服务水平的投入。建立健全脱贫攻坚多规划衔接、多部门协调长效机制,整合目标相近、方向类同的涉农资金。按照权责一致原则,支持连片特困地区县和国家扶贫开发工作重点县围绕本县突出问题,以扶贫规划为引领,以重点扶贫项目为平台,把专项扶贫资金、相关涉农资金和社会帮扶资金捆绑集中使用。严格落实国家在贫困地区安排的公益性建设项目取消县级和西部集中连片特困地区地市级配套资金的政策,并加大中央和省级财政投资补助比重。

二是不断加大金融扶贫力度。鼓励和引导商业性、政策性、开发性、合作性等各类金融机构加大对扶贫开发的金融支持。运用多种货币政策工具,向金融机构提供长期、低成本的资金,用于支持扶贫开发。设立扶贫再贷款,实行比支农再贷款更优惠的利率,重点支持贫困地区发展特色产业和贫困人口就业创业。运用适当的政策安排,动用财政贴息资金及部分金融机构的富余资金,对接政策性、开发性金融机构的资金需求,拓宽扶贫资金来源渠道。由国家开发银行和中国农业发展银行发行政策性金融债,按照微利或保本的原则发放长期贷款,中央财政给予 90% 的贷款贴息,专项用于易地扶贫搬迁。国家开发银行、中国农业发展银行分别设立"扶贫金融事业部",依法享受税收优惠。中国农业银行、中国邮政储蓄银行、农村信用社等金融机构要延伸服务网络,创新金融产品,增加贫困地区信贷投放。对有稳定还款来源的扶贫项目,允许采用过桥贷款方式,撬动信贷资金投入。按照省(自治区、直辖市)负总责的要求,建立和完善省级扶贫开发投融资主体。支持农村信用社、村镇银行等金融机构为贫困户提供免抵押、免担保扶贫小额信贷,由财政按基础利率贴息。加大创业担保贷款、助学贷款、妇女小额贷款、康复扶贫贷款实施力度。优先支持在贫困地区设立村镇银行、小额贷款公司等机构。支持贫困地区培育发展农民资金互助组织，开展农民合作社信用合作试点。支持贫困地区设立扶贫贷款风险补偿基金。支持贫困地区设立政府出资的融资担保机构，重点开展扶贫担保业务。积极发展扶贫小额贷款保证保险，对贫困户保证保险保费予以补助。扩大农业保险覆盖面，通过中央财政以奖代补等支持贫困地区特色农产品保险发展。加强贫困地区金融服务基础设施建设，优化金融生态环境。支持贫困地区开展特色农产品价格保险，有条件的地方可给予一定保费补贴。有效拓展贫困地区抵押物的担保范围。

三是要完善扶贫开发用地政策。支持贫困地区根据第二次全国土地调查及最新年度变更调查成果，调整完善土地利用总体规划。新增建设用地计划指标优先保障扶贫开发用地需要，专项安排国家扶贫开发工作重点县年度新增建设用地计划指标。中央和省级在安排土地整治工程和项目、分配下达高标准基本农田建设计划和补助资金时，要向贫困地区倾斜。在连片特困地区和国家扶贫开发工作重点县开展易地扶贫搬迁，允许将城乡建设用地增减挂钩指标在省域范围内使用。在有条件的贫困地区，优先安排国土资源管理制度改革试点，支持开展历史遗留工矿废弃地复垦利用、城镇低效用地再开发和低丘、缓坡、荒滩等未利用地开发利用试点。

四是发挥好科技、人才支撑作用。加大科技扶贫力度，解决贫困地区特色产业发展和生态建设中的关键技术问题。加大技术创新引导专项（基金）对科技扶贫的支持，加快先进适用技术成果在贫困地区的转化。深入推行科技特派员制度，支持科技特派员开展创业式扶贫服务。强化贫困地区基层农技推广体系建设，加强新型职业农民培训。加大选派优秀年轻干部到贫困地区工作的力度，加大中央单位和中西部地区、民族地区、贫困地区之间干部交流任职的力度,有计划地选派后备干部到贫困县挂职任职。改进贫困地区基层公务员考录工作和有关人员职业资格考试工作。加大贫困地区干部教育培训力度。实施边疆民族地区和革命老区人才支持计划,在职务、职称晋升等方面采取倾斜政策。提高博士服务团和"西部之光"访问学者选派培养水平,深入组织开展院士专家咨询服务活动。完善和落实引导人才向基层和艰苦地区流动的激励政策。通过双向挂职锻炼、扶贫协作等方式,推动东、中、西部地区之间,经济发达地区与贫困地区之间事业单位人员交流,大力选派培养与西部等艰苦地区优势产业、保障和改善民生密切相关的专业技术人才。充实加强各级扶贫开发工作力量,扶贫任务重的乡镇要有专门干部负责扶贫开发工作。鼓励高校毕业生到贫困地区就业创业。

四、精准扶贫的政治保障

要切实加强党的领导,为脱贫攻坚提供坚强的政治保障。

一是要强化脱贫攻坚领导责任制。实行中央统筹、省(自治区、直辖市)负总责、市(地)县抓落实的工作机制,坚持片区为重点、精准到村到户。党中央、国务院主要负责统筹制定扶贫开发大政方针,出台重大政策举措,规划重大工程项目。省(自治区、直辖市)党委和政府对扶贫开发工作负总责,抓好目标确定、项目下达、资金投放、组织动员、监督考核等工作。市(地)党委和政府要做好上下衔接、域内协调、督促检查工作,把精力集中在贫困县如期摘帽上。县级党委和政府承担主体责任,书记和县长是第一责任人,做好进度安排、项目落地、资金使用、人力调配、推进实施等工作。要层层签订脱贫攻坚责任书,扶贫开发任务重的省(自治区、直辖市)党政主要领导要向中央签署脱贫责任书,每年要向中央作扶贫脱贫进展情况的报告。省(自治区、直辖市)

党委和政府要向市(地)、县(市)、乡镇提出要求,层层落实责任制。中央和国家机关各部门要按照部门职责落实扶贫开发责任,实现部门专项规划与脱贫攻坚规划有效衔接,充分运用行业资源做好扶贫开发工作。军队和武警部队要发挥优势,积极参与地方扶贫开发。改进县级干部选拔任用机制,统筹省(自治区、直辖市)内优秀干部,选好配强扶贫任务重的县党政主要领导,把扶贫开发工作实绩作为选拔使用干部的重要依据。脱贫攻坚期内贫困县县级领导班子要保持稳定,对表现优秀、符合条件的可以就地提级。加大选派优秀年轻干部特别是后备干部到贫困地区工作的力度,有计划地安排省部级后备干部到贫困县挂职任职,各省(自治区、直辖市)党委和政府也要选派厅局级后备干部到贫困县挂职任职。各级领导干部要自觉践行党的群众路线,切实转变作风,把严的要求、实的作风贯穿于脱贫攻坚始终。

二是要发挥基层党组织战斗堡垒作用。加强贫困乡镇领导班子建设,有针对性地选配政治素质高、工作能力强、熟悉"三农"工作的干部担任贫困乡镇党政主要领导。抓好以村党组织为领导核心的村级组织配套建设,集中整顿软弱涣散村党组织,提高贫困村党组织的创造力、凝聚力、战斗力,发挥好工会、共青团、妇联等群团组织的作用。选好配强村级领导班子,突出抓好村党组织带头人队伍建设,充分发挥党员先锋模范作用。完善村级组织运转经费保障机制,将村干部报酬、村办公经费和其他必要支出作为保障重点。注重选派思想好、作风正、能力强的优秀年轻干部到贫困地区驻村,选聘高校毕业生到贫困村工作。根据贫困村的实际需求,精准选配第一书记,精准选派驻村工作队,提高县以上机关派出干部比例。加大驻村干部考核力度,不稳定脱贫不撤队伍。对在基层一线干出成绩、群众欢迎的驻村干部,要重点培养使用。加快推进贫困村村务监督委员会建设,继续落实好"四议两公开"、村务联席会等制度,健全党组织领导的村民自治机制。在有实际需要的地区,探索在村民小组或自然村开展村民自治,通过议事协商,组织群众自觉广泛参与扶贫开发。

三是要严格扶贫考核督察问责。建立和完善中央对省(自治区、直辖市)党委和政府扶贫开发工作成效考核办法。建立年度扶贫开发工作逐级督察制度,选择重点部门、重点地区进行联合督察,对落实不力的部门和地区,国务院扶贫开发领导小组要向党中央、国务院报告并提出责任追究建议,对未完成年度减贫任务的省份要对党政主要领导进行约谈。各省(自治区、直辖市)党委和政府要加快出台对贫困县扶贫绩效考核办法,大幅度提高减贫指标在贫困县经济社会发展实绩考核指标中的权重,建立扶贫工作责任清单。加快落实对限制开发区域和生态脆弱的贫困县取消地区生产总值考核的要求。建立重大涉贫事件的处置、反馈机制,在处置典型事件中发现问题,不断提高扶贫工作水平。加强农村贫困统计监测体系建设,提高监测能力和数据质量,实现数据共享。

四是要加强扶贫开发队伍建设。稳定和强化各级扶贫开发领导小组和工作机构。扶贫开发任务重的省(自治区、直辖市)、市(地)、县(市)扶贫开发领导小组组长由党政主要负责同志担任,强化各级扶贫开发领导小组决策部署、统筹协调、督促落实、检查考核的职能。加强与精准扶贫工作要求相适应的扶贫开发队伍和机构建设,完善各级扶贫开发机构的设置和职能,充实配强各级扶贫开发工作力度。扶贫任务重的乡镇要有专门干部负责扶贫开发工作。加强贫困地区县级领导干部和扶贫干部思想作风建设,加大培训力度,全面提升扶贫干部队伍能力水平。

五是要推进扶贫开发法治建设。各级党委和政府要切实履行责任,善于运用法治思维和法治方式推进扶贫开发工作,在规划编制、项目安排、资金使用、监督管理等方面,提高规范化、制度化、法治化水平。强化贫困地区社会治安防控体系建设和基层执法队伍建设。健全贫困地区公共法律服务制度,切实保障贫困人口合法权益。完善扶贫开发法律法规,抓紧制定扶贫开发条例。

第四章　精准扶贫的工作重点

第一节　加快交通、水利、电力建设

2015 年,中共中央、国务院发布的《中共中央 国务院关于打赢脱贫攻坚战的决定》明确提出要加强贫困地区基础设施建设,加快破除发展瓶颈制约。这是党中央、国务院着眼于确保 2020 年我国现行标准下农村贫困人口实现脱贫、贫困县摘帽"两个确保"目标作出的战略部署。我们要深刻领会、准确把握《中共中央 国务院关于打赢脱贫攻坚战的决定》精神,加快夯实贫困地区基础设施建设,为打赢脱贫攻坚战、全面建成小康社会提供坚实的支撑和保障。

一、加快交通建设

(一)交通运输在扶贫开发中的背景和意义

交通运输是扶贫开发的重要领域,也是实现脱贫的基础性和先导性条件。习近平总书记深刻指出,交通基础设施建设具有很强的先导作用,特别是在一些贫困地区,改一条溜索,修一段公路,就能给群众打开一扇脱贫致富的大门。① 改善贫困地区发展环境,强化自我"造血"功

---

① 参见杨传堂:《推进农村公路建设　更好保障民生》,《人民日报》2014 年 5 月 19 日。

能,提升民生保障水平,培育农村新兴消费,需要着力改善贫困地区交通出行条件,提高交通安全技术水平,增强交通普遍服务能力。加快实施交通扶贫,是实现精准扶贫、精准脱贫的先手棋,是破解贫困地区经济社会发展瓶颈的关键举措,也是扩大内需、促进交通运输自身发展的重要内容,对于全面建成小康社会具有积极意义。

改革开放以来,我国交通基础设施建设取得巨大成就,贫困地区交通出行条件得到显著改善,为推动贫困地区脱贫致富奔小康创造了条件。"十二五"时期更是第一个大规模、系统化地推进交通扶贫的阶段。五年间在集中连片特困地区建设了 6.6 万公里国省干线公路和 35 万公里农村公路,帮助 654 个乡镇、4.2 万个建制村的群众走上了沥青(水泥)路。截至 2015 年年底,集中连片特困地区县城通二级以上公路比例达到 83.8%,建制村通硬化路率达到 86.2%,建制村通客车率达到 83.1%,西部建制村通硬化路率达到 81%。贫困地区县城基本都实现了二级以上公路覆盖,交通基础设施明显改善,为推动贫困地区脱贫致富提供了有力支撑。

尽管交通扶贫取得了巨大的阶段性成就,我国贫困地区交通发展仍然相对滞后,存在对外交通不便,城乡衔接不畅,运输通道少、标准低、服务质量水平落后等问题。农村地区特别是一些自然条件较为恶劣的贫困山区基础交通覆盖网络不足。此外,农村公路技术标准普遍偏低,抗灾能力较弱,缺桥少涵,安全设施不到位等问题依然突出,很多道路出现"油返砂""砂返土"现象;农村客运均等化水平不高、路通车不通、客运线路开得通、留不住现象突出,货运服务水平较低。

交通扶贫基础弱、底子薄、需求大,贫困地区交通运输发展,特别是农村公路建设历史欠账多,未来任务重、推进难度大。要实现全面建成小康社会交通运输发展目标特别是"村村通硬化路,通客车"的底线目标,不能再走过去那种"先通后畅再提高"的老路,配套建设要一步到位。同时,贫困地区又是全国经济社会发展最为滞后的地区,地方财力十分有限,再加上受财税体制改革和清理地方债务与融资平台等的影响,地方筹资困难重重。交通扶贫要按照中央的要求,采取超常规举措,拿出过硬办法,解决好脱贫攻坚中的新老问题。

(二)发挥交通扶贫脱贫攻坚的工作重点

1. 完善精准扶贫乡村交通基础网络

农村公路是贫困地区最主要甚至是唯一的交通方式,是提高农村基本公共服务水平的重要内容。具备条件的乡镇和建制村通硬化路是交通运输实现全面建成小康社会的托底性目标。截至2015年年底,全国仍然有500多个乡镇、3.6万个建制村不通硬化路,大多处于山大沟深的困难地区。"十三五"期间,将突出"保基本、惠民生"的基本理念,全力推进乡镇和建制村通硬化路,力争到2019年提前一年实现全国具备条件的建制村通硬化路任务,建成群众脱贫致富"幸福小康路"。硬化路以沥青、水泥路为主,少数建设条件困难、交通需求小、特殊气候条件的地区,宜建设弹石路、砖铺路、砂砾路等公路。"不具备条件的"是指少数建制村受限于特殊地形、地质等因素,暂不具备硬化路条件,宜先通公路。同时,要加大农村公路养护力度,着力改造"油返砂"公路,改造现有农村公路危桥,实施渡口改造工程,逐步消除贫困地区客车通行安全隐患。

加强对旅游等产业的交通支撑。推动"交通+特色产业"扶贫,改善产业园区、特色农业基地等交通条件,支持贫困地区资源有序开发。加快旅游交通基础设施网络建设,加强贫困地区重点景区、乡村旅游点道路衔接,推动"交通+旅游休闲"扶贫。着力改善贫困地区自然人文、少数民族特色村寨和风情小镇等旅游景点景区交通运输条件,加快重点区域支线机场、普通铁路建设,开拓直通旅游航线和铁路旅游专线,形成铁路、公路旅游景观带和旅游品牌效应,扩大精品旅游线路影响力。加大多层次的旅游运输服务供给,满足深度游、观光游、农家游等多样化需求。强化交通与文娱、休闲等服务的融合创新,带动汽车营地、自行自驾等新兴旅游方式发展。

2. 建设外通内联区域交通骨干通道

国家干线铁路、国家高速公路是国民经济大动脉,具有全国性政治、经济、国防意义,对区域发展具有重大促进作用,在我国经济发展中的地位和作用至关重要。交通扶贫脱贫要求畅通区域对外骨干通道。加强革命老区、民族地区、边疆地区、贫困地区对外运输通道建设,促进资源要素便捷顺畅流动。加快贫困地区对外开发性高等级公路建设,加强铁路支撑引导,完善支线机场建设布局。对国家公路网、中长期铁路网、中长期民用机场布局规划中的重大项目,建设时机与脱贫目标要求充分衔接,建设方案充分考虑贫困地区脱贫需求。以西部地区、集中连片特困地区、"老少边穷"地区通县国道升级改造,提高普通干线公路二级及以上公路比重,加强安全隐患路段治理,实现具备条件的县城通二级及以上公路。加快普通国道未贯通路段建设,基本消除无铺装路面,实现普通国道网基本贯通,提高国道网运行效率。

改善沿边贫困地区通道条件。依托我国与周边国家互联互通重要通道,推动沿边贫困地区交通基础设施建设,加强与边境口岸的交通联系,以开放促进边疆贫困地区脱贫致富。提升口岸的交通枢纽功能,发挥口岸辐射带动作用。加强沿边贫困地区与干线铁路、公路的衔接。加快推进沿边公路建设,重点建设沿边贫困地区空白路段,加强既有路段升级改造,有效串联沿边贫困地区重要城镇、口岸、厂区和人口聚集点。适时推进沿边铁路建设。

3.提升贫困地区运输服务水平

早期农村公路建设以"通"为主,建设标准低、安保设施不到位,满足不了农村客车安全通行的要求。"十三五"时期将着力解决好历史欠账、历史遗留问题,提升农村公路安全水平和保障能力,打造群众出行"平安放心路"。(1)提供普惠可靠的客运服务。加快推进农村客运站和停靠点建设,实施建制村通客车攻坚工程,着力提升贫困地区基本公共客运服务覆盖水平,客流密度相对较大的贫困地区逐步实现农村客运公交化。积极推广农村班车进城、城市公交下乡,紧密衔接周边重要换乘节点,实现贫困地区客车开得通、留得住。根据贫困地区客流特征,提供不同车型结构、班次频率、组织模式的客运服务,更好地满足安全可靠、多样便捷的出行需求。创新贫困地区客运服务经营模式,采取政府资助、社会捐助、社会化运作等方式,促进城乡客运资源整合、服务一体衔接。(2)发展实惠便捷的货运物流。建设县、乡、村三级农村物流服务网络,探索构建多样化、专业化货运网络,促进贫困地区特色种养、特色加工、能矿开发、绿色生态等产业落地、发展。结合贫困地区生产流通特点,支持流通企业将业务延伸至农村地区,建立城乡一体的物流配送体系,畅通农产品进城和工业品下乡的物流配送体系。推动土特产分散收货、大宗货物集约高效运输,降低物流成本,支撑和引导农、林、牧、矿等产业发展。(3)改善运输装备。研究适合农村客运且便于携带小件快递下乡的客运车型,研究符合农村公路荷载要求和物质集散特征的货车车型,适应城乡客运和农村物流发展新需求。不搞一刀切,不刻意追求高标准。(4)培育现代高效的电商快递。促进交通运输与电子商务信息产业融合,推动"交通+电商快递"扶贫。依托农村地区信息进村入户工程,利用互联网电商平台,促进农资农产品"线上线下"产运销联动发展,带动农村消费升级换代。充分发挥贫困地区农产品"名、优、特"优势,建立农产品网上销售、流通追溯和运输配送体系。加快推进"快递下乡"工程,完善农村快递揽收配送网点建设,利用村委会、万村千乡农家店、新农村电子商务服务站点、益农信息社、供销超市、村邮站等公共服务平台开展农村快递服务。

(三)加快交通建设保障措施

2016年,交通运输部编制的《"十三五"交通扶贫规划》中,扩大了规划范围,加大了投入力度。在规划范围上,把集中连片特困地区、国家扶贫开发工作重点县、革命老区、民族地区和边境地区县纳入交通扶贫规划,范围由过去的680个县(市、区)增加到1177个县(市、区)。新时期新任务下,要求强化政策支持保障。

一是加大资金支持力度。(1)拓展交通扶贫投融资渠道。健全贫困地区交通基础设施投资长效机制。增加政府投入,优化中央预算内投资、车购税等资金支出结构,统筹加大各级各类资金倾斜力度,重点支持交通扶贫"双百"工程建设。按照现有铁路、公路、机场建设投资模式和资金筹措来源,加快百项骨干通道工程前期工作,优先予以推进实施。按照中央和地方共同承担的原则,研究确定百万公里农村公路建设资金落实方案。加大中央和省级财政支持农村公路建设力度,地方政府应在有关资金项目管理规定和实施方案的框架内,统筹目标相近、方向类似的相关转移支付资金用于农村公路建设。创新交通投融资机制,鼓励和引导采用政府和社会资本合作等模式进行项目建设。发挥开发性、政策性金融导向作用,加大国家开发银行、农业发展银行等信贷资金支持力度。完善国家扶贫项目贷款贴息政策。更好发挥"以奖代补""以工代赈""一事一议"等机制作用。(2)实施税费优惠政策。落实交通基础设施建设税费优惠政策,切实减轻贫困地区交通基础设施建设负担。落实公共基础设施项目企业所得税"三免三减半"优惠政策,对贫困地区符合条件的交通基础设施建设落实城镇土地使用税、耕地占用税等优惠政策。鼓励各地研究实施对涉及交通扶贫项目建设的相关费用予以减免的优惠政策,完善鲜活农产品运输"绿色通道"相关政策,支持农村客运、农村物流、邮政快递发展。

二是创新土地利用模式。在安排新增建设用地计划指标时,向集中连片特困地区等脱贫攻坚重点区域倾斜,优先保障交通扶贫项目建设用地需求。科学安排交通扶贫项目线路、场站建设,提高土地集约利用效率。

三是加强养护管理建养并重,加强贫困地区公路养护管理,将农村公路养护资金逐步纳入地方财政预算,全公路养护长效机制,完善应急管理体系,增强安全保障和服务能力。

四是完善交通扶贫工作机制。交通运输部把交通扶贫规划的所有建设任务、规模分解到各片区、各省(自治区、直辖市)、各市县,倒排工期、抓紧施工、强力推进,做到层层压实责任,级级传导压力。将建立交通扶贫监督检查机制,把地方政府落实建设资金和相关支持措施、推进项目建设效果等因素与下一年度中央资金安排相挂钩,实行"奖补结合""扶促结合""奖优罚劣"。将强化部门联动机制,加强与发改、财政、国土、环保、金融机构等相关部门的协调,在规划编制、政策设计、重大项目实施等方面搞好衔接,努力做到"规划协同、政策协同和力度协同"。

五是建立主体责任落实制,构建各方参与的交通大扶贫格局。地方各级人民政府要切实落实主体责任,加强组织领导,主动作为,出台支持政策,优先安排交通扶贫项目,加强项目前期工作,做好资金、土地等要素供给保障,特别是要加大地方财政性资金对农村公路建设、管理养护的投入力度,并纳入同级财政预算。市县政府要积极整合以工代赈资金,财政专项扶贫资金,国土、农林、水利、移民专项资金,烟草专项资金等农村扶贫的专项资金,用于农村公路建设。加强与国家开发银行、农业发展银行等政策性金融机构的合作,用好两行"低利率、长期限"的贷款,破解交通扶贫建设项目融资难题。广泛动员社会力量和广大群众共同支持和参与交通建设。

二、加快水利建设

(一)加快贫困地区水利建设的重大意义

水是生存之本、生产之要、生态之基。水利在实施脱贫攻坚工程中具有基础性、先导性、保障性的作用。做好贫困地区的水利扶贫工作,对打赢脱贫攻坚战、全面建成小康社会具有十分重要的意义。在我国扶贫开发进入啃硬骨头、攻坚拔寨的冲刺期的新形势下,加快贫困地区水利建设,夯实脱贫攻坚的基础,就是要发挥好水利在改善民生、防灾减灾、带动致富、促进脱贫方面的基础保障作用。

1. 因水致贫的主要问题

因干旱致贫。我国西北地区干旱少雨,资源性缺水严重;西南地区水低田高,工程性缺水严重。农民缺少旱涝保收的基本口粮田,是影响农业生产、导致贫困的重要原因。我国 832 个贫困县中,有 690 个贫困县地处干旱和极度干旱地区。全国 14 个集中连片特困地区中有 10 个片区人均供水量低于全国平均水平。这些地区不仅农作物得不到及时灌溉,人们喝水也十分困难。我国农村饮水不安全人口中,贫困地区约占三分之一。

因洪涝灾害致贫。我国 832 个贫困县中 771 个为山洪灾害易发县,占贫困县总数的 92.7%。受极端天气事件影响,近年来我国水旱灾害呈多发频发重发趋势,70%以上人口死亡发生在中小河流,贫困地区每年有上千万人口受到影响。

因水污染致贫。一些地方工业污染水源重大事件频繁发生,农业面源污染加重,饮用水水质存在安全隐患,地下水污染不断加剧。近年来,我国出现了大量的水污染事件,一些企业违法排污导致地下水污染严重,个别地方出现了"红豆水""癌症村"。由于水污染造成的因病致贫问题也很突出。

因生态恶化致贫。我国 832 个贫困县大多处于山区、丘陵区,暴雨强度大,坡地垦殖率高,大多属于水土流失重点防治区域和生态环境脆弱区,水土流失面积分布广泛,规划范围水土流失面积约 139 万平方公里,占全国水土流失范围的 47.1%。一些地方因生态恶化造成贫困。

因水利基础薄弱致贫。我国 832 个贫困县耕地灌溉率为 36%,低于全国平均水平 17 个百分点,农村人均有效灌溉面积 0.86 亩,其中 313 个贫困县人均不足 0.5 亩,远低于全国 1.31 亩的平均水平。大部分地区工程性缺水严重,225 个县无大中型水库,其中 111 个县无水库。农村饮用水基础设施薄弱,农村人均生活用水量(每人每天用水量)50L/人·d,仅为全国水平的 60%。吕梁山区、六盘山区等部分片区农村人均生活用水量不足 40L/人·d。此外,基层水管机构缺失,水利管理设施差,人才匮乏,管理能力薄弱。

2. 加快贫困地区水利建设的重要意义

第一,加快水利建设,是打赢脱贫攻坚战、实现"两个确保"目标的重要基础。现阶段经济发展总量和结构特征、用水方式的不合理,在水旱灾害频发的基础上,又叠加了人为灾害,既制约了国家持续健康发展,又严重伤害了贫困地区。因此必须着力加快贫困地区水利发展,让一方水土养得起一方人,促进贫困地区如期实现贫困脱贫目标。

第二,加快水利建设,是实施精准扶贫、精准脱贫方略的重要条件。

《中共中央 国务院关于打赢脱贫攻坚战的决定》把精准扶贫、精准脱贫作为基本方略,集中体现了问题导向、底线思维的要求,是新时期脱贫攻坚的最突出特点。习近平总书记在中央扶贫开发工作会议上指出,要按照贫困地区和贫困人口的具体情况,因地因人施策,实施"五个一批"工程,强调要把脱贫攻坚重点放在改善生活条件上,着重加强农田水利等基础设施和公共服务建设,特别是要解决好到村入户等"最后一公里"问题。"发展生产脱贫一批、易地搬迁脱贫一批、生态补偿脱贫一批"精准扶贫路径,都与水利密切相关,实施精准扶贫必须解决好贫困地区的水利瓶颈制约问题,改变因水导致产业不良、产量不稳、靠天吃饭的局面,为精准扶贫、精准脱贫提供水利支撑和保障。

(二)加快贫困地区水利建设的重点任务

中央提出到 2020 年确保我国现行标准下农村贫困人口实现脱贫,贫困县全部摘帽,解决区域性贫困问题。打赢脱贫攻坚战,必须加强水利扶贫工作,充分发挥水利的基础性、先导性、保障性作用,加快补齐补强贫困地区水利短板。力争到 2020 年使贫困地区水利基础设施公共服务能力达到或接近全国平均水平,因水致贫的突出水问题得到有效解决,支撑贫困地区长远发展的水利保障能力得到较大提升,水利良性发展机制初步建立,基本建成与全面小康社会相适应的水安全保障体系。

一是实施农村饮水安全巩固提升工程。与建档立卡贫困村贫困户相衔接,加强农村饮水安全巩固提升工程建设,对分散性供水和供水保证率不高的贫困村实行集中供水改造,对水质不达标工程开展净水设施改造和消毒设备配套工程、全面提升贫困地区自来水普及率、供水保证率、水质达标率,力争贫困地区与全国一道实现自来水普及和集中供水达效目标。

二是实施农田水利设施建设工程。到2020年,基本完成贫困地区列入规划的大中型灌区续建配套与节水改造任务。实施大、中型灌排泵站更新改造。加快推进贫困地区新建灌区建设,如青海湟水北干渠扶贫灌溉二期、广西桂中治旱乐滩水库引水灌区二期、云南麻栗坝水库灌区、四川大桥灌区二期等。结合农村特色产业发展,以建档立卡贫困村为重点实施小型农田水利工程、"五小水利"工程和高效节水灌溉。重点在内蒙古、四川、甘肃、青海的贫困地区加强牧区水利工程建设,为牧区发展提供水利保障。实施水利专项扶贫工程。推进青海浅山干旱区水利扶贫工程、甘肃中部生态移民扶贫开发、云南滇西边境水利扶贫灌溉工程等区域扶贫重点水利工程。

三是实施水资源及引调水工程。(1)水库工程。加快西藏拉洛、新疆阿尔塔什、贵州夹岩等在建大型水库建设,加快甘肃马莲河、广西驮英、贵州黄家湾等水库前期工作,早日开工建设。以贫困县乡为服务对象,建设一批中小型水库工程。(2)引调水工程。加快甘肃引洮供水二期工程、青海引大济湟、宁夏南部引水工程等在建工程建设,解决贫困地区区域性缺水问题。(3)抗旱水源工程。重点在六盘山区、秦巴山区、燕山—太行、吕梁等干旱问题比较突出的片区开展抗旱应急水源建设,共建2200多处抗旱应急水源工程。

四是实施防洪抗旱减灾保障工程。继续开展大中型病险水闸(水库)和小型病险水库除险加固工程;加快列入规划的赣江、湘江、乌江等110条大江大河主要支流、独流入海和内陆河流治理,继续开展中小河流和山洪沟治理。对大别山区、罗霄山区、武陵山区、滇桂黔石漠化区等涝灾问题突出的易涝区进行重点治理;继续实施山洪灾害易发县洪水预警预报系统建设。

五是实施水土保持和生态建设工程。通过实施生态清洁小流域综合治理、加强石漠化及水土流失综合治理。以贫困村为单元,在坡耕地相对集中和侵蚀沟相对密集的滇桂黔石漠化区、乌蒙山区及滇西边境区及非集中连片地区重点加快实施坡耕地改造;大力整治农村河道堰塘,在贫困地区打造一批"河畅水清、岸绿景美"的美丽乡村,到2020年,实现水生态环境得到明显改善。

六是实施水资源保护工程。将水资源开发利用控制、用水效率控制、水功能区限制纳污控制"三条红线"指标逐级分解到省、市、县三级行政区,实施水资源消耗总量和强度双控行动。严格落实水污染防治行动计划,推进河长制等管理制度,防治水污染,保护水资源,提高贫困地区水环境质量。完善水资源监测、用水计量等能力建设。

七是实施农村水电扶贫工程。加快农村水能资源开发利用步伐,重点在滇桂黔石漠化区、滇西边境山区、乌蒙山区、武陵山区以及秦巴山区等水能资源丰富的地区,实施农村小水电扶贫工程。消除农村水电站安全隐患,促进水资源综合利用。探索财政资金转化为贫困户水电股权机制。

八是实施技术支持和智力帮扶工程。选派优秀中青年干部到贫困地区挂职;对贫困县水利前期工作实行组团式帮扶;加大对贫困地区行政管理和工程技术人员培训;充分发挥水利科研院所优势,加强对贫困地区科技帮扶;推动贫困地区中小水利工程管理体制改革;加强贫困地区防汛抗旱和农田水利服务基层组织建设。

（三）建立水利精准扶贫工作机制

健全水利扶贫需求调查、项目储备、投资倾斜、统计分析、考核评价五项水利精准扶贫工作机制。需求调查:建立与扶贫驻村工作组联系机制,及时掌握贫困村、贫困户的水利需求。项目储备:针对贫困村、贫困户,建立以县为单元的水利扶贫项目储备库,有针对性地加强项目前期工作。投资倾斜:建立部、省两级水利投资会商机制,确保水利扶贫项目投资及时安排到位。统计分析:建立水利扶贫统计指标体系和统计制度,及时全面掌握水利扶贫工作进展和成效。考核评价:通过对贫困地区水利扶贫实施情况的考核,促进各级水行政主管部门把工作重心放到贫困地区。

(四)加快贫困地区水利建设的保障措施

要通过加强组织领导、强化规划引领、加大投入力度、做好人才技术帮扶、狠抓监督检查等措施,不断完善水利扶贫开发保障措施,为打赢脱贫攻坚战、全面建成小康社会提供坚实的水利支撑和保障。加强组织领导,充分发挥水利部扶贫领导小组的指导、监督、问责功能,建立健全省级水利厅扶贫领导小组,形成上下齐抓共管合力。强化规划引导,编制水利扶贫专项规划、定点扶贫工作方案、滇桂黔石漠化片区和革命老区水利扶贫实施方案。加大投入力度,保障中央财政性资金向贫困地区倾斜,积极协调政策金融机构,提供优惠政策性金融支持政策等。严格监督检查,加强跟踪问效、督导,发挥稽查和审计部门检查监督功能,努力保障水利扶贫资金安全、高效。

三、加快电力建设

电力是经济社会发展的重要物质基础,是现代文明的重要标志。着力改善农村供电能力和电力服务水平,是改善贫困地区基本公共服务的重要内容。是实现到2020年7000多万农村贫困人口摆脱贫困目标的重要基础。经过努力,我国已基本解决无电人口问题,贫困地区下一步的电力建设重点是解决生产用电和设施落后、供电不稳问题。

(一)贫困地区农村电力建设存在的问题

由于城乡发展、区域发展不平衡,以及历史、自然条件等客观因素,我国城乡电力差距还比较明显,电力普遍服务水平还有待大幅提高。特别是贫困地区农村电力还比较薄弱。与全面建成小康社会和现行标准下农村贫困人口实现脱贫的要求相比,贫困地区农村电网建设水平和农村电力服务还有很大差距,需要进一步加强。如,农村户均配变容量,东部地区达到 2.16 千伏安,而中西部地区仅为 1.06 千伏安和 0.98千伏安,不足东部地区的一半。尤其是偏远少数民族地区,农村电力严重滞后,西藏全部 74 个县基本上没有建成到乡到村的完整的农村电网,其中 16 个县还未并入主管运行,仍依靠小水电。

电力基本公共服务条件不足成为农村贫困地区发展的内生动力不足的因素之一,制约了农村贫困地区经济社会发展。一是当前农村电力已经从照明向炊事、热水、取暖、制冷生产等消费型电能升级,农村用电量持续增长。农村电网供电能力增速低于农村用电量增速,影响了农村家用电器购买和使用。二是全国还有约 3.9 万个村、220 万户农村居民未通动力电,都是位于贫困地区,直接影响了贫困地区农村产业发展和农民增收。三是电力领域资产扶贫的方式还需进一步探索,贫困地区能源资源开发与地方发展和贫困人口脱贫结合不够。

(二)加快电力建设工作重点

贫困地区电力建设既可以改善贫困地区电力基础设施和供电条件,又可以拉动贫困地区投资和就业,增加贫困人口收入,一举多得。加快电力建设工作重点,一是加快推进贫困地区农网改造升级,全面提升农网供电能力和供电质量,制定农村通动力电规划,提升贫困地区电力普遍服务水平。开展西藏、新疆以及四川、云南、甘肃、青海四省藏区农村电网建设攻坚。加快孤网县城的联网进程,符合条件的地区电网延伸到乡到村或开展可再生能源局域电网建设。重点推进国家级扶贫开发重点县、连片特困地区以及革命老区的农村电网改造升级,解决电压不达标,构架不合理不通动力电等问题,提升电力普遍服务水平。

二是增加贫困地区年度发电指标。精准扶贫要求由偏重"输血"向注重"造血"转变。这就需要结合贫困地区能源资源条件,不仅要加强电力建设,也要鼓励发电企业参加市场化改革,积极开展直接交易,吸引投资,还要积极促进贫困地区发电企业电力外送。以贵州毕节织金电厂外送广东深圳为示范,发达地区帮扶贫困地区,推进贫困地区电力跨省区输送。

三是提高贫困地区水电工程留存电量比例,满足地方电力发展需求。提高贫困地区水电工程的留存电量比例,要与地方的电力规划、电网规划紧密衔接,配套做好留存电力在本地的消纳;支持水电资源就地转化以及生态环境恢复保护和农村扶贫开发。

四是加快推进光伏扶贫工程,支持光伏发电设施接入电网运行,发展光伏农业。光伏发电清洁环保,技术可靠,收益稳定,既适合建设户用和村级小电站,也适合建设较大规模的集中式电站,还可以结合农业、林业开展多种"光伏+"应用。在光照资源条件较好的地区因地制宜开展光伏扶贫,既符合精准扶贫、精准脱贫战略,又符合国家清洁低碳能源发展战略;既有利于扩大光伏发电市场,又有利于促进贫困人口稳收增收。各地区应将光伏扶贫作为资产收益扶贫的重要方式,进一步加大工作力度,为打赢脱贫攻坚战增添新的力量。国家实施光伏扶贫工程的目标是:在2020年之前,重点在前期开展试点的、光照条件较好的16个省的471个县的约3.5万个建档立卡贫困村,以整村推进的方式,保障200万建档立卡无劳动能力贫困户(包括残疾人)每年每户增加收入3000元以上。其他光照条件好的贫困地区可按照精准扶贫的要求,因地制宜推进实施。同时完善以下配套政策:(1)国家优先安排光伏扶贫电站建设规模;(2)国家开发银行、中国农业发展银行为光伏扶贫工程提供优惠贷款,根据资金来源、成本情况在央行同期贷款基准利率基础上适度下浮;(3)电网企业应优先确保光伏扶贫项目按月足额结算电费和领取国家补贴资金。

第二节　加快农村危房改造和人居环境整治

加快改善贫困村农村人居环境,有利于提升贫困地区和贫困农村农民的文明素质、改变农民的精神面貌,事关全面建成小康社会奋斗目标的实现,是建设美丽宜居乡村的前提。

一、贫困村居住与环境条件亟须改善

当前,建档立卡贫困村(以下简称"贫困村")人居卫生条件十分落后,粪便暴露、人畜混居、饮水不洁、垃圾乱扔等问题非常严重,是贫困村村民致病致贫的重要原因之一。截至 2015 年年底,我国有 12.8 万个建档立卡贫困村和 5600 多万建档立卡贫困人口,因病致贫、因病返贫贫困户占建档立卡贫困户的 43%。世界卫生组织调查数据表明,发展中国家农村约 80% 的疾病是由不安全的饮水和恶劣环境卫生条件造成的。据住房和城乡建设部 2015 年全国农村人居环境普查数据,对其中 9 万个建档立卡贫困村进行统计,有 48.6% 的村庄没有集中供水,92% 的村庄没有污水处理设施,69% 的村庄垃圾未得到有效处理,使用卫生厕所农户比例不足 30%。这些数据均大大低于全国平均水平。

改善贫困村人居卫生条件作为贫困地区改善农村人居环境的首要任务,要求集中人力物力财力解决威胁农民群众身体健康的人居环境突出问题,稳步提升贫困村人居环境水平,全面贯彻落实党中央、国务

院关于脱贫攻坚和改善农村人居环境的决策部署。

二、加快农村危房改造

建档立卡贫困户、低保户、农村分散供养特困人员和贫困残疾人家庭(以下简称"四类重点对象")是"十三五"期间农村危房改造的重点和难点。按照精准扶贫、精准脱贫的基本方略,要优先改造四类重点对象,保障其住房安全,确保 2020 年以前圆满完成 585 万户四类重点对象危房改造任务。

(一)采取有效措施加快农村危房改造,推进适宜改造方式

实现四类重点对象住房安全,实施农村危房改造,需要国家继续加大政策倾斜支持力度,控制农村危房改造建筑面积,推进加固改造,实施特困户兜底政策,避免因建房返贫。要科学制定农村危房改造进度计划,确保质量和效果,避免冒进。地方要承担农村危房改造主体责任,省(自治区、直辖市)负总责,市(地)县抓落实,中央统筹指导并给予补助。

兜底解决特困户住房安全。对于自筹资金和投工投料能力极弱的特困户,通过建设农村集体公租房、利用闲置农房和集体公房置换、提高补助资金额度等方式,兜底解决特困户住房安全问题。

大力推广加固改造方式。优先选择加固方式对危房进行改造,原则上 C 级危房必须采用加固方式改造。加强对加固改造益处的宣传教育,制定鼓励加固政策。

开发推广低造价农房建造技术。各地要研究推广现代夯土农房等低造价、功能好、安全、绿色的农房建造技术,加强当地传统建筑材料的利用研究,传承和改进传统建造工法,探索符合标准的就地取材建房技术方案,节约改造资金,提高居住功能。

严格控制建房面积。政策规定四类重点对象改造房屋的建筑面积

原则上1—3人户控制在40—60平方米以内,且1人户不低于20平方米、2人户不低于30平方米、3人户不低于40平方米;3人以上户人均建筑面积不超过18平方米,不得低于13平方米。因地制宜制定细化面积标准。对于自筹资金和投工投料能力极弱、需要社保政策兜底脱贫的特困户,改造房屋面积按下限标准控制。

保障安全和基本卫生条件。四类重点对象的农村危房改造要执行最低建设要求,必须达到主要部件合格、结构安全。地震高烈度设防地区的农房改造后应达到当地抗震设防标准。改造后的农房应具备卫生厕所、人畜分离等基本居住卫生条件。

(二)加快农村危房改造的保障措施

加大资金支持力度。根据四类重点对象的贫困程度、房屋危险程度和改造方式等制定分类分级补助标准,自2017年起,中央财政补助资金将集中用于四类重点对象的危房改造工作,并适当提高补助标准。纳入脱贫攻坚金融支持范围,积极开展与金融机构的合作,通过建立贷款风险补偿机制,实施贷款贴息补助等方式,帮助有信贷需求的贫困户多渠道、低成本筹集危房改造资金。地方要充分发挥农民的主体作用,通过投工投劳、互帮互助等降低改造成本,积极发动社会力量捐赠资金和建材器具等实现多渠道筹措资源。

加强指导监督。各地要做好技术服务和巡查验收管理,如编制农民习惯的农房设计通用图集,提供主要建材质量检测服务。要加强施工现场质量安全巡查与指导监督,按要求及时组织验收。本着农户自愿申请原则,强化农村危房改造农户申请批准和档案管理,加强信息共享。县级财政部门要及时拨付补助资金至农户"一卡通"账户。各地要主动接受纪检监察、审计和社会监督,坚决查处挪用、冒领、克扣、拖欠补助资金和索要好处费等违规、违纪、违法行为。

三、加快贫困村人居环境整治的重点任务和保障措施

（一）加快贫困村人居环境整治的重点任务

贫困村人居环境整治目标是到 2020 年年底,所有贫困村达到人居卫生条件标准,基本消除人居卫生健康隐患,大幅度减少人居卫生条件恶劣导致的疾病发生率,促使农民群众养成文明健康的生活习惯。

消除人畜粪便暴露。要通过政府支持、村集体补助、农民部分承担的方式,拆除、改造传统坑式厕所和连茅圈,加快推进卫生厕所改造。农村危房改造户应配套建设卫生厕所,村委会、学校、卫生室等公共设施要优先配建卫生公厕。严禁人畜粪便污水直接排入水体。畜禽养殖密集区域要实现粪污分户收集、集中处理。及时清理村内道路、公共空间等区域的畜禽粪便。规范粪便堆放点管理,远离水源和居住区堆放,沤熟后应及时使用,防止粪污乱流。

推进人畜分居。要加强宣传教育,引导农民群众形成科学的畜禽养殖观念,普遍知晓人畜共患病的预防知识,避免居住与养殖同室混杂。人畜同室混居农房要采取通风、空间隔离等措施实施改造。新建农房和农村危房改造户要实现畜禽圈舍与厨卧等居住空间分隔。

改善农村饮用水条件。要深入实施贫困村农村饮水安全巩固提升工程,以设施改造配套为主,以新建、扩建为辅,进一步提高贫困村集中供水率、自来水普及率、供水保证率和水质达标率。分类开展贫困地区水源保护区或保护范围划定,加强饮用水水源规范化建设。推进现有城镇饮用水水质检测服务向农村延伸,定期开展贫困村饮用水水质卫生监测。

治理农村垃圾。建立基本的村庄保洁制度,保证垃圾有人收、有人管。推行垃圾就地分类减量。逐步取缔敞开式收集、转运设施,提高村

庄垃圾集中收集点和转运设施的卫生水平。有条件的地区应将垃圾转运至城镇处理设施进行处理,村内处理时要避免产生二次污染,禁止露天焚烧垃圾。到 2017 年年底前全面完成陈年垃圾清理工作。大力开展城乡环境卫生整洁行动,及时清理蚊蝇鼠蟑孳生场所,经常性地组织开展"除四害"活动。

提升基本居住健康条件。加大贫困村农村危房改造力度,实现户户住上安全房。加强对新建和改造农房的技术指导,引导贫困村农民群众建设具有基本的通风、采光和保温功能的安全住房。南方地区农房宜采用坡屋顶、大进深和增加开窗比等方式,解决阴暗、潮湿等问题;严寒和寒冷地区农房宜在出入口、门窗、外立面设置保温措施,形成被动式阳光房,达到基本的保温效果。

深入实施传统村落和居民保护。传统村落传承了中华民族文化和民族地域特色,寄托了华夏子孙的乡愁,在人类文化遗产体系中,具有举足轻重的地位。但过去几十年里,随着城镇化、工业化的快速发展,我国传统村落消失的现象比较严重。住房和城乡建设部、文化部、国家文物局、财政部等部门共同启动了传统村落保护工作。截至 2015 年年底,2555 个有重要保护价值的村落列入了中国传统村落名录,其中相当一部分分布在贫困地区。今后,将继续深入开展贫困地区传统村落调查,挖掘有保护价值的村落。建立地方传统村落名录并进行管理。以改善水电路房等生活条件为基本底线,优先保护有重要价值的传统民居和核心保护区范围的传统风貌,避免破坏性开发和一哄而上搞旅游。

(二)加快贫困村人居环境整治的保障措施

明确责任分工。住房和城乡建设部负责牵头改善贫困村人居卫生条件工作。全国爱卫办负责组织实施全国城乡环境卫生整洁行动。环境保护部负责组织实施农村环境综合整治。农业部负责组织实施农业生产废弃物资源化利用。水利部负责指导农村饮水安全巩固提升工程。国务院扶贫办负责建档立卡贫困户因病致贫、因病返贫的统计和分析工作。农业发展银行负责研究制定政策性金融支持方案和专项信贷产品。

加大支持力度。改善人居卫生条件涉及的农村危房改造、农村饮水安全、农村节能减排等中央资金向贫困地区倾斜。根据本地实际,加大投入,支持人居卫生条件恶劣地区开展改善工作。中国农业发展银行优先支持纳入改善农村人居环境政策性贷款范围的项目,提供低成本的中长期信贷资金。

加强宣传教育。通过进村入户、开展专题培训宣传人居卫生健康知识,提高农民群众对人居卫生条件的认识,培养健康文明的生活习惯。

开展检查和评估。县级住房城乡建设、扶贫部门要将所有贫困村人居环境信息录入全国农村人居环境普查信息系统和全国扶贫开发信息系统。住房和城乡建设部等部门结合农村人居环境普查及其他相关部门的数据,开展工作检查和评估,每年通报各省(自治区、直辖市)工作进度,对工作突出的进行表扬,并在创建改善农村人居环境示范村上给予奖励。

第三节　重点支持革命老区、民族地区、 边疆地区和连片特困地区脱贫

一、加快老少边穷地区脱贫攻坚是实现全面建成小康社会目标的必然要求

党的十八大提出到 2020 年全面建成小康社会,是我们党确定的

"两个一百年"奋斗目标的第一个百年奋斗目标。党的十八届五中全会指出,到"十三五"期末要实现我国现行标准下农村贫困人口全部脱贫,贫困县全部摘帽,解决区域性整体贫困。改革开放三十多年来,在党中央、国务院关心支持下,老少边穷地区面貌发生深刻变化,人民生活水平显著改善,但总体发展仍然相对滞后、基础设施薄弱,主要经济社会指标在全国平均线以下,脱贫攻坚任务十分艰巨,是实现全面小康社会最突出的短板。因此,要加大支持力度,把老少边穷等欠发达地区作为脱贫攻坚的重点,啃下脱贫攻坚硬骨头。

二、加快老少边穷地区脱贫攻坚的工作重点

(一)加快重大基础设施建设,尽快破解发展瓶颈制约

继续加快推进交通、水利、电力等重大基础设施建设。大力推进老区高等级公路建设,优先布局一批铁路项目,积极布局一批支线和通用机场,支持有条件的地区加快港口、码头、航道等水运基础设施建设,形成内通外联的交通运输网络。全面解决贫困人口饮水及饮水安全问题,支持重大水利工程、病险水库水闸除险加固、灌区续建配套与节水改造等水利项目建设。加快推动电网建设,全面提升农网供电能力和供电质量,提升贫困地区电力普遍服务水平。

(二)积极有序开发优势资源,着力培育壮大特色产业

鼓励中央企业和地方国有企业、民营资本组建混合所有制企业,因地制宜开发煤炭、石油、天然气等资源,建设大型水电、风电、太阳能、生物质能、天然气、农村小水电等清洁能源,支持符合条件的革命老区建设能源化工基地,实现资源就地加工转化利用。推进一二三产业融合发展。做大做强农民合作社和龙头企业,打造一批特色农产品加工示范园区,延长农业产业链,增加农户收入。积极发展特色农产品交易市

场,鼓励大型零售超市与合作社开展农超对接。依托良好的自然环境,积极发展休闲农业、生态农业。充分挖掘山林资源,积极发展木本油料、特色经济林产业和林下经济。完善旅游基础设施,建设一批旅游精品景区。如利用革命老区丰富的文化资源,建设红色旅游经典景区。振兴民族地区传统工艺,培育一批具有较高知名度的旅游节庆活动,发展特色文化产业。支持具备条件的地区开展"互联网+"试点,大力发展农村电子商务,积极发展信息消费新产品、新业态、新模式。

(三)切实保护生态环境,着力打造永续发展的美丽老区

继续实施天然林保护、防护林建设、石漠化治理、防沙治沙、湿地保护与恢复、退牧还草、水土流失综合治理、坡耕地综合整治等重点生态工程,优先安排贫困老区新一轮退耕还林还草任务,支持老区开展各类生态文明试点示范。加强自然保护区建设与管理,支持在符合条件的老区开展国家公园设立试点。大力发展绿色建筑和低碳、便捷的交通体系,加快推动生产生活方式绿色化。深入实施大气、水、土壤污染防治行动计划,全面推进涵养区、源头区等水源地环境整治。加强农村面源污染治理,对秸秆、地膜、畜禽粪污收集利用加大扶持和奖励力度,研究将贫困老区列入下一轮农村环境综合整治重点区域。加快推进老区工业污染场地和矿区环境治理,支持老区工业企业实施清洁生产技术改造工程。

(四)全力推进民生改善,大幅提升基本公共服务水平

加快解决老区群众饮水安全问题,加大农村电网改造升级力度,进一步提高农村饮水、电力保障水平。加快贫困老区农村公路建设,重点推进剩余乡镇和建制村通硬化路建设,推动一定人口规模的自然村通公路。加大农村危房改造力度,统筹开展农房抗震改造,对贫困老区予以倾斜支持。加快老区农村集贸市场建设。尽快补齐老区教育短板,增加公共教育资源配置,消除大班额现象,优化农村中小学校设点布局,改善基本办学条件,强化师资力量配备,确保适龄儿童和少年都能接受良好的义务教育。支持贫困老区加快普及高中阶段教育,办好一批中等、高等职业学校,逐步推进中等职业教育免除学杂费,推动职业学校与企业共建实验实训平台,培养更多适应老区发展需要的技术技能人才。继续实施农村贫困地区定向招生专项计划,畅通贫困老区学生就读重点高校渠道。加强老区县乡村三级医疗卫生服务网络标准化建设,支持贫困老区实施全科医生和专科医生特设岗位计划,逐步提高新型农村合作医疗保障能力和大病救助水平。加大社会救助力度,逐步提高老区最低生活保障水平,加快完善老区城乡居民基本养老保险制度,落实国家基础养老金标准相关政策。以广播电视服务网络、数字文化服务、乡土人才培养、流动文化服务以及公共图书馆、文化馆(站)、基层综合性文化服务中心、基层新华书店等为重点,推动老区基本公共文化服务能力与水平明显提高。

(五)大力促进转移就业,全面增强群众增收致富能力

结合实施国家新型城镇化规划,发挥老区中心城市和小城镇集聚功能,积极发展劳动密集型产业和家政服务、物流配送、养老服务等产业,拓展劳动力就地就近就业空间。加强基层人力资源和社会保障公共服务平台建设,推动贫困老区劳动力向经济发达地区转移,建立和完善劳动力输出与输入地劳务对接机制,提高转移输出组织化程度。支持老区所在市县积极整合各类培训资源,开展有针对性的职业技能培训。加大贫困老区劳动力技能培训力度,鼓励外出务工人员参加中长期实用技能培训。引导和支持用人企业在老区开展订单定向培训。支持符合条件的老区建设创业园区或创业孵化基地等,鼓励外出务工人员回乡创业。

（六）深入实施精准扶贫,加快推进贫困人口脱贫

继续实施以工代赈、整村推进、产业扶贫等专项扶贫工程,加大对建档立卡贫困村、贫困户的扶持力度。统筹使用涉农资金,开展扶贫小额信贷,支持贫困户发展特色产业,促进有劳动能力的贫困户增收致富。积极实施光伏扶贫工程,支持老区探索资产收益扶贫。加快实施乡村旅游富民工程,积极推进老区贫困村旅游扶贫试点。深入推行科技特派员制度,支持老区科技特派员与贫困户结成利益共同体,探索创业扶贫新模式。在贫困老区优先实施易地扶贫搬迁工程,在安排年度任务时予以倾斜,完善后续生产发展和就业扶持政策。加快实施教育扶贫工程,在老区加快落实建档立卡的家庭经济困难学生实施普通高中免除学杂费政策,实现家庭经济困难学生资助全覆盖。实施健康扶贫工程,落实贫困人口参加新型农村合作医疗个人缴费部分由财政给予补贴的政策,将贫困人口全部纳入重特大疾病救助范围。对无法依靠产业扶持和就业帮助脱贫的家庭实行政策性保障兜底。

（七）积极创新体制机制,加快构建开放型经济新格局

支持老区开展农村集体产权制度改革,稳妥有序实施农村承包土地经营权、农民住房财产权等抵押贷款以及大宗特色农产品保险试点。支持老区开展水权交易试点,探索建立市场化补偿方式。推动相关老区深度融入"一带一路"建设、京津冀协同发展、长江经济带建设三大国家战略,与有关国家级新区、自主创新示范区、自由贸易试验区、综合配套改革试验区、承接产业转移示范区建立紧密合作关系,打造区域合作和产业承接发展平台,探索发展"飞地经济",引导发达地区劳动密集型等产业优先向老区转移。支持老区科技创新能力建设,加快推动老区创新驱动发展。支持具备条件的老区申请设立海关特殊监管区域,鼓励老区所在市县积极承接加工贸易梯度转移。对老区企业到境

外开展各类管理体系认证、产品认证和商标注册等给予资助。拓展老区招商引资渠道,利用外经贸发展专项资金促进贫困老区发展,优先支持老区项目申报借用国外优惠贷款。鼓励老区培育和发展会展平台,提高知名度和影响力。加快边境老区开发开放,提高边境经济合作区、跨境经济合作区发展水平,提升边民互市贸易便利化水平。

第五章　精准扶贫的"五个一批"工程

按照扶持对象精准、项目安排精准、资金使用精准、措施到户精准、因村派人精准、脱贫成效精准的要求,"十三五"期间,将重点实施"五个一批"工程。即,发展特色产业脱贫一批、易地扶贫搬迁脱贫一批、生态补偿脱贫一批、发展教育脱贫一批、社会保障兜底一批。使建档立卡贫困人口中,通过发展特色产业脱贫3000万人左右,通过易地扶贫搬迁脱贫1000万人左右,通过劳务输出脱贫1000万人左右,还要加强教育脱贫、医疗保险和医疗救助脱贫、生态保护脱贫、资产收益脱贫,其余完全或部分丧失劳动能力的贫困人口实行社保政策兜底脱贫。

第一节　发展特色产业脱贫一批

特色产业扶贫,是以脱贫为目的,以贫困地区特色资源禀赋为基础,以市场为导向,以产业为依托,以扶持政策为调节的因地制宜扶贫开发新举措。特色产业范畴和选择,要以贫困人口可实施、能融入、有增收为前提,强调适宜、适度、适应性准则,既包括特色种养业、特色林业,也包括特色加工业、传统手工业、休闲旅游,还包括电商、物流服务业、光伏产业等新兴业态。

一、产业脱贫在脱贫攻坚中的地位和意义

产业是发展的根基,是脱贫的依托,更是长期稳定脱贫的保证。习近平总书记强调,一个地方的发展,关键在于找准路子、突出特色。欠发达地区抓发展,更要立足资源禀赋和产业基础,做好特色文章。①特色产业是我国农村贫困人口生活和收入的主要来源,发展特色产业是提高贫困地区自我发展能力的根本举措。

特色产业扶贫是脱贫攻坚的重头戏,是加快贫困地区农业发展、促进农民增收的重要任务,涉及对象最广、涵盖面最大。不仅要解决3000万贫困人口脱贫,而且易地搬迁脱贫、生态保护脱贫等其他"四个一批"都离不开产业扶贫这个支撑,都要通过发展产业实现长期稳定就业增收。

特色产业扶贫是一项在特别时期、具有特殊意义的特定工作,具有时代的特殊性。习近平总书记多次强调指出:"得民心者得天下。新中国成立前,我们党领导广大农民'打土豪、分田地',就是要让广大农民翻身得解放。现在,我们党领导广大农民'脱贫困、奔小康',就是要让广大农民过上好日子。"消除贫困、改善民生、逐步实现共同富裕,是中国特色社会主义的本质要求,是我们党的重要使命。特色产业扶贫直接关系到我国农村贫困人口增收脱贫,事关全面建成小康社会、人民福祉、党的执政基础和国家长治久安。需要强大的国家能力作为保证,需要集中国家力量,在政府引导下调动各方面积极性,形成强大合力,共同支持贫困地区特色产业发展。

---

① 参见《习近平在山东考察:一个地方的发展,关键在于找准路子、突出特色》,《人民日报》2015年6月25日。

特色产业扶贫从根本上讲是一种经济活动,具有市场经济属性,具有产业特点,需要资源配置和投入,应有产出和收益,难以避免市场风险,也离不开龙头企业、合作社、种养大户等经营主体、市场主体的参与。为此,要牢固树立市场引领理念,遵循市场规律,重点发展有市场需求的产业。大力推进供给侧结构性改革,瞄准市场,适应消费结构升级的新变化,在做优、做精、做特上下功夫,确保产品适销对路。

我国区域发展存在明显的不均衡性,贫困地区自然条件千差万别,资源禀赋各不相同,发展基础迥然有异;贫困人口分布点多面广,贫困程度、致贫原因、帮扶需求多种多样。同时,特色产业扶贫涉及各种新型经营主体、贫困农户,类型多样、基础不一。这就要求我们立足当地资源,宜农则农、宜林则林、宜牧则牧、宜商则商、宜游则游,科学合理地确定各区域特色产业、帮扶主体、发展方向及帮扶方式。

贫困地区大多处于江河上游、湖库水系源头、农牧交错地带,生态地位极为重要,生态系统又十分脆弱。据有关专家统计,我国680个集中连片特殊困难地区县中有60%以上属于限制开发的国家重点生态功能区。这些地区一旦生态环境被破坏就很难修复,不仅会动摇贫困地区发展的根基,更会威胁到国家生态安全。

特色产业扶贫受地理区位、自然资源、经济社会发展、技术条件等客观因素影响,产业选择和企业选择比较难,要把多重因素匹配好、多种生产要素组合好。同时要充分调动贫困人群的积极性和主观能动性。

二、特色产业精准扶贫工作重点

(一)特色产业精准扶贫的必要性

习近平总书记指出:"扶贫开发推进到今天这样的程度,贵在精准、重在精准、成败之举在于精准"①,扶持对象精准、项目安排精准、资金使用精准、措施到户精准、因村派人(第一书记)精准、脱贫成效精准上想办法、出实招、见真效。

只有"精准",才能确保如期实现全面建成小康社会战略目标。习近平总书记说,"全面建成小康社会,实现第一个百年奋斗目标,农村贫困人口全部脱贫是一个标志性指标"。确保我国贫困人口到2020年如期脱贫,每个贫困户、每个贫困人口都要脱贫,这是政治任务,是中央对全社会、全世界的承诺,目标任务和时间节点都是精准的。特别是按照2020年全部脱贫的目标,只有5年的决胜决战期,每年要脱贫1000多万人,这是过去三十多年年均减少人数的近2倍,任务非常繁重。如果不采取精准扶贫,倒排工期、挂图作战,难以完成任务。

只有"精准",才能提高产业扶贫的针对性。目前,全国有14个集中连片特殊困难地区、592个国家扶贫开发工作重点县、12.8万个贫困村、近3000万个贫困户,分布面广、量大分散、情况复杂,产业发展情况和发展方向仍不完全清楚。扶贫必先识贫。前些年,一些地方在扶贫工作中存在福利化、平均主义、"不分贫富平均扶持"甚至"锦上添花"问题,必须坚决杜绝。要把产业扶贫对象摸清,精确瞄准贫困村贫困户和贫困人口,一户一个产业扶贫方案,让产业发展的效益真正落到贫困户身上,让他们有持续稳定的收入来源。

只有"精准",才能提高产业扶贫的有效性。经过多年努力,容易脱贫的地区和人口已经解决得差不多了,越往后脱贫攻坚成本越高、难度越大、见效越慢、减贫的边际效应不断下降。按照投入2万元大体解决1个农村贫困人口的脱贫问题测算,7000多万农村贫困人口脱贫需

① 《切实把精准扶贫精准脱贫落到实处——学习贯彻习近平总书记扶贫开发战略思想研讨会发言摘编》,《人民日报》2016年10月20日。

要投入 1.4 万亿元,如果 2015 年脱贫 1000 万人,未来五年每年平均需投入 2400 亿元左右,投资量非常巨大。特色产业扶贫必须改变以往大水漫灌、跑冒滴漏、"手榴弹炸跳蚤"的帮扶方式,切实提高扶贫效率,做到对症下药、靶向治疗、量身定制、精准投放,才能集中人力物力财力,打好脱贫攻坚战。

(二)特色产业精准扶贫的主要措施

习近平总书记提出"六个精准"的总要求,具体到特色产业精准扶贫,就是要在精准识别产业扶贫对象的基础上,做到"四精准":

一是精准选择特色产业。选准选好产业,是贫困人口脱贫的根本前提。不同的县乡村,有不同的特点、不同的条件,要因地制宜,从当地实际出发,综合考虑资源禀赋、产业基础、市场需求、生态环境等因素,选择适合自身发展的特色优势产业,大力推进"一村一品"富民工程。还要从经济学角度来考量特色产业发展的规模和质量,与农业供给侧结构性改革措施相衔接,提高全要素生产率,提高产业效益,确保稳定造福贫困人口。

二是精准经营方式。加强贫困地区农民合作社和龙头企业培育,发挥其对贫困人口的组织和带动作用,强化其与贫困户的利益联结机制。就是要培育壮大贫困地区农民合作社、龙头企业、种养大户等新型经营主体,引导新型经营主体与贫困户建立稳定的带动关系。通过产业发展激发生产经营活力、确保贫困户受益。同时要注意把握三点:一要壮大带动龙头;二要完善利益联结机制;三要鼓励各地探索创新行之有效的多种帮扶机制和模式。

三是支持方式精准。第一,要建设产业项目。要树立全产业链的理念,按照一二三产业融合的要求,有针对性地设计支持方式,重点安排良种繁育、农作物标准化种植、畜禽标准化规模养殖、水产健康养殖、林下种养、产地初加工、仓储冷链、休闲观光等具有较好长期效益和短期收益的项目,提高项目的赢利能力,让贫困户更多分享农业全产业链和价值链增值收益。第二,要打造支撑体系。紧紧围绕贫困地区特色产业发展,创新完善倾斜支持、资金整合、地方配套资金取消等支持政策。完善贫困地区基层农技推广体系,加大农村实用人才带头人培养力度。加快推进信息进村入户。加快特色农产品品牌和区域公共品牌创建,发展电子商务,促进农产品产销衔接。第三,要创新融资方式。要建立健全金融服务体系,鼓励私募、众筹、慈善等资金参与特色产业扶贫,加大保险支持力度。贵州兴仁县等地众筹推动产业融合发展的经验,值得研究借鉴。

四是贫困人口受益精准。这是"四精准"的核心,是落脚点,具体来说,就是要充分体现"四到户"。第一,扶贫对象聚力到户,要在精准识别贫困户基础上,始终瞄准建档立卡贫困户,加快推动特色产业发展,明确帮扶边界,避免扶农不扶贫,防止在实施中脱轨走样。第二,增收时效有序到户,要根据2020年贫困人口产业脱贫的既定目标,倒排时间、明确责任,既把握好进度,又逐村逐户实行精准管理,按照农民收入结构采取不同措施、分类施策。第三,扶贫资金挂钩到户,要创新扶贫资金使用机制,完善资金折股量化、资源变资产、资金整合等支持方式,细化土地入股、资金分红等利益获取途径,确保贫困户稳定收益。第四,考评验收明确到户,要建立挂钩带动贫困户增收的精准台账,通过公示接受监督,通过联合督察、行业督察、专项督察、第三方评估等方式,加强对产业扶贫成效的督察考核。把产业扶贫成效与政绩考核相挂钩,重点对新型经营主体扶持、利益联结机制构建、村户脱贫效果等情况进行考核。

（三）实现特色产业精准扶贫的保障

特色产业精准扶贫是一项系统工程，综合性强、涉及面广，要把握规律，坚持务实，鼓励创新，确保精准。

1. 明确工作思路目标

在基本思路上，就是要深入贯彻落实习近平总书记系列重要讲话精神，全面贯彻落实中央脱贫攻坚战略部署，实施精准扶贫、精准脱贫的基本方略，按照选准特色产业、扶持新型主体、构建利益联结机制、完善服务体系的思路，以贫困人口增收脱贫为目标，以发挥新型经营主体带动作用、完善利益联结机制、明晰贫困户增收来源为抓手，整合财政扶贫资金，加大金融支持力度，加快培育一批优势特色产业，加快创建一批特色产业生产基地和加工基地，延长产业链条，强化市场营销，拓展产业功能，促进产业融合，确保贫困人口受益精准，如期脱贫。

在发展目标上，就是到 2020 年，贫困县建成一批对贫困户脱贫带动能力强的生产基地和加工基地，初步形成特色产业体系，产业发展水平显著提高；贫困村特色产业突出，形成 1—2 个拳头产业；贫困户掌握 1—2 项实用技术，自我发展能力明显增强，确保产业扶贫对象如期实现脱贫。

2. 处理好六个关系

一是处理好目标精准与措施精准的关系。关键是树立负面清单理念，明确建档立卡贫困户稳定、长期受益作为产业帮扶边界，避免扶农不扶贫，防止在实施中脱轨走样。

二是处理好目标专一与资金渠道多的关系。要统筹整合财政资金，坚持"渠道不乱、力度加大、权力归县、共计其功"，力争有限的资金能集中用在产业发展的关键环节上。

三是处理好长与短的关系。在扶贫措施上,要处理好特色产业精准扶贫短期目标是脱贫增收和长期目标建成小康的关系。在扶贫效果上,要处理好传统模式见效慢与脱贫攻坚时效紧的关系。要创新模式,通过现代股权等方式,提高农村集体资源、资产的收益率,让贫困农民既可以获得产业发展的经营性收入或到产业基地打工的工资性收入,也可以通过股权及其分红,获得长期稳定收益。河北省阜平县在扶贫过程中坚持"长打算、短安排、长短结合"的发展思路,值得大家研究借鉴。

四是处理好中央、地方与基层的关系。总的来说,要在中央统筹、省(自治区、直辖市)负总责,市(地、县)抓落实的管理体制下,层层落实责任,创新组织方式,共同发力,形成合力。党政一把手要亲自抓特色产业精准扶贫。要组织编制好特色产业精准扶贫规划,规划要加强与相关规划的衔接。要注重发挥基层党组织战斗堡垒作用,重视发挥广大基层干部群众的首创精神,组织群众自觉广泛参与特色产业扶贫开发。

五是处理好财政手段与其他手段的关系。要在统筹整合使用现有各类财政扶贫资金的同时,创新金融和保险扶持机制,撬动更多的社会资本支持贫困地区特色产业发展。

六是处理好经济、社会与生态的关系。特色产业扶贫要综合考虑经济、社会、生态等多方面综合效益。要将产业扶贫作为县域经济发展的重点,要通过科技推广、新型主体培育、农民技能培训等,让特色产业发展的过程成为农民素质不断提高的过程,增强社会和谐稳定和发展活力。要坚持产业发展与生态保护互促共赢,始终把保护生态、绿色发展作为脱贫之基、致富之道,探索绿色产业扶贫新路子,实现产业强、百姓富、生态美。

第二节　易地扶贫搬迁脱贫一批

在全面建成小康社会的决胜时期,贫困问题是最突出的"短板",生活在"一方水土养不起一方人"地区的贫困问题则是"短板"中的"短板",必须付出更大力气、采取超常规措施补齐这块短板,持续增进贫困地区民生福祉,使贫困人口共享发展成果。"十三五"时期,党中央、国务院决定,按照精准扶贫、精准脱贫要求,加快实施易地扶贫搬迁工程,从根本上解决居住在"一方水土养不起一方人"地区贫困人口的脱贫发展问题。

一、易地扶贫搬迁的基本情况

习近平总书记指出,易地搬迁脱贫一批是一个不得不为的措施,也是一项复杂的系统工程,政策性强、难度大。要拓宽资金来源渠道,解决好扶贫搬迁所需要资金。要做好规划,合理确定搬迁规模,区分轻重缓急,明确搬迁目标任务和建设时序,按规划、分年度、有计划组织实施。李克强总理要求,各地区部门一定要高度重视,精心部署,结合新型城镇化和农业现代化,科学编制实施易地搬迁扶贫规划,坚持群众自愿、积极稳妥原则。因地制宜选择搬迁安置方式,选好安置点,完善搬迁后续扶持政策,确保搬迁对象有业可就、稳定脱贫,做到搬得出、稳得住、能致富。异地搬迁扶贫工作必须紧盯脱贫目标,按照"理顺机制、明晰目标、守住底线、确保脱贫"的要求做好工作。①

---

① 参见国家发展改革委:《全国"十三五"易地扶贫搬迁规划》,2016年9月22日。

从 2001 年开始,经国务院批准,国家发展改革委安排专项资金,在全国范围内对居住在生存环境恶劣、不具备基本发展条件地区的贫困人口组织实施了易地扶贫搬迁工程。截至 2015 年年底,已累计安排易地扶贫搬迁中央补助投资 363 亿元,搬迁贫困人口 680 多万人,撬动各类投资近 1500 亿元。其中,"十二五"以来累计安排中央补助投资 231 亿元,搬迁贫困人口 394 万人,搬迁成效更加明显。

通过易地扶贫搬迁,建设了一大批安置住房和安置区水、电、路、气、网等基础设施,以及教育、文化、卫生等公共服务设施,大幅改善了贫困地区生产生活条件,有力牵动了贫困地区人口、产业集聚和城镇化进程;引导搬迁对象发展现代农业和劳务经济,大幅提高收入水平,加快了脱贫致富步伐;改变了搬迁对象"越穷越垦、越垦越穷"的生产状况,有效遏制了迁出区生态恶化趋势,实现了脱贫致富与生态保护"双赢"。易地扶贫搬迁产生了良好的经济、社会和生态效益,受到搬迁对象的普遍欢迎。

二、当前易地扶贫搬迁面临的问题

在全面建成小康社会的决胜时期,"十三五"期间我国将加快实施易地扶贫搬迁工程,通过"挪穷窝""换穷业""拔穷根",从根本上解决约 1000 万建档立卡贫困人口的稳定脱贫问题。与以往相比,新一轮易地扶贫搬迁面临着前所未有的挑战。

一是搬迁任务繁重艰巨。5 年需要搬迁的建档立卡贫困人口约 1000 万人,搬迁数量在中外历史上前所未有,时间紧迫,任务艰巨。二是安置资源约束日益凸显。搬迁人口高度集中的中西部地区,山地、高原、荒漠化土地、生态脆弱区域占比高,适宜安置的水土资源匹配条件、选址空间日益受限。城镇化加速推进,使新增建设用地日益紧张。承包土地调整难度不断加大,也使搬迁安置工作受到不同以往的挑战。三是搬迁对象贫困程度更深。经过前15年的易地扶贫搬迁,有条件、有能力搬迁的贫困人口多数已经迁出,目前尚未搬迁的贫困人口,生存环境和居住条件更为恶劣、贫困程度更深,按原有政策力度难以完成搬迁,属于经过多轮扶持仍未啃下来的"硬骨头"。四是工程实施难度更大。易地扶贫搬迁涉及面广、政策性强,是一项复杂的系统工程和社会工程,既要精心组织做好安置住房、配套水电路气网等基础设施和教育、卫生、文化等公共服务设施建设,也要依据不同安置方式,扎实推进产业培育、就业培训等后续发展工作,确保实现稳定脱贫。

三、易地扶贫搬迁的搬迁对象和安置方式

搬迁对象主要是居住在深山石山、边远高寒、荒漠化和水土流失严重,且水土、光热条件难以满足日常生活生产需要,不具备基本发展条件,以及基本公共服务设施解决难度大、建设和运行成本高的地区、国家禁止或限制开发地区的建档立卡贫困人口。迁出区范围涉及全国22个省(自治区、直辖市)约1400个县(市、区),需要实施易地扶贫搬迁的建档立卡贫困人口约981万人。搬迁对象主要集中在国家扶贫开发重点地区,其中,集中连片特殊困难地区县和国家扶贫开发工作重点县内需要搬迁的农村人口占72%。

搬迁方式包括自然村整村搬迁和分散搬迁两种。其中自然村整村搬迁约565万人,占34.7%;分散搬迁约1063万人,占65.3%。

按照群众自愿、应搬尽搬的原则,综合考虑水土资源条件和城镇化进程,采取集中安置与分散安置相结合的方式多渠道解决。其中,集中安置约1244万人,占76.4%;分散安置约384万人,占23.6%。集中安置地主要包括在靠近交通要道的中心村或交通条件较好的行政村内就

近安置；依托新开垦或调整使用耕地，在周边县、乡镇或行政村规划建设移民新村集中安置；依托新型城镇化建设，在县城、小城镇或工业园区附近建设安置区集中安置；依托当地旅游、民俗文化等特色资源，因地制宜打造乡村旅游重点村镇或旅游景区，引导搬迁对象适度集中安置。安置人口分别占39%、15%、37%、5%。剩余4%的特困人员、残疾人等符合集中供养条件的搬迁对象，通过纳入迁入地供养机构或建设专门住房实行集中安置。

分散安置主要是插花安置，依托安置区已有公共设施、空置房屋等资源，由当地政府采取回购空置房屋、配置耕地等方式进行安置，占分散安置人口的70%。剩余的30%主要以自主选择进城务工、投亲靠友等方式进行安置。

四、扎实推进易地扶贫搬迁

(一)强化顶层设计，科学编制规划

做好易地扶贫搬迁总体规划和详细的居住点规划，是本轮扶贫的重要内容。易地扶贫搬迁涉及面广、政策性强，是一项复杂的系统工程和社会工程，既要精心组织做好安置住房、配套水电路气网等基础设施和土地、户籍、社保、教育等公共服务设施建设，也要依据不同安置方式，扎实推进产业培育、就业培训等后续发展工作。同时，还要根据国家新一轮退耕还林还草的总体部署，加快对迁出区25度以上坡耕地实施退耕。采取退牧还草、农牧交错带已垦草原治理、小流域治理、水土保持、石漠化治理、自然保护区建设等工程和自然措施，对迁出区进行生态修复，纳入相关规划。

(二)创新融资机制，用好各类资金

"十三五"时期易地扶贫搬迁工程建设资金来源主要有四个方面：

一是中央预算内投资和农户自筹。国家发展改革委将安排中央预算内投资直接补助贫困人口建房,同时鼓励和引导农户自筹部分建房资金,两项合计力争达到1000亿元。二是通过调整地方债务结构,由省级政府向有关市场化运作的省级投融资主体注入1000亿元项目资本金。三是通过国家开发银行、中国农业发展银行发行专项建设债券设立的专项建设基金,为市场化运作的省级投融资主体注入500亿元项目资本金,中央财政贴息90%。四是由国家开发银行和中国农业发展银行为省级投融资主体提供易地扶贫搬迁长期贷款,中央财政对贷款给予90%的贴息。为适应资金渠道多元化形势,各省(自治区、直辖市)要创新资金管理机制,做好中央预算内投资与专项建设基金、地方政府债、长期低息贷款的衔接,尽快形成顺畅高效的操作流程图和资金流向图。建立资金使用台账制度,将省级投融资主体承接的易地扶贫搬迁业务和其他业务物理隔离、封闭运行,确保各渠道资金专款专用、协调联动。

(三)注重长远发展,确保精准脱贫

以建档立卡搬迁人口为扶持对象,在推进新时期扶贫搬迁工作中,要把发展特色产业、促进稳定就业摆到更加重要位置,做到安居与乐业并重、搬迁与脱贫同步。立足安置区资源禀赋,坚持宜农则农、宜林则林、宜牧则牧,引导群众发展特色种养殖、林下经济、设施农业等产业增收项目,充分发挥龙头企业、合作社的带动作用,积极探索资产性收益方式,强化与搬迁群众的利益联结机制,帮助贫困群众改变广种薄收、靠天吃饭的传统生产方式,实现"换穷业",促脱贫。要根据安置方式不同,千方百计创造就业岗位,积极整合培训资源,加大培训力度,力争使每个搬迁群众都能掌握一到两项就业技能,使其面对新环境新挑战时能够站得稳、跟得上。

（四）易地扶贫搬迁保障措施

一是加强组织领导。易地扶贫搬迁工作是否做得好直接关系老百姓的生活质量，要把它作为一项重要的政治任务，高度重视。严格落实中央统筹、省负总责、市县抓落实的管理体制。搬迁过程中要同步加强基层党组织建设，完善党组织设置，充分发挥党组织战斗堡垒作用和党员先锋模范作用，做好群众思想政治工作，团结带领群众脱贫致富。二是加大政策支持。中央财政加大对易地扶贫搬迁重点省份的转移支付力度。省级政府在权限范围内制定项目建设税费减免、省级投融资主体和市县项目实施主体税费减免等优惠政策。新增建设用地计划指标优先保障易地扶贫搬迁工程用地需要。按照应保尽保的要求，城乡建设用地增减挂钩指标进一步向易地扶贫搬迁地区倾斜。集中连片特困地区、国家扶贫开发工作重点县和开展易地扶贫搬迁的贫困老区，可将增减挂钩节余指标在省域范围内流转使用。建立易地扶贫搬迁用地手续办理审批绿色通道，提高用地审批效率。支持县级政府统筹整合财政专项扶贫资金和相关涉农资金，发展安置区后续产业。鼓励为符合条件的搬迁对象和安置区龙头企业提供产业信贷支持。三是强化监督管理。易地扶贫搬迁项目严格按照投资项目相关管理规定执行，简化审批手续，优化审批流程，认真落实项目公告公示制度；主动接受社会监督。建立和完善项目建设信息统计报告制度，定期汇总上报工程建设进度、投资安排使用、建档立卡搬迁人口脱贫效果等情况。对建档立卡搬迁人口和同步搬迁人口的资金安排，使用实行分类管理。建立健全资金管理台账制度。保证贷款资金及时支付，严格做到专款专用，有效防范信贷风险。四是强化监督考核。建立健全考核制度，采取主管部门考核金融机构、加强贷款管理、委托第三方机构独立评估等多种方式分年度分阶段对项目实施、搬迁成效等情况进行监督检查。五是开展宣传动员。利用广播、电视、报纸、网络等新闻媒体,加大易地扶贫搬迁政策和工作成效宣传,营造良好氛围。宣传自力更生、艰苦创业的精神,充分调动搬迁对象的主动性、积极性和创造性,引导光荣脱贫,确保各项工作有力有序推进,如期完成易地扶贫搬迁目标任务。

第三节　生态补偿脱贫一批

一、生态补偿脱贫是全面建成小康社会的必然选择

生态文明建设已经上升为国家战略。党中央、国务院高度重视生态文明建设。习近平总书记多次强调,"绿水青山就是金山银山","要坚持节约资源和保护环境的基本国策","像保护眼睛一样保护生态环境,像对待生命一样对待生态环境"[1]。李克强总理多次指出,要加大环境综合治理力度,提高生态文明水平,促进绿色发展,下决心走出一条经济发展与环境改善的双赢之路。

当前,我国环境质量差、生态受损严重、风险隐患高、环境承载能力达到或接近上线,生态环境已成为实现全面建成小康社会的突出短板。同时,据统计,95%的贫困人口和大多数贫困地区分布在生态环境脆弱和重点保护的地区。全国 14 个集中连片特困地区与 25 个国家重点生态功能区高度重合,多数扶贫开发重点县境内都包含禁止开发区域,在功能定位上以提供生态产品为主要任务。这些地区贫困许多是因为过去掠夺开发、过度开发,破坏了生态环境,普遍存在基础设施薄弱、产业

---

[1] 《习近平系列重要讲话:绿水青山就是金山银山》,《人民日报》2016 年 5 月 9 日。

发展滞后、教育资源缺乏、公共服务供给不足等问题。脱贫难度大,属于扶贫开发工作的硬骨头。推进扶贫开发,必须牢固树立绿水青山就是金山银山的理念,把生态保护放在优先位置,探索生态脱贫新路子。实施生态保护脱贫工程,就是要将生态环保理念融入发展和扶贫工作中,推动贫困地区绿色、可持续发展,实现保护生态与消除贫困的内在统一。这既能达到扶贫减贫、促进公平的目标,又有利于保护这些地区的自然生态、筑牢国家生态安全屏障。

贫困地区往往也是生态脆弱地区,经济基础薄弱,贫困人口收入渠道窄,增收难度大。生态保护脱贫工程,一方面能够引导政府和社会加大生态环境保护力度,另一方面能够为贫困人口创造生态保护与建设相关就业机会,有效增加收入,实现生态保护与村民发展的内在统一。近些年来国家大规模实施退耕还林、退牧还草和草原生态保护等生态修复工程,把生态保护建设与带动农民增收结合起来,惠及了中西部农牧民,许多贫困人口因此脱贫,成为名副其实的生态扶贫工程。同时,通过实施重点生态功能区转移支付政策,贫困地区生态环境得到显著改善,经济社会发展取得积极进展,贫困人口持续稳定获得国家退耕还林还草补助和相关生态补偿现金收入,脱贫速度明显加快。

二、生态补偿脱贫的主要内容和措施

(一)生态补偿脱贫的主要内容

国家实施的重大生态工程,在项目和资金安排上进一步向贫困地区倾斜,提高贫困人口参与度和受益水平。加大贫困地区生态保护修复力度,增加重点生态功能区转移支付。结合建立国家公园体制,创新生态资金使用方式,利用生态补偿和生态保护工程资金使当地有劳动能力的部分贫困人口转为护林员等生态保护人员。合理调整贫困地区基本农田保有指标,加大贫困地区新一轮退耕还林还草力度。开展贫困地区生态综合补偿试点,健全公益林补偿标准动态调整机制,完善草原生态保护补助奖励政策,推动地区间建立横向生态补偿制度。

(二)生态补偿脱贫的主要措施

一是将生态保护与脱贫攻坚、绿色发展有机结合。以集中连片特殊困难地区、国家扶贫开发工作重点县为重点,积极通过岩溶石漠化综合治理、京津风沙源治理、退耕还林还草等渠道,支持各地发展生态经济林、林下经济、草食畜牧业、生态旅游等特色产业,积极培育绿色增长点。同时积极创新工程建设方式,加大对工程区内建档立卡贫困户的支持,提高贫困人口参与度和受益水平。通过设立护林员、草原管护员等公益性岗位,吸纳更多的有劳动能力的贫困人口就业,带动和促进贫困人口增收。

二是进一步加大对贫困地区生态保护与建设的支持力度。切实加大对贫困地区生态保护与建设的有效投入,国家在安排新一轮退耕还林还草、天然林资源保护、防护林体系建设等重大生态工程投资时,优先考虑贫困地区,加大对集中连片特殊困难地区和贫困县的支持力度。继续推进新一轮天然草原退牧还草工程和草原生态奖补政策。在具体落实过程中,要求有关省区再分解中央下达的投资计划时,把建设任务向贫困地区集中,优先安排建档立卡贫困村、贫困人口实施退耕还林还草和退牧还草建设任务。

三是研究提高病毒并足额兑现生态补偿和相关补助资金。在2016年新一轮退耕还草每亩中央补助标准从800元提高到1000元的基础上,积极研究提高退耕还林种苗造林费补助标准。全面实施森林生态效益补偿和草原生态保护补助奖励等生态补偿机制。为重点生态公益林区、天然工程区和草原牧区贫困人口提供稳定的转移性收入来源。结合国家财力情况,逐步提高相关生态补偿标准,发挥好生态补偿对贫困人口脱贫助推器作用。

四是加强生态保护脱贫机制建设。深化资源性产品价格和税费改革,建立反映市场供求和资源稀缺程度、体现生态价值和代际补偿的资源有偿使用制度和生态补偿制度。在划定生态保护红线、完善生态补偿机制、加大财政支持力度、建立吸引社会资本投入生态环保的体制机制等方面多做探索试点,提高贫困地区生态产品供给能力,促进贫困地区产业结构调整,以更大的支持力度、更有效的制度安排,推动贫困地区的生态优化转化为发展优势,增强发展后劲,实现脱贫攻坚与生态保护的双赢。

第四节　发展教育脱贫一批

习近平总书记历来高度重视扶贫工作,重视教育在扶贫开发中的重要作用。早在20世纪80年代,他在福建宁德工作期间写下的《摆脱贫困》一书中,就特别强调"越穷的地方越需要办教育,越不办教育就越穷"。2013年12月,习近平总书记到河北阜平考察时专门指出,"治贫先治愚,要把下一代的教育工作做好,特别是要注重山区贫困地区下一代的成长","把贫困地区孩子培养出来,这才是根本的扶贫之策"①。2015年11月,习近平总书记在中央扶贫开发工作会议上特别

---

① 《习近平谈扶贫工作》,《党建》2015年第12期。

强调指出,"教育是阻断贫困代际传递的治本之策","贫困地区教育事业是管长远的,必须下大力气抓好"。[①]

一、教育脱贫工作进展情况

支持贫困地区教育事业发展,推进教育扶贫是一项基础性、长期性工作。进入 21 世纪以来,特别是党的十八大以来,按照中央的部署,教育部会同有关部门,实施了一系列教育惠民、富民的政策措施,取得了显著成效。

首先,建立覆盖从学前教育到研究生教育的学生资助政策体系,从制度上保证了不让一个学生因贫失学辍学。实施学前教育三年行动计划。中央财政设立学前教育专项资金,重点支持中西部农村地区、贫困地区学前教育发展。截至 2015 年年底,集中连片特困地区学前三年毛入园率接近 70%,超额实现 65% 的全国"十二五"规划目标。义务教育阶段,从 2009 年起全部免除城乡学生学杂费,对所有农村学生和城市低保家庭学生免费提供教科书。实施农村义务教育学生营养改善计划。针对贫困地区农村学生营养不良、发育迟缓这一突出问题,按照小学每生每天 4 元、初中每生每天 5 元标准,为贫困地区学生提供营养膳食补助,覆盖集中连片特困地区 699 个县,全国超过三分之一的县实施了该计划。普通高中教育阶段从 2010 年秋季学期起,中央与地方政府共同设立国家助学金,资助普通高中在校生中的家庭经济困难学生。目前,约 20% 的普通高中在校生享受资助。中等职业教育阶段,对所有农村学生、涉农专业学生和家庭经济困难学生免除学费,并给予每生每年 2000 元的国家助学金资助。这一政策已实现集中连片特困地区

[①]　中共中央文献研究室编:《习近平关于社会主义经济建设论述摘编》,中央文献出版社 2017 年版,第 220、221 页。

全覆盖。高等教育阶段,建立国家奖学金、国家励志奖学金、国家助学金、国家助学贷款、勤工助学、学费减免等多种方式并举的资助体系。目前每年资助学生 8500 多万人次,资助总额超过 1400 亿元。"十二五"期间累计减轻贫困学生家庭负担经济超过 6000 亿元。实施面向贫困地区定向招生专项计划。自 2012 年起,所有 211 高校和中央部署高校专门安排招生计划,面向贫困地区定向招生,覆盖 832 个贫困县。累计录取学生 18.3 万人。2016 年安排 6 万个专项计划,通过实施该计划,贫困地区农村学生上重点高校的机会明显增多。

其次,全面改善农村贫困地区义务教育薄弱学校基本办学条件。"十二五"期间,中央财政投入 1190 多亿元实施了中小学校舍安全工程、中西部农村初中校舍改造工程、薄弱学校改造计划等重大项目,大力改善贫困地区办学条件。使中西部许多边远山区和贫困地区,农村学校面貌焕然一新。

再次,全面加强乡村教师队伍建设,努力破解乡村教师"下不去、留不住、教不好"的难题。针对贫困地区乡村教师待遇低、教师岗位缺乏吸引力等突出问题,采取了一系列政策措施。一是着力提高乡村教师待遇水平。从 2013 年起,出台连片特困地区乡村教师生活补助政策。目前全国 22 个省份的 699 个连片特困县中已有 604 个县实施该政策。乡村学校和乡村教师受益面分别达到 94% 和 87%。二是推进边远艰苦贫困地区农村学校教师周转宿舍建设。农村教师生活条件不断改善。三是建立贫困地区乡村教师补充机制和对口支援。在 6 所部属师范大学率先实施师范生免费教育,91.1% 以上的毕业生到中西部任教。大力推进教育援藏、援疆,组织 17 个省市实施教育援藏项目,用于学校基础设施建设、教师交流培训、贫困生资助等。以双语教育和中职教育为重点,着力加大教育援疆力度。组织东中地区职教集团对口支援西藏和四省藏区职业教育发展。开展高校定点扶贫,在人才培养、产业发展、城乡规划、医疗服务、科技成果转化等方面为定点扶贫县提供帮扶。大力培养少数民族优秀人才,自 2006 年起,实施少数民族高层次骨干人才培养计划,缓解了民族地区人才严重匮乏的矛盾。四是促进城乡教师资源均衡配置,在职称评定、专业发展等方面对乡村教师予以照顾倾斜,引导教师向农村学校流动。增加特岗教师岗位和财政投入。

最后,实施特殊支持政策。实施西藏 15 年免费教育、新疆南疆四地州实施 14 年免费教育。西藏 15 年免费教育覆盖了从学前至高中阶段所有农牧民子女和城镇困难家庭子女。出台特殊教育提升计划,在中西部地区新建、改扩建 1182 所特殊教育学校,基本实现 30 万人口以上且残疾儿童较多的县都有一所独立设置的特殊教育学校。

二、贫困地区教育发展面临的主要问题

教育脱贫虽然取得了很大进展,但贫困地区教育发展仍然比较滞后,面临不少难题。

一是客观条件差,教育基础薄弱。贫困地区大都地处山区、牧区和高寒海拔地区,资源禀赋差,教育欠账多,办学条件不足。如,全国连片特困地区有 1020 多万平方米中小学危房,义务教育学校近 40% 的体育运动场不达标、近 40% 的理科实验室缺乏仪器设备、超过 22% 的校园没有接入互联网。全国有 1346 所学校没有水源、2976 所学校没有厕所,这些都主要集中在贫困地区。集中连片特困地区小学五年保留率、初中三年保留率、小学招生中受过学前教育的比例、初中毕业升学率等指标与全国平均水平比仍有较大差距。如,小学五年保留率比全国平均水平低 10% 以上,初中毕业生学历低 20% 以上。

二是城镇化进程迅速使合理布局教育资源难度加大。城镇化、工业化引发了大规模人口流动,学龄人口变动频繁,出现了大量农村留守儿童和进城务工人员随迁子女。2015年,全国共有2019万农村留守儿童、1367万进城务工随迁子女,保障这一庞大就读群体,是一项复杂而艰巨的任务。近年来,一些地方出现了农村学校空心化和城镇学校"大班额"矛盾叠加的现象。如何科学合理地布局城乡教育资源是一个难题。

三是职业教育发展滞后,人才培养水平有待提升。集中连片特困地区基本没有中等职业学校,即使有,也普遍缺乏实习实训条件,难以培养学生实践操作能力。部分学生因对学校教学条件不满而辍学,有的学生毕业后难以在当地顺利就业。

四是农村教师整体素质不高,制约教育质量提升。农村教师队伍建设仍然是教育最薄弱的环节,待遇偏低、发展机会少,"下不去、留不住、教不好"的问题依然突出。

五是经费保障不足,财政投入难以满足教育持续发展的需要。贫困地区95%以上的县财政不能自给。"十三五"期间,贫困地区在扩大乡村普惠性学前教育资源、全面完成义务教育薄弱学校改造、完善普通高中经费保障、化解普通高中债务、推进职业院校发展等方面仍需要大量经费投入。另外,受宗教因素和"读书无用论"的影响,部分地区的群众不愿送子女上学,青少年辍学外出打工现象时有发生。

三、教育脱贫的主要措施

《教育脱贫攻坚"十三五"规划》的教育脱贫主要目标是:发展学前教育,巩固提高义务教育,普及高中阶段教育,到2020年,贫困地区教育总体发展水平显著提升,实现建档立卡等贫困人口教育基本公共服务全覆盖。保障各教育阶段从入学到毕业的全程全部资助,保障贫困家庭孩子都可以上学,不让一个学生因家庭困难而失学。每个人都有机会通过职业教育、高等教育或职业培训实现家庭脱贫,教育服务区域经济社会发展的能力显著增强。

以集中连片特困地区和建档立卡贫困人口为重点,对教育最薄弱领域和最贫困群体采取超常规措施,促进教育强民、技能富民、就业安民,着力从源头上阻断贫困的代际传递,需要着力,做好以下几个方面的工作。

(一)针对不同教育群体分类施策,促进教育提升

对学龄前儿童,保障每个人都有机会接受学前三年教育。逐步建成以办公园为主体的农村学前教育服务网络。巩固提高九年义务教育水平,办好贫困地区必要的村小学和教学点,建设好农村寄宿制学校,保障学生就近上学。中小学校布局建设要满足易地扶贫搬迁的需要,根据学生规模新建、改扩建移民学校,确保搬迁学生就学。加强教育教学质量和学生学业质量的监测评价,推动提高贫困地区义务教育办学质量。对高中阶段孩子,重点解决贫困地区高中阶段教育资源不足问题,使没有升入普通高中的初中毕业生都能进入中职学校,掌握一技之长,促进家庭脱贫。

对高等教育阶段的群体,主要是继续拓宽纵向流动通道。进一步扩大东西部职业学校联合招生规模,使贫困家庭学生有更多机会接受高等教育。完善就学就业资助服务体系。进一步完善贫困大学生资助政策体系,确保覆盖全部建档立卡的贫困大学生。落实贫困高校毕业生就业创业帮扶政策,建立贫困毕业生信息库,实行"一对一"动态管理和服务。利用高校毕业生就业信息服务平台,为贫困毕业生推送就业岗位,组织开展就业见习、职业技能和创业培训并按规定给予补贴。

贫困地区实施高校毕业生基层服务项目时,优先选拔招募本地户籍毕业生,落实各项优惠政策措施,构建毕业生到贫困地区基层"下得去、留得住、干得好、流得动"的长效机制。

对学龄后贫困人口,主要是为每个人提供职业培训机会。特别是针对职业农民、进城农民工等群体,加大职业培训力度,提升劳动者职业技能和就业创业能力,帮助他们脱贫致富。

加大对各类残疾人进入各类相应学校的支持力度,发展特殊教育。提高贫困地区残疾儿童教育普及水平,按照"一人一案"的要求,针对建档立卡的未入学适龄残疾儿童少年,采用多种形式安排其接受义务教育。

(二)教育扶贫的主要措施

一是强化责任。中央明确要求,脱贫攻坚实行中央统筹,省级负总责,市县抓落实。各有关部门把支持贫困地区教育事业发展摆上重要议事日程,建立工作协调机制,加强制度设计,研究解决教育脱贫有关重大问题,统筹推进教育脱贫工作。落实各项具体政策和工作任务,切实提高支持政策和项目的执行效率。同时,根据脱贫攻坚督察巡查工作总体安排,对教育脱贫攻坚工作实行国家重点督察、省市定期巡查、县级经常自查的督察机制,督察结果作为评价各地教育脱贫工作成效的重要内容,对落实不力的地区和单位进行问责。用好精准扶贫第三方评估机制。

二是加大财政支持力度。中央财政一般性转移支付、专项转移支付资金向贫困地区和贫困人口倾斜。结合脱贫攻坚任务和贫困人口变化情况,完善资金安排使用机制,精准有效使用教育资金,把教育经费花在刀刃上。各地要切实把教育脱贫作为财政支出重点予以优先保障,资金安排向教育脱贫任务较重的地区倾斜。加强财政监督检查和审计、稽查等工作,提高资金使用绩效。

三是广泛动员各方力量参与。继续组织好教育对口帮扶。发挥教育系统优势,面向贫困地区的实际需求,找准贫困领域,创新帮扶举措,在产业合作、科技成果转化、人才帮扶、决策咨询等方面进一步加大支持力度,务求实效。积极争取社会支持,积极引导各类社会团体、企业和有关国际组织开展捐资助学活动。发挥好工会、共青团、妇联等群团组织的作用,继续实施"金秋助学计划""春蕾计划""研究生支教团"等公益项目或志愿服务项目,组织志愿者到贫困地区开展扶贫支教、技能培训和宣传教育等工作。

(三)激发贫困地区内生动力

打铁还需自身硬,在脱贫攻坚冲刺期,贫困人口脱贫难度大,更需要引导贫困地区处理好国家、社会帮扶和自身努力的关系,引导贫困群众树立"宁愿苦干、不愿苦熬"的观念,发扬自力更生、艰苦奋斗、勤劳致富精神,传承中华民族重视家庭教育的优秀传统,注重扶贫先扶智,不断增强贫困地区"造血"功能和贫困群众自我发展能力。加大对教育脱贫的宣传力度,组织新闻媒体广泛宣传教育脱贫各项惠民、富民政策措施,宣传先进典型、推广经验做法。家庭是社会的细胞,要发挥好家庭在教育中的重要作用。强化贫困群众主体地位,充分调动贫困群众积极性和创造性,激发贫困群众主动脱贫、积极脱贫意识,靠辛勤劳动改变贫困落后面貌。

第五节　社会保障兜底一批

一、社会保障在精准扶贫中起着兜底性作用

社会保障是现代社会平稳运行的重要基石,是用经济手段解决社

会问题进而实现特定政治目标的重大制度安排,是维护社会公平、促进人民福祉和实现国民共享发展成果的基本制度保障。改革开放以来,党和政府高度重视通过社会保障来解除群众生活的后顾之忧并增进民众福祉。党的十六大和十六届四中全会明确提出:要健全社会保险、社会救助、社会福利和慈善事业相衔接的社会保障制度;党的十七大要求:以社会保险、社会救助、社会福利为基础,以基本养老、基本医疗、最低生活保障制度为重点,以慈善事业、商业保险为补充,加快完善社会保障体系,保障人民基本生活;党的十八大进一步提出:要坚持全覆盖、保基本、多层次、可持续方针,以增强公平性、适应流动性、保证可持续性为重点,全面建成覆盖城乡居民的社会保障体系。

我国的社会保障体系主要由社会保险、社会救助、社会福利和慈善事业四个部分组成。其中社会保险是指由国家依法建立的,使劳动者在年老、患病、伤残、生育和失业时,能够获得一定的经济收入保障的制度;社会福利是指国家针对社会中有特殊需要的个人和群体提供的津贴、物质和社会服务;社会救助是指国家和社会对因各种原因导致生活陷入困境,失去最低生活保障的社会成员给予的物质帮助,以满足其最低生存需要,维护其基本生存权利的一种社会保障制度;慈善事业是一种建立在社会捐献基础之上的公益性社会事业,重点关注贫困和弱势人群。社会保险强调权利义务对等,只有参加保险、履行缴费义务的公民才能获得相应的保险待遇;社会福利由政府提供,不需要个人缴费,也不需要审查家庭经济状况,强调对象的特殊性(如老年人、残疾人、孤儿等)和待遇的一致性;慈善事业以社会成员的善爱之心为基础,强调自愿性和灵活性,但具有不确定性,不是一项稳定的、法定的制度安排。社会救助是指由政府承担责任,为城乡贫困家庭提供物质帮助,使这些家庭能够抵御生存危机、维持基本生活的一种社会保障制度。社会救助不需要履行缴费或其他义务,需要进行家庭经济状况调查,因而是社会保障体系中的底部,具有"兜底保障"作用。

扶贫开发政策主要针对的"在扶贫标准下的具备劳动能力的农村人口",还有大量部分或全部丧失劳动能力的贫困人口无法通过扶贫开发增加收入摆脱贫困。为此,国务院于2007年在全国建立农村低保制度,重点救助因病残、年老体弱、丧失劳动能力以及生存条件恶劣等原因造成生活常年困难的农村居民,并要求"将符合条件的农村贫困人口全部纳入保障范围,稳定、持久、有效地解决全国农村贫困人口的温饱问题"。

最低生活保障是满足困难群众基本生活需求的一项社会制度。《社会救助暂行办法》第九条规定,"国家对共同生活的家庭成员人均收入低于当地最低生活保障标准,且符合当地最低生活保障家庭财产状况规定的家庭,给予最低生活保障"。最低生活保障以家庭为单位提出申请、给予救助,审批依据家庭贫困程度,不考虑社会身份,按照维持当地居民基本生活所必需的吃饭、穿衣、用水、用电等费用确定标准,是一种低水平的救助。

正是农村低保的制度定位和长期以来在扶贫工作中发挥的重要作用,赋予其"兜底脱贫"的重要功能。对于受先天条件所限、完全或部分丧失劳动能力的扶贫对象,依靠自身努力很难如期脱贫,只有通过农村低保实现"兜底保障",帮助他们脱贫,才能实现2020年全面建成小康社会的目标。

二、社会保障扶贫的进展情况

新中国成立以来,在党中央、国务院正确领导、各地党委政府高度重视和各有关部门的大力支持下,我国社会保障制度不断完善,社会救助工作成效斐然。城市低保对象从 1999 年建制之初的 256.9 万人增加到 2009 年最高时的 2346 万人,目前稳定在 1700 多万人;城市低保标准从 1999 年的月人均 149 元增长到 2015 年年底的 451 元,月人均补助水平从 45 元增长到 303 元,分别增长 203% 和 573%。农村低保自 2007 年全面建制后,救助对象从 3566 万人增加到目前的 4903 万人,救助标准从年人均 840 元增长到 3178 元,月人均补助水平从 39 元增加到 145 元,分别增长 278% 和 272%。各级财政支出的城乡低保资金从 1999 年的 15.4 亿元增加到 2015 年的 1596.6 亿元,其中中央财政低保补助资金从 4 亿元增加到 1171.48 亿元。各级财政投入的农村特困人员救助供养资金从 2006 年的 42.1 亿元,增加到 2015 年的 207.7 亿元;年平均集中供养标准、分散供养标准分别从 2006 年的 1608 元/人、1225 元/人,增加到 2015 年的 6026 元/人、4490 元/人。2015 年全国共实施医疗救助 8406.3 万人次,支出救助资金 250.3 亿元,其中中央财政补助 141 亿元,低保等重点救助对象政策范围内住院自负费用救助比例普遍达到 70% 以上。中央财政安排临时救助补助资金 42 亿元,流浪乞讨人员救助补助资金 20 亿元。此外,受灾人员救助和教育、住房、就业、疾病应急救助等专项救助也得到快速发展,有效缓解了困难群众遇到的多方面实际困难。

保障和改善民生是一项长期工作,没有终点站,只有连续不断的新起点。当前我国社会救助工作还面临着不少困难和问题。比如,城市社会救助和农村社会救助在制度设计、资源配置、服务管理、救助水平上还存在一定差异,城乡统筹发展不够;基本生活救助和专项救助尚未实现无缝对接,长期救助项目多,急难救助项目少,解决困难群众"急难"救助需求的政策手段还不够完善;救助方式单一,救助资源分散,综合施救滞后,针对救助对象的心理疏导、能力提升、社会融入等救助服务还处于起步阶段,社会力量特别是专业社工介入力度不够;基层社会救助经办力量薄弱,社会救助监管力度不够,导致"错保""关系保"等问题仍有发生等等。

当前,我国城乡低保水平也还不太高,相对救助水平不到55%,且地区差异较大。农村低保平均标准3178元/年/人,与2015年全国农村居民人均可支配收入(11422元)相比,占28%;与农村居民人均消费支出(9223元)相比,占34%。最高的上海市为9480元,最低的河南省仅为2232元。

三、完善农村社会保障的主要举措

(一)加强农村低保与扶贫开发政策的有效衔接

据统计,截至2015年年底,全国28个有扶贫任务的省份中,15个省份的平均农村低保标准低于国家扶贫标准;从县级层面看,1556个县(市、区)的农村低保标准低于2014年国家扶贫标准的2800元,占全国县(市、区)总数的49.8%;涉及农村低保对象3392.8万人,占农村低保对象总数的69.2%。这就要求切实做好农村最低生活保障(以下简称"低保")制度与扶贫开发政策有效衔接工作,确保到2020年现行扶贫标准下农村贫困人口实现脱贫。

加强农村低保与扶贫开发政策的有效衔接,要做好以下几方面。

一是加强标准衔接。农村低保标准低于国家扶贫标准的地方,要按照国家扶贫标准综合确定农村低保的最低指导标准。农村低保标准已经达到国家扶贫标准的地方,要按照动态调整机制科学调整。进一步完善农村低保标准与物价上涨挂钩的联动机制,确保困难群众不因物价上涨影响基本生活。各地农村低保标准调整后应及时向社会公布,接受社会监督。

　　二是加强政策衔接。要应扶尽扶,将符合条件的农村低保对象全部纳入建档立卡范围,及时给予产业扶持,帮助其脱贫增收。要应保尽保,加强农村低保家庭经济状况核查,及时将符合条件的建档立卡贫困户全部纳入农村低保范围,保障其基本生活。一方面争取将农村低保标准低于扶贫标准的地方,将低保对象、特困救助供养人员一并纳入生态保护、教育扶贫、医疗保障、资产收益以及社会扶贫等范围内,使他们也能够享受到国家脱贫攻坚战略带来的实惠;另一方面,要对建档立卡贫困人口中依靠扶贫开发暂时无法脱贫或脱贫后再返贫的家庭和人员及时纳入农村低保、特困救助供养或临时救助范围,给予相应救助保障。还要定期核查农村低保对象和建档立卡贫困人口,建立精准台账,实现应进则进、应退则退。

　　三是加强对象衔接。目前,扶贫部门建档立卡的贫困人口与民政部门的低保人口加上特困人员的总数相差较大,2014年的数据显示,只有1/3的低保人口被纳入建档立卡,有的地方更低。因此,要完善农村低保家庭贫困状况评估指标体系,以家庭收入、财产作为主要指标,根据地方实际情况适当考虑家庭成员因残疾、患重病等增加的刚性支出因素,综合评估家庭贫困程度。进一步完善农村低保和建档立卡贫困家庭经济状况核查机制,明确核算范围和计算方法。

　　四是加强管理衔接。对农村低保对象和建档立卡贫困人口实施动态管理。乡镇人民政府(街道办事处)要会同村(居)民委员会定期、不定期开展走访调查,及时掌握农村低保对象和扶贫开发对象家庭收入变化情况和日常生活情况。县级民政部门要采取多种方式加强管理服务,根据农村低保对象家庭收入、财产变化,及时增发、减发或停发低保金,并将建档立卡户领取低保金等享受社会救助情况提供给当地扶贫部门;县级扶贫部门及时把建档立卡户通过扶贫开发扶持增加收入情况提供给同级民政部门。

（二）稳步推进医疗救助工作

因病致贫、因病返贫是造成农村贫困的重要原因,据抽样调查占贫困发生率40%左右。农村低保仅仅能够保障贫困人口的基本生活,解决医疗问题还要靠医疗保险和医疗救助,这是脱贫攻坚"兜底保障"十分重要的内容。《中共中央 国务院关于打赢脱贫攻坚战的决定》要求对贫困人口参加医疗保险个人缴费部分由财政给予补贴,并将贫困人口全部纳入重特大疾病救助范围。目前看来,资金问题是医疗救助脱贫"瓶颈"。据测算,资助建档立卡的贫困人口全部参加新农合,年需新增资金57.5亿元;将贫困人口全部纳入重特大疾病医疗救助范围,年需新增资金546.3亿元;以上两项合计2016年资金缺口达603.8亿元。到2020年,累计需要投入资金2566亿元。中央财政和各级地方财政都需要加大投入,为医疗救助兜起脱贫攻坚的底提供物质保证。除此之外,要从以下四个方面指导各地加强医疗救助工作。一是指导地方调整完善医疗救助政策。对贫困人口参加医疗保险个人缴费部分给予定额补贴。在重特大疾病医疗救助方面,根据当地筹资情况,分类设置门诊、住院救助比例和封顶线,不断提高救助水平。二是加强与大病保险衔接。相关部门认真研究,抓紧制定大病保险与重特大疾病医疗救助衔接的政策措施,完善大病保险支付方式,提高保险在"上游"的保障能力,减轻"下游"救助压力,增强医疗救助托底保障功能。三是积极引导社会力量参与慈善医疗救助。民政部与国资委商定在63个央企定点扶贫县开展以参与医疗救助为主要内容的"同舟工程"是央企响应中央号召投身脱贫攻坚的重要实践,也为全社会作出了榜样。相关部门要积极鼓励其他社会力量尤其是公益慈善组织参与医疗救助,建立捐赠帮扶信息平台,落实相关支持、优惠政策,不断扩大社会参与。四是完善特困人员救助供养、临时救助等制度。2016年2月,国务院印发《关于进一步健全特困人员救助供养制度的意见》,以保障城乡特困人员基本生活。特困人员包括无劳动能力、无生活来源、无法定赡养,抚养、扶养义务人或者其法定义务人无履行义务能力的城乡老年人、残疾人以及未满16周岁的未成年人。针对特困人员救助,政府负有托底保障职责,为城乡特困人员提供基本生活、照料服务、疾病治疗和殡葬服务等方面保障,做到应救尽救、应养尽养。立足经济社会发展水平,科学合理制定救助供养标准,加强与其他社会保障制度衔接,实现特困人员救助供养制度保基本、全覆盖、可持续。县级以上地方人民政府要统筹做好本行政区域内特困人员救助供养工作,分级管理,落实责任,强化管理服务和资金保障,为特困人员提供规范、适度的救助供养服务。鼓励、引导、支持社会力量通过承接政府购买服务、慈善捐赠以及提供志愿服务等方式,为特困人员提供服务和帮扶,形成全社会关心、支持、参与特困人员救助供养工作的良好氛围。

(三)推进"三留守人员"关爱服务工作

当前留守儿童、留守妇女、留守老人问题越来越引起社会关注。要切实保障这一部分人员的生活福祉。一是按照国务院要求成立民政部牵头的农村留守儿童关爱保护工作部际联席会议制度,指导各地落实《关于加强农村留守儿童关爱保护工作的意见》,加强组织领导,制定实施方案,进一步健全救助保护机制和关爱服务体系。二是健全信息报送机制,督促指导基层政府建立翔实完备、动态更新的农村留守儿童、留守妇女信息台账。相关部门指导各地开展全面的农村留守儿童、留守妇女摸底排查。三是指导各地依托社会福利院、养老院、农村敬老院、救助管理站等机构和社区基层服务组织开展农村"三留守人员"关爱服务相关工作,动员引导社会组织、慈善力量和专业社工机构开展农村"三留守人员"关爱服务。发挥村(居)民委员会最了解农村贫困群众生活状况和救助需求的优势,指导其协助做好留守人员关爱服务等相关工作,为农村贫困群众人口排忧解难。

第六章　精准扶贫的路径探索与创新

第一节　就业创业扶贫

劳务收入是目前农民收入中增长最快的部分。随着工业化、城镇化步伐的加快,增加贫困家庭的劳务收入潜力很大。2015 年的统计数据显示,在 7000 多万建档立卡贫困人口中,有劳动能力的有 5000 多万人,其中外出务工人员 2000 多万人。引导农村地区劳务输出、以工代赈,积极帮扶农村贫困劳动力就业创业,是打赢脱贫攻坚战最直接、最有效、最根本的手段。

一、"十三五"时期就业创业扶贫面临的困难和挑战

促进农村贫困人口就业创业,帮助贫困人口通过就业创业获得收入,既是脱贫的重要途径之一,也是打赢脱贫攻坚战的重要任务。完成这项任务还面临不少困难和挑战。

(一)农村贫困劳动力就业的压力加大

随着我国经济增速换挡、结构调整加快、新旧动能转换,特别是化解产能过剩、淘汰"僵尸企业",不可避免会减少工作岗位,农村贫困劳动力输出

就业难度加大。同时,贫困地区经济规模较小,二三产业发展基础薄弱,拉动就业能力不足,吸纳农村贫困劳动力就地就近转移就业容量有限。

(二)农村贫困劳动力就业能力不足

贫困地区农村人口大多受教育程度低。2014年,在建档立卡贫困人口中,初中以下文化程度超过92%,绝大多数没有参加职业技能培训,影响了转移就业能力。随着企业转型升级对职业素质要求更高,一些低技能农村贫困劳动力转移就业将会面临更大困难。

(三)农村劳动力就业的质量有待提高

当前用人单位侵害农民工合法权益问题还大量存在。农民工劳动合同签订率偏低,就业稳定性较差;拖欠农民工工资问题有所反弹,农民工工资水平仍然不高;农民工参加职工社会保险的比例仍然偏低;农民工职业安全健康权益保障需要进一步加强。今后一个时期,受经济下行影响,一些企业生产经营困难,效益下降,资金紧张,侵害农民工权益问题可能反弹。

(四)农业人口平等享受城镇基本公共服务和在城镇落户仍存在困难

许多城市面向农民工的基本公共服务供给不足,农民工子女就学、住房保障、医疗卫生等问题突出。农民工进城落户存在障碍,中西部地区城镇化发展相对滞后,农业转移人口就近落户缺乏支撑;东部地区一些地方财力下降,对户籍改革积极性降低;农村"三权分置"如何处理问题尚未解决,农民工进城落户的意愿不强。农民工及其随迁家属处于"半市民化"状态,没有也难以真正融入城市。

二、就业创业扶贫的基本支撑

在全面建成小康社会的冲刺期,在脱贫攻坚期,要使贫困地区贫困人口通过就业创业实现脱贫,要求政府高度重视、强力推动,动员各方资源、搭建平台、畅通渠道、搞好服务;要求加强职业培训,增强贫困人口就业能力,实现脱贫致富。

(一)加强就业服务

建立农村贫困劳动力就业信息平台。通过建立农村贫困劳动力就业信息平台,实现与扶贫开发信息系统对接。各地扶贫部门要在建档立卡工作基础上,切实担负摸查贫困劳动力就业失业基础信息的责任。要定期联系、主动走访已就业贫困劳动力,及时掌握其就业失业情况,对未就业的摸清就业意愿和就业服务需求,对已就业的摸清就业地点、就业单位名称和联系方式。充分发挥行政村第一书记、驻村工作队作用,把摸查责任落实到人,谁摸查、谁负责,对信息不准确的重新摸查和录入。要多渠道开展信息摸查工作,有条件的地方可通过购买服务的方式予以支持。

切实维护已就业贫困劳动力劳动权益,指导督促企业与其依法签订并履行劳动合同、参加社会保险、按时足额发放劳动报酬,积极改善劳动条件,加强职业健康保护。要定期联系、主动走访已就业贫困劳动力,及时掌握其就业失业情况,对就业转失业的,及时办理失业登记,按规定落实失业保险待遇,提供"一对一"就业帮扶,帮助其尽快上岗。鼓励人力资源服务机构对已就业农村贫困劳动力持续、跟踪开展就业服务,按规定给予就业创业服务补贴。鼓励企业稳定聘用贫困劳动力,对吸纳符合就业困难人员条件的贫困劳动力就业并缴纳社会保险的企业,给予社会保险补贴,补贴期限不超过三年。对吸纳贫困劳动力较多的企业,优先给予扶贫再贷款。人力资源和社会保障部、国务院扶贫办将开展精准扶贫爱心企业创建活动,鼓励企业吸纳和稳定贫困劳动力就业。各地人力资源和社会保障部门、扶贫部门要积极协调有关方面,为在当地就业的贫困劳动力提供力所能及的人文关怀,帮助其适应就业岗位和城市生活,积极引导志愿者组织、慈善组织等社会团体为贫困劳动力及其家属开展关爱活动。

（二）加强就业培训

加强技能培训。以就业为导向,围绕当地产业发展和企业用工需求,统筹培训资源,积极组织贫困劳动力参加劳动预备制培训、岗前培训、订单式培训和岗位技能提升培训,提高培训的针对性和有效性,并按规定落实职业培训补贴。实施技能脱贫千校行动,组织省级重点以上的技工院校,定向招收建档立卡贫困户青年,帮助他们获得专业技能,在毕业后实现技能就业。对就读技工院校的建档立卡贫困家庭学生,按规定免除学费、发放助学金、提供扶贫小额信贷等,支持其顺利完成技工教育并帮助其就业。

实施农民工等人员返乡创业培训五年行动计划和新型职业农民培育工程、农村青年创业致富"领头雁"计划、贫困村创业致富带头人培训工程,开展农村妇女创业创新培训,让有创业和培训意愿的返乡下乡人员都能接受培训。建立返乡下乡人员信息库,有针对性地确定培训项目,实施精准培训,提升其创业能力。地方各级人民政府要将返乡下乡人员创业创新培训经费纳入财政预算。鼓励各类培训资源参与返乡下乡人员培训,支持各类园区、星创天地、农民合作社、中高等院校、农业企业等建立创业创新实训基地。采取线上学习与线下培训、自主学习与教师传授相结合的方式,开辟培训新渠道。加强创业创新导师队伍建设,从企业家、投资者、专业人才、科技特派员和返乡下乡创业创新带头人中遴选一批导师。建立各类专家对口联系制度,对返乡下乡人员及时开展技术指导和跟踪服务。

三、拓展就业创业空间

拓宽贫困劳动力就地就近就业渠道。东部省份、中西部省份经济发达地区要依托对口协作机制,结合产业梯度转移,着力帮扶贫困县发展产业,引导劳动密集型行业企业到贫困县投资办厂或实施生产加工项目分包。积极支持贫困县承接和发展劳动密集型产业,支持企业在乡镇(村)创建扶贫车间、加工点,积极组织贫困劳动力从事居家就业和灵活就业。鼓励农民工返乡创业、当地能人就地创业、贫困劳动力自主创业,支持发展农村电商、乡村旅游等创业项目,切实落实各项创业扶持政策,优先提供创业服务。对大龄、有就业意愿和能力、确实难以通过市场渠道实现就业的贫困劳动力,可通过以工代赈等方式提供就业帮扶。

(一)支持返乡创业带动就业

随着大众创业、万众创新的深入推进,越来越多的农民工、中高等院校毕业生、退役士兵和科技人员等返乡下乡人员开始到农村创业创新。返乡下乡人员创业创新,将现代科技、生产方式和经营理念引入农业,有利于提高农业质量效益和竞争力;有利于发展新产业新业态新模式,推动农村一二三产业融合发展;激活各类城乡生产资源要素,促进农民就业增收。针对返乡下乡人员创业创新,要鼓励和引导其在重点领域,通过多种形式推进产业融合。

一是突出重点领域。鼓励和引导返乡下乡人员结合自身优势和特长,根据市场需求和当地资源禀赋,利用新理念、新技术和新渠道,开发农业农村资源,发展优势特色产业,繁荣农村经济。重点发展规模种养业、特色农业、设施农业、林下经济、庭院经济等农业生产经营模式,烘干、贮藏、保鲜、净化、分等分级、包装等农产品加工业,农资配送、耕地修复治理、病虫害防治、农机作业服务、农产品流通、农业废弃物处理、农业信息咨询等生产性服务业,休闲农业和乡村旅游、民族风情旅游、传统手工艺、文化创意、养生养老、中央厨房、农村绿化美化、农村物业管理等生活性服务业,以及其他新产业、新业态、新模式。

二是丰富创业创新方式。鼓励和引导返乡下乡人员按照法律法规和政策规定,通过承包、租赁、入股、合作等多种形式,创办领办家庭农场林场、农民合作社、农业企业、农业社会化服务组织等新型农业经营主体。通过聘用管理技术人才组建创业团队,与其他经营主体合作组建现代企业、企业集团或产业联盟,共同开辟创业空间。通过发展农村电商平台,利用互联网思维和技术,实施"互联网+"现代农业行动,开展网上创业。通过发展合作制、股份合作制、股份制等形式,培育产权清晰、利益共享、机制灵活的创业创新共同体。

三是推进农村产业融合。鼓励和引导返乡下乡人员按照全产业链、全价值链的现代产业组织方式开展创业创新,建立合理稳定的利益联结机制,推进农村一二三产业融合发展,让农民分享二三产业增值收益。以农牧(农林、农渔)结合、循环发展为导向,发展优质高效绿色农业。实行产加销一体化运作,延长农业产业链条。推进农业与旅游、教育、文化、健康养老等产业深度融合,提升农业价值链。引导返乡下乡人员创业创新向特色小城镇和产业园区等集中,培育产业集群和产业融合先导区。

(二)以工代赈工程促进就业

自1984年国家组织开展以工代赈以来,累计安排中央资金近1300亿元,在贫困地区支持建设了一大批农业农村中小型公益性基础设施。特别是"十二五"期间,国家对以工代赈投入力度明显加大,年度平均投资是前26年的1.6倍。工程涉及新建基本农田、农田水利、乡村道路、水土流失治理、草场建设和村容村貌整治等,解决了 260 多万人、210 多万头大牲畜的饮水困难问题。同时,累计向参与工程建设的农村贫困群众发放劳务报酬超过 35 亿元。以工代赈在疏通与贫困群众密切相关的生产生活设施"最后一公里"障碍,进一步改善发展环境、促进贫困群众增收等方面发挥了重要的特殊作用,是广受贫困地区干部群众欢迎的扶贫开发政策之一。

"十三五"时期,要继续围绕上述重点任务,择优选择一批综合扶贫效益好、带动作用强的项目开展示范,以问题为导向,发挥以工代赈投资可以支持山、水、田、林、路建设的综合优势,统筹集中解决制约贫困乡村脱贫致富的共性问题,提升贫困乡村基础设施综合支撑能力。积极适应贫困地区发展建设新需求,探索创新以工代赈参与建设贫困地区农村公益性基础设施新领域,拓展发展新空间,着力建设其他专项难以覆盖的基础设施项目,创造一批可复制、可推广的扶贫开发新模式,推动以工代赈工程由单一项目向综合项目转变,由点、线建设向成片开发转变,由小型工程向跨村、跨乡重点扶贫项目转变。

(三)加强劳务协作

依托东西部对口协作机制和对口支援工作机制,开展省际劳务协作,同时要积极推动省内经济发达地区和贫困县开展劳务协作。贫困县要摸清本地贫困劳动力就业需求,并主动提供支援地,积极承接支援地提供的援助服务。支援地要广泛收集岗位信息,努力促进贫困劳动力与用人单位精准对接,提高劳务输出组织化程度;帮助贫困县健全公共就业服务体系,完善公共就业服务制度,提升就业服务能力;充分利用现代化手段开展远程招聘,降低异地招聘成本,提高招聘效率;支持贫困地区办好技工学校、职业培训机构和公共实训基地,重点围绕区域主导产业加强专业、师资、设备建设,提高技工教育和职业培训能力;加强对在支援地就业贫困劳动力的权益维护,提升其就业稳定性。在企业自愿申报的基础上,遴选一批管理规范、社会责任感较强、岗位适合的企业作为贫困劳动力就业基地,定向招收贫困劳动力。鼓励人力资源服务机构、农村劳务经纪人等市场主体开展有组织劳务输出,按规定给予就业创业服务补贴。鼓励地方对跨省务工的农村贫困人口给予交通补助。

第二节　资产收益扶贫

资产收益扶贫是一种新的扶贫开发方式,是将自然资源、公共资产或农户权益资本股份化,相关经营主体利用这类资产产生经济收益,贫困村与贫困户按照股份或特定比例获得收益的扶贫项目。目前已有四川、湖南、湖北、贵州、广西、黑龙江、陕西等省份开展"资产收益扶贫"制度探索。

一、资产收益扶贫的意义

随着扶贫开发工作的深入推进,一些地方围绕党的十八届三中全会提出的赋予农民更多财产权利的要求,积极探索盘活农村资源要素、提高财政资金使用精准度和贫困人口收入水平的有效途径,资产收益扶贫模式在一些地方逐渐落地开花,取得了一定的成效。

(一)资产收益扶贫是扶贫开发新形势的客观选择

当前,依然深陷贫困陷阱的群众中,因病因残致贫的比例明显上升,无劳动能力和弱劳动能力的贫困人口占到了较大比重,脱贫难度进一步加大。这部分贫困人口,难以通过增强其自我发展能力实现脱贫。

针对这样的贫困新形势,要求提升扶贫措施的针对性、精准性,探索新的精准扶贫模式。

(二)资产收益扶贫是农村生产关系变革的必然结果

随着经济社会事业的发展,农业比较效益较低、农村"空心化"问题日益突出,农民有资源没资产、有权利没收益,探索农村生产力发展新模式亟待所需。将农民和集体拥有的土地、林地、荒山、水面、房屋、农机具等资源要素盘活,让"不动产"变成"活资源",提高农村经营的集约化水平和组织化程度,实现农业经营主体利润最大化。

(三)资产收益扶贫是提高财政资金精准度的有效手段

国家强农惠农政策体系不断强化,针对农村脱贫攻坚的政策措施不断出台,各级财政资金投入规模巨大,但很多财政资金"造血"功能不足、使用效益不高。资产收益扶贫,可以通过发挥市场化机制,使财政资金和社会资本紧密结合,把原来一次性、无偿性投入的财政资金转变为贫困人口的股份,既提高了财政资金的精准度和使用效益,又可以为贫困人口带来持续收益,让农民在产业链条中占据应有的位置,形成企业和农民共享发展成果的良好局面。

二、资产收益扶贫模式

资产收益扶贫是扶贫开发的新模式,各地在实践中探索,还没有形成固定的模式。按照入股合作社资产来源区分,可以将资产收益扶贫分为三种模式:一是将投入合作社的国家财政专项资金、涉农资金和社会帮扶资金投入设施农业、养殖、光伏、水电、乡村旅游等项目形成的资产,可折股量化到农村集体经济组织,优先保障丧失劳动能力的贫困户,全部或部分量化给被识别的贫困农户,使贫困农户享有资产收益。二是鼓励和引导贫困户将已确权登记的土地承包经营权入股企业、合作社、家庭农(林)场与新型经营主体,形成利益共同体,分享经营收益。积极推进农村集体资产、集体所有的土地等资产资源使用权作价入股,形成集体股权并按比例量化到农村集体经济组织。三是创新水电、矿产资源开发占用农村集体土地的补偿补助方式,在贫困地区选择一批项目开展资源开发资产收益扶贫改革试点。通过试点,形成可复制、可推广的模式和制度,并在贫困地区推广,让贫困人口分享资源开发收益。

三、探索资产收益扶贫方式

以保护农村集体经济组织及其成员合法权益为核心,赋予贫困农户更多的财产权利。以探索经济效益好的产业项目为依托,以财政扶贫资金和财政涉农资金项目形成的资产股权量化为突破口,提高农民组织化程度,发展农村股份合作制经济,建立与贫困农户稳定的利益联结机制,增加贫困农户资产收益,实现脱贫致富。

(一)推进农村集体资产折股量化

鼓励农村集体经济组织在明晰集体产权归属基础上,以清产核资、资产量化、成员界定、股权设置、股权管理、收益分配为主要内容,将经营性资产和预期可以带来收益的资源性资产折股量化到本集体经济组织成员,成立股份合作社,按照《农民合作社法》在工商部门注册登记,以法人资格参与市场竞争,或入股龙头企业、农民合作社等经营主体。鼓励农村集体经济组织成立的股份合作社按照一定比例设立集体扶贫股,扶贫股收益分配给"建档立卡"户中自主创收能力弱特别是失能弱能的贫困户,使其获得更多分红收益。

(二)探索农村集体经营性建设用地使用权入市收益分配改革

农村集体经济组织通过出租、入股方式获得的收益,在分配时可将应计提的公积公益金按一定比例分配给贫困户;通过出让、转让方式取得的公积公益金,可以入股其他经营主体,允许将集体股份按一定比例分配给贫困户持有,使其获得更多的分红收益。

(三)探索水电矿产资源开发项目占用农村集体土地入股改革

在贫困地区建设水电、风电和矿产等资源开发项目时,探索以被征用占用集体土地的补偿费入股项目、参与分红,农村集体经济组织可折股量化给本经济组织成员或者被占地的承包农户,其中可将集体股权按一定比例量化到贫困户,让其分享更多的资源开发收益。

(四)探索财政专项扶贫资金和涉农资金及形成的资产折股量化改革

财政专项扶贫资金在不改变资金性质的前提下,转为农村集体经济组织和贫困户持有的资本金,折股量化到村到户后,投入到有能力、有扶贫意愿、能带动贫困户就业、增收效果好的企业、农民合作社、种养大户等经营主体,贫困农户可以持股参与生产经营或者直接参与收益分红。财政专项扶贫资金和其他涉农资金投入建设具有较强赢利能力的项目形成的资产(包括存量和增量资产),具备条件的可将适合量化的资产按一定比例折股给贫困户。贫困户可以以量化资产股份入股农村集体经济组织(股份经济合作社、土地股份合作社)、基层供销合作社、农民合作社或其他经营主体,获得稳定分红收益。以前年度投入到农村集体经济组织、农民合作社或基层供销合作社的财政涉农资金形成的经营性资产,经农村集体经济组织民主决策或全体社员同意,可折股量化给贫困户享有分红收益。

(五)积极探索"以工代赈资产变股权、贫困户变股民"的资产收益扶贫新模式

支持具备条件的地区,将以工代赈投入贫困村道路、水利设施等不

宜分割的资产折股量化到农村集体经济组织,或参股当地发展前景较好的特色产业、旅游开发、矿产资源开发等项目,并在农村集体经济组织的收益分配时对建档立卡贫困户予以倾斜支持,使贫困户从以工代赈"佣金"单一来源收益向"佣金、股金"等多元收益转变。

（六）激活贫困户自有资产资源

鼓励贫困户以承包土地经营权、林权、住房财产权、农机具等要素入股农村集体经济组织牵头成立的土地股份合作社或农民合作社、基层供销合作社、龙头企业、各类公司等经营主体,采取"保底收益+按股分红"等方式,实现收入增长。通过财政补助办法引导贫困户将承包土地经营权、林权通过出租、转包、代耕代种、联耕联种、土地托管等形式,有序流转到家庭农场、种养大户、农民合作社等新型经营主体,增加资产收益。

（七）建立金融扶贫精准服务制度

深入推进金融富民扶贫工程,开展贫困户评级授信工作,支持金融机构为贫困户提供免担保、免抵押的扶贫小额信贷,由财政按基准利率贴息,确保符合条件的贫困户得到有效支持。探索"贫困户贷款+带资入企+就业分红"等方式,将贷款以受托支付方式交由龙头企业、农民合作社等经营主体集中使用,贫困户参与经营和分配,实现创业增收。积极探索农村土地承包经营权和农民住房财产权、林权等抵押担保贷款工作。加大创业担保贷款、助学贷款、妇女小额贷款、康复扶贫贷款力度。支持贫困地区培育发展农民资金互助组织,开展农民合作社信用合作试点工作。发展扶贫小额信贷保险、农业种养业保险项目,扩大农业保险覆盖面,对贫困户保证保险费予以补助。支持贫困地区开展特色农产品价格保险,有条件的地方可给予一定保费补贴。

四、资产收益扶贫的保障措施

加强组织领导。各地人民政府要落实领导责任制,把增加贫困户资产收益作为脱贫攻坚的一项重要任务来抓。省级财政、水利、农业、林业、供销等部门要根据各自职能提出相应的实施意见或实施方案。各市、县要细化政策措施,积极组织试点,强化监督管理,明确实施主体对资金、资产的保值增值责任,确保资产收益及时回馈给持股贫困户。要切实加强统筹规划、组织协调、政策宣传、督促指导、检查考核等工作。

积极推进确权颁证工作。贫困地区要加快推进农村土地承包经营权、农村宅基地和集体建设用地使用权、农村集体林权、农村房屋所有权、农村小型水利工程产权等农村产权确权颁证工作。

推进农村产权流转交易市场建设。要建立健全县、乡两级农村产权流转交易市场,逐步发展成集信息发布、产权交易、法律咨询、资产评估、抵押融资等为一体的为农服务综合平台,使农村集体及个人资产在流转过程中实现价值最大化。

完善监督机制。实施主体股权量化要严格财务手续,确保财政资金和集体资金安全完整,严禁借农村产权制度改革和股权量化损公肥私,化国家、集体资金归个人所有。要按照民主管理的原则,强化资金管理,严格审批程序,规范财务核算,完善财务公开,接受主管部门和乡(镇)人民政府监督。县级主管部门要加强项目资金使用的监管,建立资金投入风险评估机制和资金退出机制,实施专项资金财务监管,确保资金安全、发挥效能。

完善激励机制。对支持贫困户增加资产收益工作开展好的县,要在财政专项扶贫资金和其他财政涉农资金安排上予以倾斜。各县要统筹安排补助资金,对资产扶贫成效显著的实施主体要加大支持力度。

第三节 旅游扶贫

改革开放以来,我国实现了从旅游短缺型国家到旅游大国的历史性跨越。随着全面建成小康社会持续推进,旅游已经成为人民群众日常生活的重要组成部分。"十二五"期间,旅游业全面融入国家战略体系,走向国民经济建设的前沿,成为国民经济战略性支柱产业。旅游业对社会就业综合贡献度为10.2%。旅游业成为传播中华传统文化、弘扬社会主义核心价值观的重要渠道,成为生态文明建设的重要力量。近年来,乡村旅游的兴起,为贫困地区旅游资源的开发和贫困人口的脱贫致富带来了新的契机。依托贫困地区特有的自然人文资源,深入实施乡村旅游扶贫,在精准扶贫、精准脱贫中发挥着重要作用。

一、旅游扶贫具有多重优势

一是旅游扶贫在脱贫攻坚战中具有独特的优势。按照2300元(2010年不变价)的扶贫标准,截至2014年,全国农村贫困人口还有7000多万。这些贫困人口,大都分布在深山区、石山区、高寒山区和少数民族聚居区,扶贫开发成本很高。这些扶贫攻坚最难啃的"硬骨头",在《中国农村扶贫开发纲要(2011—2020年)》中被划分为14个连片特困地区,如六盘山区、秦巴山区、武陵山区、乌蒙山区、滇桂黔石漠化区、滇西边境山区等。这些地区是中国最贫困的地区,但同时也是中国旅游资源最丰富的地区。据统计,我国70%的优质旅游资源分布在中西部地区、边境地区和革命老区等贫困地区。在全国832个贫困县中,有近 300 个县属于国家主体功能区的限制开发县,经济发展落后却生态环境良好。在 2014 年全国 2.8 万个建档立卡贫困村中,有近一半的村庄,地势依山傍水、环境清丽秀美、文化原汁原味,具备发展旅游业的良好条件。

二是旅游扶贫投入小、门槛低、带动性强、覆盖面广。与许多产业相比,旅游业产业链长、产业面广,涉及吃、住、行、游、购、娱等,发展旅游业,个人投入小、就业容量大、门槛低、方式灵活,群众可以开农家乐,办家庭宾馆,卖当地特色产品、有机农产品等,参与面广、受益面大,能充分调动人民群众的巨大潜能。据不完全统计,旅游业的关联行业超过 110 个,对相关产业贡献不断凸显,对住宿业的贡献率超过 90%,对民航和铁路客运业的贡献率超过 80%,对文化娱乐业的贡献率超过 50%,对餐饮业和商业的贡献率超过 40%。发展旅游业,可以有效带动贫困地区相关产业发展,激活一片贫困地区经济社会的活力,有助于连片特困地区整体脱贫。

三是旅游扶贫效果好、持续性强、返贫率低。旅游扶贫更多的是一种机会扶贫,与社会救助等帮扶方式不同,不是通过社会救助,依靠他人的施舍脱贫,而是通过开发旅游资源,发展旅游业,为贫困人口提供就业、创业机会,增强他们的自我发展能力,最后通过自己的辛勤劳动脱贫,甚至走上致富道路。旅游扶贫不仅经济效果好,而且容易形成良性循环,持续性强。贫困群众通过融入旅游业,向游客提供服务、农产品、当地特产等依法取得收益来脱贫,这是一种平等的、有尊严的脱贫方式。这会增强贫困群众的自信心、成就感,同时不断提升他们自身的发展能力,进而发展更好,增强持续发展能力,形成良性循环。通过旅游扶贫方式脱贫后,一般很少会返贫,因为在脱贫的过程中,贫困群众增强了自信、自立、自强的意识,他们会不断寻求机会,发展自己,这是物质上和思想上的共同脱贫,这才是真正的脱贫。

四是旅游扶贫有利于生态环境保护,建设美丽中国。美丽中国才是发展中国旅游业的基础,拥有良好的生态环境才能吸引游客前来,旅游业是"绿水青山就是金山银山"的最佳诠释。大力发展旅游扶贫,有利于资源节约、环境保护,有利于促进生态文明建设。因为,经过改革开放近四十年的发展,国民已经深刻认识到,对自然资源掠夺式的利用,是涸泽而渔、焚林而猎,是在断送旅游业发展的根本。发展旅游必须尊重自然、保护生态环境。旅游扶贫,还可以让过去鲜有人知的壮美山河为大家所知,我国很多贫困村庄都在人迹罕至的地方,通过旅游扶贫,可以让大家有机会到这些地方去,对我们祖国了解更详细,更加热爱祖国。旅游扶贫,还可以把千百年来许多民族沉淀的文化呈现出来,在最后剩下的扶贫"硬骨头"中,许多是少数民族居住地区,这些地区有不少依然保留着原汁原味的民族文化,通过旅游扶贫,可以更好地将这些文化保护起来,让大家进行学习交流发展。

五是旅游扶贫是就地扶贫,有利于促进农村的整体发展。旅游扶贫与外出打工脱贫、易地搬迁脱贫等不同,是一种既不离乡又不离土的就地扶贫,可以解决当前农村存在的一系列社会问题,有利于改善农村的生活环境,促进农村的整体发展。当前,为了增加收入,摆脱贫困,农村青壮人员大量外出务工,导致当前农村产生一系列的经济社会问题,如部分农村地区土地荒废、空心村、留守妇女、留守老人、留守儿童等。据人民网最新调查显示,仅留守儿童就多达6100万,这些孩子的教育、健康、心理等方面都存在很大的问题,解决不好,隐患很多。通过旅游扶贫,贫困群众就地脱贫、致富,基本上可以避免上述问题。同时,通过发展旅游业,可以直接或间接地推动当地农村基础设施改善,改善农民的生活环境,提升贫困人口的素质,改变贫困的整体面貌。

二、旅游扶贫前景远大

一是旅游扶贫成效初步显现。近些年,随着旅游业的加快发展,乡村旅游显现出勃勃生机,带动大量农村贫困人口脱贫致富。2014年,多达36亿的国内旅游人次,有18亿在乡村,农民直接接待的超过6亿人次。2014年,中国农家乐超过190万家,乡村旅游特色村10万个,乡村旅游营业收入达3200亿元,带动超过3300万农民受益,不少贫困人口脱贫致富。如河南栾川县的重渡村,通过发展乡村旅游,农民人均纯收入从1999年的400多元增加到2014年的2.75万元。红色旅游也是脱贫致富的有效途径。"重走长征路""挺进大别山"等许多红色旅游产品,带动革命老区发展。山东临沂市通过发展红色旅游,带动近500个村、10多万人脱贫致富。

二是旅游扶贫发展空间巨大。按照国际旅游业的发展规律,一个国家或地区人均GDP超过5000美元,旅游将进入大众化日常性普遍消费阶段。我国人均GDP超过7000美元,正处于旅游消费需求爆发式增长时期。2014年,中国城乡居民年人均出游只有2.6次,仅为世界旅游发达国家的1/6—1/5,还有不小的差距。近些年,每逢五一、国庆等假期,我国各景点都游客爆满,高速公路堵车,旅馆难订,旅游业的发展明显难以满足大家的需求。而且,近几年中国城市居民周末休闲和节假期出游,70%以上选择在周边的乡村旅游点,中国主要城市周边的乡村旅游接待人数年增长均高于20%。这些都说明,未来20年乃至35年,中国旅游业发展仍有巨大的空间,旅游扶贫大有可为。

三是旅游扶贫将发挥更大作为。《中国农村扶贫开发纲要(2011—2020年)》首次提出大力推进旅游扶贫。2013年,中共中央办公厅、国务院办公厅印发的《关于创新机制扎实推进农村扶贫开发工作的意见》专门对乡村旅游扶贫工作进行了阐述,并明确到 2020 年,要扶持约 6000 个贫困村开展乡村旅游,带动农村劳动力就业。2014 年《关于实施乡村旅游富民工程推进旅游扶贫工作的通知》将目标进一步细化,提出到 2020 年,力争每个重点村乡村旅游年经营收入达到 100 万元。每年通过乡村旅游,直接拉动 10 万贫困人口脱贫致富,间接拉动 50 万贫困人口脱贫致富。2015 年 7 月,国家旅游局和国务院扶贫办提出,到 2020 年,要通过引导和支持贫困地区发展旅游使约 1200 万贫困人口实现脱贫,约占全国 7017 万贫困人口的 17%。旅游扶贫的重要性不断得到认识,旅游扶贫将发挥更大的作用。

三、努力开创旅游扶贫新局面

一要摸清"家底",做好规划。贫困地区具有丰富的旅游资源,但具体每个地区有什么样的资源,有什么样的特色,要进行摸底,要了解清楚。在弄清旅游资源分布的详细情况下,编制好贫困地区的旅游发展规划。编制规划要注意把握好几个原则:首先,要具体,能具体到村最好具体到村。其次,要有明确的核心产品,也就是说开发主题要明确。当地是自然风景优美,要打造自然风景区,还是村寨有特色,有少数民族文化、风情,打造特色文化旅游等,要明确发展方向。第三,要设计好扶贫路径。目前,旅游带动农村贫困人口脱贫的途径主要有五条:一是直接从事乡村旅游经营以增加收入;二是在乡村旅游经营中提供服务以获得报酬;三是通过在旅游区出售当地特产以获得收益;四是通过参加旅游合作社和土地流转以获取租金;五是通过提供要素参与乡村旅游经营以获取入股分红。在编制规划时,要把帮助贫困户脱贫的方式明确。

二要努力扩大旅游扶贫的带动力。旅游的一大特点是关联行业多,旅游扶贫的显著优点是带动性强、覆盖面广。发展旅游扶贫要努力发挥其带动性强的特点。一是在做规划时就要对旅游区可能带动的产业、产品等情况进行详细摸底,进行旅游开发时要尽量把潜力都挖掘出来,带动相关产业发展,激活当地经济社会的活力;二是要对旅游区内及附近的贫困户情况做详细了解,然后根据每户的不同情况,选择不同的扶贫方法进行安排,使这些贫困家庭尽可能通过发展旅游得到精准帮扶,实现脱贫增收。

三要大力改善旅游扶贫地区的基础设施。贫困地区面临的一个共同难题,就是其基础设施和公共服务设施落后。实施旅游扶贫面临的重要挑战就是基础设施严重滞后,难以满足现代旅游需要。要多方筹措资金,加快旅游扶贫地区的水、电、交通、通信等基础设施建设,同时要做好旅游区内停车场、厕所改造、垃圾处理等问题。要保证游客能够方便顺利出入旅游区,能在旅游区住得安心、吃得放心、玩得舒心。

四要大力发展乡村旅游和红色旅游。实践证明,这两种旅游方式都能够很好地带动农村贫困人口脱贫。发展乡村旅游,不仅能带动农民增收,而且对推动农民思想观念、行为方式和生活方式等能产生重大影响,增强贫困村民的自我发展意识和能力。发展红色旅游,不仅能够带动老区贫困群众脱贫,而且可以进行爱国主义教育,弘扬红色文化,一举多得。革命老区大多具有良好的自然生态环境、丰富的红色文化和民族历史文化,发展红色旅游可以与发展生态旅游、民族文化旅游、乡村旅游密切结合起来,形成复合型、特色化的发展方式。

五要利用"互联网+"等多种手段加强宣传,吸引广大游客到贫困乡村旅游。酒香也怕巷子深,贫困地区发展旅游,往往是全新的旅游点,即使风景如画,也难为人知,没有人来。没有客源,旅游扶贫将是一句空话,因此能否搞好市场推广将是决定旅游扶贫成效的最关键因素。因此,要用好"互联网+",利用互联网方便、快捷的特点尽快地将旅游新成果、新亮点推介出去。同时,利用其他各种媒体加大对贫困乡村旅游的宣传,可以在该地及附近的机场、高速公路、国道、城区道路等地方树立宣传牌。中央电视台、省市县等电视台要专门开辟出公益频道加大宣传。旅游管理部门也可以通过举办各省旅游推介会,评选全国百优乡村旅游品牌等方式加大宣传力度。

六要打通部门合作渠道,整合力量共同推动旅游扶贫。旅游业是综合性产业,涉及方方面面。旅游扶贫要涉及规划对接、项目审批、用地保障等一系列问题,要涉及交通、农业、林业、水利等部门。要将旅游扶贫工作有机融入党委政府扶贫攻坚大局,打通部门间合作渠道,建立协调推进机制。推动旅游部门与发改、财政、国土、建设等部门协调推进项目、用地、资金、城乡建设规划等工作,与交通、商务、农业、林业、水利、文体、卫生等部门共同推进产业融合发展,与宣传、新闻出版广电等部门联合开展宣传推介,与扶贫等部门共同开展旅游扶贫等,整合力量共同推动旅游扶贫工作。

第四节　电商扶贫

近年来,随着互联网的普及和农村基础设施的逐步完善,我国农村电子商务发展迅猛,交易量持续保持高速增长,已成为农村转变经济发展方式、优化产业结构、促进商贸流通、带动创新就业、增加农民收入的重要动力。

一、电商扶贫发展背景

(一)互联网基础设施不断强化为电商扶贫发展提供了基础

俗话说,"要想富,先修路",在互联网时代,则是"要想富,先联网"。近年来,我国加快实施"宽带中国"战略,组织开展国家新一代信息基础设施建设工程,推进宽带网络光纤化改造,加快提升移动通信网络服务能力,促进互联网间互联互通,贫困地区的互联网发展水平大幅提升。2015年,我国光纤到户覆盖家庭已达到3.66亿户,宽带家庭普及率超过50%。我国固定宽带用户平均接入速率达14.4Mbps,相比2014年年底提升了近1.2倍,特别是中西部地区得到较快发展。同时贫困地区水电路建设全面提升,354万无电人口的用电问题得到解决,14个集中连片特困地区新建农村公路总里程达到124万公里。这些基础设施建设有力地提升了贫困地区的经济发展能力。

(二)电商扶贫经济效益初步显现

从"工业时代"到"信息时代",从"授人以鱼"到"授人以渔",贫困地区的电子商务取得了良好的经济效益。自2014年国家推进电子商务进农村综合示范以来,已累计安排资金48亿元,支持了256个示范县开展农村电子商务。其中国家扶贫开发工作重点县103个,占比达到40.2%,贫困地区电子商务由原来的自发式发展进入到有组织的集群式快速发展阶段。目前,国务院扶贫办和苏宁共同打造的"电商扶贫双百示范行动",覆盖100余个贫困区县,惠及1万余个贫困村。农村淘宝已覆盖22个省份147个县市,包括31个国家扶贫开发工作中重点县和42个省级扶贫开发工作重点县。2014年,832个国家扶贫开发工作重点县和片区县在阿里零售平台上共同完成消费1009.05亿元,同比增长59.84%,完成销售19.30亿元,同比增长57.01%,网店销售额超过1亿元的贫困县由2013年的11个增加到21个。2015年在国家扶贫日前后六天时间里,832个国家扶贫开发工作重点县和片区县就在阿里零售平台消费了23.53亿元的产品,极大地带动了贫困地区脱贫致富。

（三）出台电子商务相关政策

《国务院办公厅关于促进农村电子商务加快发展的指导意见》要求，深入开展电子商务进农村综合示范，优先在革命老区和贫困地区实施，有关财政支持资金不得用于网络交易平台的建设。把电子商务纳入扶贫开发工作体系，以建档立卡贫困村为工作重点，提升贫困户运用电子商务创业增收的能力，引导鼓励电商企业开辟革命老区和贫困地区特色农产品网上销售平台，与合作社、种养大户等建立直采直供关系，增加就业和增收渠道。重点支持老少边穷地区物流设施建设，提高流通效率。《国务院关于促进快递业发展的若干意见》就完善农村、西部地区服务网络提出了明确要求。中共中央、国务院《中共中央　国务院关于打赢脱贫攻坚战的决定》进一步明确了开展"互联网+"扶贫的相关政策，提出实施电商扶贫工程。

二、电商扶贫的发展制约

从总体上看，贫困地区农村电子商务发展仍处于起步阶段，存在电子商务基础设施建设滞后，缺乏统筹引导，电商人才稀缺，市场化程度低，缺少标准化产品，贫困群众网上交易能力较弱等问题，影响了农村贫困人口通过电子商务就业创业和增收脱贫的步伐。

电信普遍服务补偿机制有待完善。农村及贫困地区经济基础相对薄弱、地理环境复杂、人口居住分散，宽带建设和运行维护成本高、收益低，存在一定程度的市场失灵，城乡数字鸿沟呈扩大趋势。目前，农村宽带家庭普及率比城市地区低约40个百分点，超过98%的未通宽带行政村和超过80%的需要升级改造行政村都集中在中西部地区，特别是贫困地区。从国际上看，建立完善电信普遍服务补偿机制，支持促进农村及贫困地区改善电信基础设施条件是通行做法。2015年10月，国务院常务会议明确改革创新电信普遍服务补偿机制,重点支持农村及偏远地区宽带网络建设和运行维护。力争到2020年完成约5万个未通宽带行政村通宽带,约15万个已通宽带行政村接入能力光纤化,为超过3000万农村家庭提供宽带覆盖升级,加快推进宽带网络覆盖贫困村,用信息技术促进贫困地区群众脱贫致富。

三、实施电商扶贫的重要举措

电商扶贫的总体目标是逐步实现对有条件的贫困地区的全覆盖,贫困县形成较为完善的电商扶贫行政推进、公共服务、配套政策、网货供应、物流配送、质量标准、产品溯源、人才培养等体系。

将电商扶贫纳入脱贫攻坚总体部署和工作体系,实施电商扶贫工程,推动互联网创新成果与扶贫工作深度融合,带动建档立卡贫困人口增加就业和拓宽增收渠道,加快贫困地区脱贫攻坚进程需要做好如下几方面的工作:

一是加快改善贫困地区电商基础设施。深入推进电子商务进农村综合示范,重点向国家级贫困县倾斜。扎实推进贫困地区道路、互联网、电力、物流等基础设施建设,改善贫困地区电商发展基本条件。到2020年,宽带网络覆盖90%以上的贫困村,80%以上的贫困村有信息服务站。加强交通运输、商贸、农业、供销、邮政等农村物流基础设施共享衔接,推进县、乡、村三级农村物流配送网络建设,加快贫困地区县城老旧公路客运站改造,推动有条件的贫困村客运场站信息化建设,提升电商小件快运服务能力。推进电信普遍服务试点工作,大力实施信息进村入户工程。

二是促进贫困地区特色产业发展。结合贫困村、建档立卡贫困户脱贫规划,确立特色产业和主导产品,推动"名特优新""三品一标""一村一品"农产品和休闲农业网上营销。制定适应电子商务的农产品质量、分等分级、产品包装、业务规范等标准,推进扶贫产业标准化、规模化、品牌化。扶持一批辐射带动能力强的新型农业经营主体,培育一批农村电子商务示范县、示范企业和示范合作社。对农产品质量安全检验检测、产地认证、质量追溯、田头集货、产地预冷、冷藏保鲜、分级包装、冷链物流设施等方面给予支持。

三是加大贫困地区电商人才培训。以精准扶贫为目标,针对建档立卡贫困户、电商创业脱贫带头人、农村青年致富带头人、村级信息员和残疾人专职委员等,制定电商培训计划。整合各类培训资源,开展电商扶贫,培训农村青年电商高端人才,实现每个贫困村至少有 1 名电商扶贫高级人才,形成一支懂信息技术、会电商经营、能带动脱贫的本土电商扶贫队伍。建立贫困学员档案,跟踪贫困人口电商就业创业进展和需求,及时对接后续服务。

四是鼓励建档立卡贫困户依托电商就业创业。为符合条件的贫困地区高校毕业生、返乡创业农民工和网络商户等发展电子商务提供创业担保贷款,支持贫困村青年、妇女、残疾人依托电子商务就业创业。实施农村青年电商培育工程,支持和指导返乡大学生、青年农民工、大学生村官和农村青年致富带头人通过电商创业就业。结合"巾帼脱贫行动",扶持贫困妇女参加电商培训,挖掘自身特长,灵活就业创业。发展适合贫困残疾人的电商产业,扶持一批电商助残基地,实施电商助残扶贫行动。组织开展返乡创业试点,积极调动市场资源对接贫困试点地区。

五是支持电商扶贫服务体系建设。动员有志于扶贫事业的电商企业,搭建贫困地区产品销售网络平台和电商服务平台。支持银行业金融机构和非银行支付机构研发满足贫困地区电子商务发展需求的网上支付、手机支付等产品,加快贫困村村级电商服务点、助农取款服务点建设。鼓励贫困县成立电商扶贫协会等社会组织,为农村群众特别是贫困户提供产品集货、分级包装、品牌营销、物流配送、售后保障等服务,提高应对市场的能力;完善中国邮政县乡仓储中心布局;鼓励支持跨境电商发展。

六是推进电商扶贫示范网店建设。加快贫困村电商扶贫村级站点建设,重点打造4万家电商扶贫示范网店,通过贫困农户创业型、能人大户引领型、龙头企业带动型、乡村干部服务型等多种建设模式,完善电商扶贫示范网店与建档立卡贫困户利益联结机制,以保护价优先收购、销售贫困户农特产品,并义务为建档立卡贫困户提供代购生产生活资料、代办缴费购票等业务,形成"一店带多户""一店带一村"的网店带贫模式。中国邮政计划到2020年建成50万个邮乐购站点,实现自有网点对贫困县全覆盖、对有条件的贫困村全覆盖。

七是整合资源,对基层传统网点实施信息化改造升级。加快全国信息进村入户村级信息服务站建设,支持贫困地区"万村千乡"农家店、邮政、供销合作社、快递网点、村邮站和村级综合服务中心(社)信息化改造,拓展经营服务内容,在提供便民超市、农资代销等传统服务的基础上,增加网上代购代售新型服务功能。

八是加强东西部电商扶贫产业对接协作。充分利用东西部扶贫协作工作平台,深化东西部电商产业交流合作。东部省市帮助扶贫协作省份贫困地区建设一批扶贫产业基地,培育一批扶贫龙头企业和合作社,引进一批有扶贫意愿的优质电商企业,组织一批贫困人口通过参与电商扶贫产业链环节增收。贫困地区要充分利用本地劳动力、土地、资源等优势,主动配合做好电商扶贫产业对接协作,承接东部发达地区电商产业转移,支持建立东西部电商扶贫产业对接协作联盟。

九是加强宣传,动员社会各界开展消费扶贫活动。以每年扶贫日为时间节点,组织有关电商企业和网络平台,共同举办"邀您一起来网购"等消费扶贫体验活动,集中购买贫困地区土特产品,培育全社会消费扶贫意识,逐步形成电商扶贫的品牌产品、品牌企业。加强贫困地区优质特色农产品、民族手工艺品、休闲农业的宣传推介,鼓励支持电商平台常年开展富有特色的网购活动,共同营造消费扶贫的良好氛围。

第五节　健康扶贫

健康是人类生存的一项基本权利。实施健康扶贫,就是让贫困地区贫困人口"看得好病、看得起病、看得上病、少生病",保障贫困人口享有基本医疗卫生服务,防止因病致贫。

一、健康扶贫的重要意义

(一)实施健康扶贫,是实现农村贫困人口脱贫的关键

因病致贫、因病返贫是建档立卡贫困家庭最主要的致贫因素。习近平总书记、李克强总理多次谈到因病致贫、因病返贫问题,指出因病致贫是各种致贫原因中比例最高的,也是导致脱贫工作不可持续的主要原因。一些群众"辛辛苦苦奔小康,得场大病全泡汤"。数据显示,截至 2013 年年底,因病致贫、因病返贫贫困户有 1256 万户,占建档立卡贫困户总数的 42.4%。其中,患大病的有 17 万人,占 4.7%,患长期慢性病的有 1504 万人,占 16.8%。在各种致贫原因中,因病致贫在各地区都排在最前面。由于贫困地区自然条件差、发展起步晚,经济社会发展落后,贫困家庭收入主要依靠外出务工和家庭农业收入,缺乏财

产性收入,收入来源比较单一。因此一旦家庭成员患上大病,治病不但花去多年积蓄,甚至负债累累;更有一些家庭因无钱治病,只能"小病扛,大病躺",结果"小病拖大,大病拖炸",深陷贫病交加之中不能自拔。因病致贫家庭是脱贫攻坚的一大难点。

习近平总书记指出,脱贫攻坚要取得实实在在的效果,关键是要找准路子、构建好的体制机制,抓重点、解难点、把握着力点。开对了"药方子",才能拔掉"穷根子"。实施健康扶贫,保障农村贫困人口享有基本医疗卫生服务,就是要抓住因病致贫、因病返贫这个"牛鼻子",瞄准因病致贫的家庭、瞄准因病致贫的原因,整合现有各类医疗保障、资金项目、人才技术等政策,采取更加有效的政策措施,综合施策,精准施策,切实拔掉因病致贫、因病返贫这个贫困问题的"病根"。

(二)实施健康扶贫,是推进健康中国建设、全面建成小康社会的必然要求

习近平总书记指出,没有全民健康就没有全面小康。党的十八届五中全会作出了"推进健康中国建设"的决策部署,把推进健康中国建设提升为国家战略。"十三五"时期是全面建成小康社会的决胜阶段,是全面推进健康中国建设的开局起步阶段。按照国务院安排,目前,国家卫生计生委正在组织编制健康中国 2030 建设规划纲要、"十三五"卫生与健康规划,明确到 2020 年,覆盖城乡居民的基本医疗卫生制度基本建立,实现人人享有基本医疗卫生服务,人均预期寿命在 2015 年75.8 岁的基础上提高 1 岁,健康水平居于中高收入国家前列。在主要发展指标方面,孕产妇死亡率、婴幼儿死亡率要从 2015 年的 20.1/10万、8.1‰下降到 2020 年的 18/10 万、7.5‰,每千人口医疗卫生机构床位数、每千人口执业(助理)医师数从 2015 年的 5 张、2.2 人提高到2020 年的 6 张、2.5 人左右。

二、健康扶贫的主要实践

党的十八大以来,国家卫生计生委认真贯彻落实习近平总书记关于扶贫开发的一系列讲话精神,根据精准扶贫、精准脱贫工作要求,按照健全制度根本解决、找准问题重点解决、动员系统力量共同解决的原则,研究制定有针对性的政策措施,不断加大健康扶贫工作力度,医疗卫生精准扶贫的实践取得积极成效。一是农村贫困人口基本医保体系逐步健全。2015 年,各级财政对新型农村合作医疗人均补助标准已经提高到 380 元,政策范围内门诊和住院费用报销比例分别达到 50% 和75% 左右。城乡居民大病保险全面实施,覆盖城乡参保居民超过 10 亿人,报销比例不低于 50%。疾病应急救助、重特大疾病医疗救助全面开展。逐步建立了基本医保、大病保险、医疗救助和疾病应急救助的衔接机制,农村贫困人口就医"接力"保障机制初步形成。二是贫困地区医疗卫生事业建设不断加快。2012 年以来,共安排中央专项投资 794亿元支持贫困地区 11 万个卫生计生机构基础设施建设,极大地改善了贫困地区卫生计生服务条件。在贫困地区实施农村订单定向免费医学生培养、全科医生特设岗位计划、西部卫生人才培养等项目,开展卫生计生人才综合培养试点,努力缓解掣肘贫困地区卫生计生事业发展的人才紧缺问题。三是医疗卫生机构对口支援工作不断深入。组织全国1644 家三级医院与 3945 家县级医院建立了对口支援关系,其中,832个贫困县的县级医院基本上均有城市三级医院在进行帮扶。四是公共卫生、疾病预防控制工作力度不断加大。2015 年,人均基本公共卫生服务经费标准提高到 40 元,12 大类 45 项基本公共卫生服务得到全面落实。全面实施重大公共卫生项目,加大贫困地区疾病预防控制工作力度。实施贫困地区儿童营养改善和新生儿疾病筛查项目,为集中连片特困地区贫困家庭 246 万名 6—24 个月的婴幼儿每天补充 1 个营养包,为 206 万名新生儿开展免费筛查,有效改善了农村贫困儿童营养和健康状况。五是动员社会力量取得实质进展。建立了卫生计生行业专项扶贫基金——"健康暖心"扶贫基金,实施"健康暖心"工程,为特殊困难家庭及人群提供大病救助、医疗补助、养老服务救助及实施先天性心脏病儿童免费救治等"一免三助"服务。

受自然历史、经济社会发展等因素影响,贫困地区医疗卫生事业发展相对滞后,医疗卫生服务能力明显不足,群众健康水平亟待提升。截至 2015 年,832 个贫困县每千人口医疗卫生机构床位数 3.27 张、每千人口执业(助理)医师数 1.17 人,跟全国平均水平相比,医疗卫生资源明显不足,医疗卫生服务能力不能满足群众的健康需要,一些少数民族地区、边疆地区卫生与健康状况更是令人担忧,贫困地区卫生与健康状况已经成为健康中国建设最突出的"短板"。要实现《中国农村扶贫开发纲要(2011—2020 年)》提出的"到 2020 年,稳定实现农村贫困人口基本医疗有保障,贫困地区基本医疗卫生服务主要指标接近全国平均水平"的目标,任务依然艰巨。

三、实施健康扶贫的工作重点

实施健康扶贫就是要在党委领导、政府主导下,坚持精准扶贫、分类施策。在核准农村贫困人口因病致贫、因病返贫情况的基础上,采取一地一策、一户一档、一人一卡,精确到户、精准到人,实施分类救治,增强健康扶贫的针对性和有效性。到 2020 年,实现贫困地区人人享有基本医疗卫生服务,农村贫困人口大病得到及时有效救治保障,个人就医费用负担大幅减轻;贫困地区重大传染病和地方病得到有效控制,基本公共卫生指标接近全国平均水平,人均预期寿命进一步提高,孕产妇死亡率、婴儿死亡率、传染病发病率显著下降；连片特困地区县和国家扶贫开发工作重点县至少有一所医院（含中医院，下同）达到二级医疗机构服务水平，服务条件明显改善，服务能力和可及性显著提升；区域间医疗卫生资源配置和人民健康水平差距进一步缩小，因病致贫、因病返贫问题得到有效解决。

（一）让贫困人口"看得起病"

习近平总书记在部分省（自治区、直辖市）扶贫攻坚与"十三五"时期经济社会发展座谈会上讲话时指出，因病致贫、因病返贫的贫困具有暂时性、间歇性特征，只要帮助他们解决医疗费用问题，这部分人就可以通过发展生产或外出务工做到脱贫。因此，要加大改革创新力度，加快建立完善基本医疗卫生制度，切实保障农村贫困人口享有基本医疗卫生服务，重点实行以下政策：

提高医疗保障水平，切实减轻农村贫困人口医疗费用负担。新型农村合作医疗覆盖所有农村贫困人口并实行政策倾斜，个人缴费部分按规定由财政给予补贴，在贫困地区全面推行门诊统筹，提高政策范围内住院费用报销比例。2016 年新型农村合作医疗新增筹资主要用于提高农村居民基本医疗保障水平，并加大对大病保险的支持力度，通过逐步降低大病保险起付线、提高大病保险报销比例等，实施更加精准的支付政策，提高贫困人口受益水平。加大医疗救助力度，将农村贫困人口全部纳入重特大疾病医疗救助范围，对突发重大疾病暂时无法获得家庭支持、基本生活陷入困境的患者，加大临时救助和慈善救助等帮扶力度。建立基本医疗保险、大病保险、疾病应急救助、医疗救助等制度的衔接机制，发挥协同互补作用，形成保障合力。将符合条件的残疾人医疗康复项目按规定纳入基本医疗保险支付范围，提高农村贫困残疾人医疗保障水平。扎实推进支付方式改革，强化基金预算管理，完善按病种、按人头、按床日付费等多种方式相结合的复合支付方式,有效控制费用。切实解决因病致贫、因病返贫问题。

实行县域内农村贫困人口住院先诊疗后付费。贫困患者在县域内定点医疗机构住院实行先诊疗后付费,定点医疗机构设立综合服务窗口,实现基本医疗保险、大病保险、疾病应急救助、医疗救助"一站式"信息交换和即时结算,贫困患者只需在出院时支付自负医疗费用。有条件的地方要研究探索市域和省域内农村贫困人口先诊疗后付费的结算机制。推进贫困地区分级诊疗制度建设,加强贫困地区县域内常见病、多发病相关专业和有关临床专科建设,探索通过县乡村一体化医疗联合体等方式,提高基层服务能力,到 2020 年使县域内就诊率提高到90%左右,基本实现大病不出县。

对患大病和慢性病的农村贫困人口进行分类救治。优先为每人建立 1 份动态管理的电子健康档案,建立贫困人口健康卡,推动基层医疗卫生机构为农村贫困人口家庭提供基本医疗、公共卫生和健康管理等签约服务。以县为单位,依靠基层卫生计生服务网络,进一步核准农村贫困人口中因病致贫、因病返贫家庭数及患病人员情况,对需要治疗的大病和慢性病患者进行分类救治。能一次性治愈的,组织专家集中力量实施治疗,2016 年起选择疾病负担较重、社会影响较大、疗效确切的大病进行集中救治,制订诊疗方案,明确临床路径,控制治疗费用,减轻贫困大病患者费用负担;需要住院维持治疗的,由就近具备能力的医疗机构实施治疗;需要长期治疗和康复的,由基层医疗卫生机构在上级医疗机构指导下实施治疗和康复管理。实施光明工程,为农村贫困白内障患者提供救治,救治费用通过现行医保制度等渠道解决,鼓励慈善组织参与。加强农村贫困残疾人健康扶贫工作,对贫困地区基层医疗卫生机构医务人员开展康复知识培训,加强县级残疾人康复服务中心建设,提升基层康复服务能力,建立医疗机构与残疾人专业康复机构有效衔接、协调配合的工作机制,为农村贫困残疾人提供精准康复服务。

(二)让贫困人口"看得上病"

加强贫困地区医疗卫生服务体系建设。落实《国务院办公厅关于印发全国医疗卫生服务体系规划纲要(2015—2020年)的通知》,按照"填平补齐"原则,实施贫困地区县级医院、乡镇卫生院、村卫生室标准化建设,使每个连片特困地区县和国家扶贫开发工作重点县达到"三个一"目标,即每个县至少有一所县级公立医院,每个乡镇建设一所标准化的乡镇卫生院,每个行政村有一个卫生室。加快完善贫困地区公共卫生服务网络,以重大传染病、地方病和慢性病防治为重点,加大对贫困地区疾控、妇幼保健等专业公共卫生机构能力建设的支持力度。加强贫困地区远程医疗能力建设,实现县级医院与县域内各级各类医疗卫生服务机构互联互通。积极提升中医药(含民族医药,下同)服务水平,充分发挥中医医疗预防保健特色优势。在贫困地区优先实施基层中医药服务能力提升工程"十三五"行动计划,在乡镇卫生院和社区卫生服务中心建立中医馆、国医堂等中医综合服务区,加强中医药设备配置和人员配备。

实施全国三级医院与连片特困地区县和国家扶贫开发工作重点县县级医院一对一帮扶。从全国遴选能力较强的三级医院(含军队和武警部队医院),与连片特困地区县和国家扶贫开发工作重点县县级医院签订一对一帮扶责任书,明确帮扶目标任务。采取"组团式"帮扶方式,向被帮扶医院派驻1名院长或副院长及相关医务人员进行蹲点帮扶,重点加强近三年县外转出率前5—10个病种的相关临床和辅助科室建设,推广适宜县级医院开展的医疗技术。定期派出医疗队,为农村贫困人口提供集中诊疗服务。采取技术支持、人员培训、管理指导等多种方式,提高被帮扶医院的服务能力,使其到 2020 年达到二级医疗机构服务水平(30 万人口以上县的被帮扶医院达到二级甲等水平)。建立帮扶双方远程医疗平台,开展远程医疗服务。贫困地区政府及相关部门、单位要提供必要条件和支持。

(三)让贫困人口"看得好病"

加大贫困地区慢性病、传染病、地方病防控力度。加强肿瘤随访登记及死因监测,扩大癌症筛查和早诊早治覆盖面。加强贫困地区严重精神障碍患者筛查登记、救治救助和服务管理。完成已查明氟、砷超标地区降氟降砷改水工程建设,基本控制地方性氟、砷中毒危害。采取政府补贴运销费用或补贴消费者等方式,让农村贫困人口吃得上、吃得起合格碘盐,继续保持消除碘缺乏病状态。综合防治大骨节病和克山病等重点地方病。加大人畜共患病防治力度,基本控制西部农牧区包虫病流行,有效遏制布病流行。加强对结核病疫情严重的贫困地区防治工作的业务指导和技术支持,开展重点人群结核病主动筛查,规范诊疗服务和全程管理,进一步降低贫困地区结核病发病率。在艾滋病疫情严重的贫困地区建立防治联系点,加大防控工作力度。

加强贫困地区妇幼健康工作。在贫困地区全面实施免费孕前优生健康检查、农村妇女增补叶酸预防神经管缺陷、农村妇女"两癌"(乳腺癌和宫颈癌)筛查、儿童营养改善、新生儿疾病筛查等项目,推进出生缺陷综合防治,做到及早发现、及早治疗。建立残疾儿童康复救助制度,逐步实现 0—6 岁视力、听力、言语、智力、肢体残疾儿童和孤独症儿童免费得到手术、辅助器具配置和康复训练等服务。加强贫困地区孕产妇和新生儿急危重症救治能力建设,加强农村妇女孕产期保健,保障母婴安全。加大对贫困地区计划生育工作的支持力度,坚持和完善计划生育目标管理责任制,加大对计划生育特殊困难家庭的扶助力度。

（四）让贫困人口"少生病"

深入开展贫困地区爱国卫生运动。加强卫生城镇创建活动,持续深入开展环境卫生整洁行动,统筹治理贫困地区环境卫生问题,实施贫困地区农村人居环境改善扶贫行动,有效提升贫困地区人居环境质量。将农村改厕与农村危房改造项目相结合,加快农村卫生厕所建设进程。加强农村饮用水和环境卫生监测、调查与评估,实施农村饮水安全巩固提升工程,推进农村垃圾污水治理,综合治理大气污染、地表水环境污染和噪声污染。加强健康促进和健康教育工作,广泛宣传居民健康素养基本知识和技能,提升农村贫困人口健康意识,使其形成良好卫生习惯和健康生活方式。

第七章　精准扶贫的政策支撑体系

第一节　构建精准多元的财政扶贫政策体系

财政投入的支持已然是政府重要的强力扶贫政策手段,在贫困问题的解决过程中发挥着至关重要的作用。财政投入在扶贫开发中取得了显著成效,但财政投入的体制机制性障碍依然存在。随着经济增长"涓滴"效应趋减,对财政扶贫资金分配使用的绩效要求进一步提高。新时期的扶贫形式和战略要求,政府重新审视财政扶贫治理,构建精准多元、合理有效的财政扶贫机制体制,努力完成脱贫攻坚的战略目标。

一、财政扶贫政策体系逐步构建

从 20 世纪 80 年代开始,中央财政积极构建财政扶贫开发投入体系,多渠道增加扶贫开发投入,逐步构建了较为健全的财政扶贫治理体系。

(一)不断加大对贫困地区的一般性转移支付力度

中央财政在安排一般性转移支付时,充分考虑财力缺口因素,财政资金分配向贫困地区倾斜,保障贫困地区的基本公共产品供给水平,特别是对高海拔高寒地区、中西部革命老区、民族地区、边疆地区等,支持力度要远远大于其他地区。如,中央财政安排的革命老区转移支付,重点支持对中国革命贡献较大、财政相对困难的老区县和原中央苏区发展;安排的民族地区转移支付和边境地区转移支付,覆盖的地区中超过一半是国家扶贫开发工作重点县和连片特困地区县。

从贫困地区县级财政收支情况看,近年来,全国 832 个国家扶贫开发工作重点县和连片特困地区县一般预算支出中,上级补助及返还占比达 80%。这充分体现了中央及省级财政在转移支付方面对贫困地区的倾斜支持,切实增强了贫困地区财力保障水平。

(二)专项转移支付向农村贫困地区、贫困人口倾斜

在安排专项转移支付时,既考虑贫困因素,又考虑努力脱贫程度,资金分配向贫困地区倾斜,积极引导和鼓励贫困地区主动脱贫。在支持改善农民生产生活条件及农业生产发展方面,利用可再生能源发展专项资金支持四川、青海等无电地区建设光伏发电设施,解决了无电人口用电问题。车辆购置税收入补助地方资金向中西部地区、老少边穷地区倾斜。对贫困地区农业综合开发项目执行较低的地方财政分担比例。中央财政安排的支持农业生产发展、草原生态保护、退耕还林、农田水利设施建设、水库移民后期扶持、"一事一议"奖补资金等,也发挥了重要的减贫作用。医疗卫生和社会保障方面,在安排相关专项转移支付时,对贫困问题较为突出的中西部地区给予了倾斜。教育发展方面,支持实施"两免一补"政策,农村义务教育阶段学生全部享受免杂费和免费教科书政策,对中西部地区家庭经济困难寄宿生发放生活费补助。支持全面改善贫困地区义务教育薄弱学校基本办学条件;在连片特困地区实施农村义务教育学生营养改善计划。安排社会救助、农村危房改造等资金时,将财政困难程度、贫困因素作为参考因素。农村

危房改造中,单列贫困地区任务,提高贫困地区中央补助标准。

(三)稳步增加财政专项扶贫资金投入

目前,中央财政专项扶贫资金的支出方向包括:扶贫发展、以工代赈、少数民族发展、"三西"农业建设、国有贫困农场扶贫、国有贫困林场扶贫。主要用于培育和壮大贫困地区特色产业、改善小型公益性生产生活设施条件、增强贫困人口自我发展能力和抵御风险能力等方面。按照扶贫开发中"中央统筹、省(自治区、直辖市)负总责、市(地)县抓落实"的工作机制,扶贫资金项目审批权限已全部下放到县,由地方自主统筹使用。

中央财政坚持将专项扶贫资金投入作为支出保障的重点之一,不断稳步增加财政专项扶贫资金投入。2011—2015年,累计安排财政专项扶贫资金约1898亿元,年均增长14.5%。同期,拓宽扶贫开发投入渠道,安排专项彩票公益金50.25亿元,用于支持贫困革命老区推进农村扶贫开发。2016年,在财政收支矛盾突出的形势下,中央财政进一步健全专项扶贫资金投入机制,预算安排补助地方财政专项扶贫资金660.95亿元,较上年增长43.4%,明显高于"十二五"期间的增幅。财政专项扶贫资金投入的稳定增长,对落实精准扶贫要求,采取有针对性的扶持措施,解决贫困地区、贫困群众面临的突出问题,发挥了重要作用。

二、财政扶贫资金使用存在的问题

近年来,虽然财政对扶贫工作提供较好的支持,但是在财政投入、扶贫资金使用与监管方面仍然存在一些问题,亟须解决。

一是财政资金总体投入不足。首先,财政投入资金有限。近年来,财政专项扶贫资金投入增长较快,但是由于贫困地区财政配套能力有限以及贫困地区群众需求迫切,财政扶贫资金投入与贫困群众发展生产、改善生活的需求间差距明显。如:尽管财政资金已经在基本医疗、低保、产业发展等多方面进行精准帮扶,但人均财政专项投入仍然较低,难以满足扶贫对象脱贫的需要。此外,上学、大病依旧是贫困户的大开支,财政在这些方面的投入仍有欠缺。其次,财政资金分散,统筹力度不够。扶贫工作涉及农业、民政、水利等多个部门,不同部门都有各自的扶贫项目资金和扶贫项目计划,部门只关注自己业务范围内的项目计划,部门之间缺乏有效沟通,在资金使用上得不到有效整合。2016 年 4 月 12 日国务院办公厅下发了《关于支持贫困县开展统筹整合使用财政涉农资金试点的意见》,赋予贫困县统筹使用财政涉农资金的自主权,但是部分地区资金统筹进展较慢。

二是财政资金使用效率不高。首先,财政扶贫资金拨付不及时。中央财政专项扶贫资金一般拨付时间较早,部分地方的财政专项扶贫资金拨付不及时,加之财政专项扶贫资金的审批层级过多,延长了资金拨付的时间。其次,存在扶贫资金闲置问题。根据 2016 年审计署审计结果显示,一些省份的部分县市由于项目进展缓慢、项目调整不及时等原因,造成上亿元扶贫资金闲置,影响了扶贫项目的实施进度,影响了资金使用的效率。最后,资金使用不精准。一些地区在项目资金分配上存在平均主义倾向,使得脱贫对象间差异化的脱贫需求难以满足,影响了资金的使用效率。此外,资金具体使用用途限制过死,财政专项扶贫资金坚持专款专用的原则,在具体使用中用途限制过死。

三是财政扶贫资金监管不力。首先,还存在一些部门和个人骗取套取资金现象。骗取套取财政专项扶贫资金的行为,造成了财政资金的漏出,使得最后落实到扶贫对象的财政资金打了折扣。其次,存在改变资金使用用途现象。财政专项扶贫资金坚持专款专用的原则,主要用于发展特色产业、增强贫困群众的自我发展能力和抵御风险能力等方面,但存在一些部门和个人擅自改变财政专项资金用途,将资金用于其他非国家规定的支出范围。最后,资金使用不够公开透明。部分单位未及时将财政专项扶贫资金和扶贫项目的实施情况公开,使得社会公众难以对财政的资金使用情况进行监督。

三、健全财政扶贫政策支持体系

尽管财政扶贫取得了显著成效,但是在全面建成小康社会的决胜阶段,财政投入的体制机制性障碍依然存在,对象失真、程序失范、挤占挪用、虚报冒领、截留浪费、负向激励、"撇脂"行为、效率效益不高等问题突出。这些都要求进一步健全财政扶贫政策体系,更好发挥财政扶贫功能。

一是发挥政府投入的主体和主导作用,千方百计加大财政扶贫投入力度。中央财政要进一步加大对贫困地区的一般性转移支付力度,引导涉及民生的各类专项转移支付和中央基建支出继续向农村贫困地区、贫困人口倾斜,较大幅度增加财政专项扶贫资金投入,加大中央集中彩票公益金对扶贫的支持力度,农业综合开发、农村综合改革转移支付等涉农资金明确一定比例用于贫困村。扩大中央和地方财政支出规模,增加对贫困地区水电路气网等基础设施建设和提高基本公共服务水平的投入。同时,用好用活政府和社会两方面资源,通过政府和社会资本合作、政府购买服务、贷款贴息、设立产业发展基金、支持涉农保险和担保发展等有效方式,充分发挥财政资金的引导作用和杠杆作用,撬动更多金融资本、社会资本参与脱贫攻坚。

二是支持贫困县开展统筹整合使用财政涉农资金试点,优化财政涉农资金供给机制。按照"中央统筹、省(自治区、直辖市)负总责、市

(地)县抓落实"的原则,将一部分财政涉农资金的配置权力完全下放给处于脱贫攻坚第一线的贫困县,由贫困县根据脱贫攻坚需要,自主统筹使用。要采取有效措施,优化财政涉农资金供给机制,支持贫困县以摘帽销号为目标,以脱贫成效为导向,以扶贫规划为引领,以重点扶贫项目为平台,把目标相近、方向类同的涉农资金统筹整合使用,撬动金融资本和社会资金投入扶贫开发,提高财政涉农资金的精准度和使用效益,形成"多个渠道引水,一个龙头放水"的扶贫新格局,激发贫困县内生动力,破解"打酱油的钱不能买醋"的窘境,引导贫困县工作重心从"要到钱"向"花好钱"的转变,确保如期完成脱贫攻坚任务。

三是突出财政扶贫工作重点,精准使用扶贫资金。财政扶贫资金使用与建档立卡结果相衔接,围绕激发贫困群众内生动力、增强贫困群众自我发展能力。新形势下,资金使用要由"大水漫灌"向"精准滴灌"转变,由偏重"输血"向注重"造血"转变,切实发挥财政资金的使用效益,确保"扶真贫""真扶贫""真脱贫"。进一步推广资产收益扶贫,在不改变用途的情况下,探索财政专项扶贫资金和其他涉农资金投入设施农业、养殖、光伏、水电、乡村旅游等项目形成的资产,具备条件的可折股量化给贫困村和贫困户,尤其是丧失劳动能力的贫困户,让贫困人口分享产业发展收益。易地扶贫搬迁工程是"十三五"脱贫攻坚的揭幕战,要进一步落实好易地扶贫搬迁贷款贴息政策,发挥财政投入的引导作用,依托市场化实施主体撬动金融资本、社会资本,支持实施好易地扶贫搬迁工程。及时跟踪了解地方财政推动易地扶贫搬迁工作有关情况,督促地方稳步推进搬迁脱贫工作。指导地方整合可用于易地扶贫搬迁的各类资金,用好城乡建设用地增减挂钩政策,筹集资金用于购买易地扶贫搬迁服务。督促地方强化资金监管措施,严格项目实施主体举债,避免市场化主体的经营性风险由政府兜底。

四是切实加强财政专项扶贫资金管理,确保财政资金安全有效使用。习近平总书记多次强调,扶贫资金是贫困群众的"救命钱",一分一厘都不能乱花,更容不得动手脚、玩猫腻。我们要全面推行扶贫资金、项目公告公示制,增强资金使用的透明度,保障资金在阳光下运行。在扶贫资金项目审批权限下放的背景下,按照权责匹配原则,强化地方监管责任,省、市两级政府将工作重心转变到强化资金和项目的监管上来,县级政府承担确保资金安全、规范、有效运行的具体责任,贫困村第一书记、驻村工作队、村委会要深度参与涉农资金和项目的管理监督。研究加强财政扶贫资金全程监管的意见,强化财政监督检查和审计、稽查等工作,充分发挥社会监督作用,构建常态化、多元化的监督检查机制。同时,有关部门要进一步强化对扶贫资金的绩效评价,并将其纳入扶贫开发工作成效考核,对管理规范、资金使用效益高的地方给予奖励和倾斜。

第二节 完善多位一体的金融扶贫机制

金融扶贫是打赢脱贫攻坚战的重大举措,习近平总书记明确提出,"要做好金融扶贫这篇文章"。仅靠有限的财政扶贫资金难以满足扶贫攻坚资金的需要,只有将财政资金和金融资金有机结合起来,充分发挥金融资金在扶贫攻坚中的作用,形成集中攻坚的强大合力,才能顺利完成精准扶贫、精准脱贫攻坚任务。

一、金融扶贫的探索实践

金融支持精准扶贫,实质就是以扶贫富民为出发点,以扶贫资金扶持为主导,以信贷资金市场化运作为基础,以建立有效风险防控机制为支撑,以扶贫机制创新为保障,解决农民担保难、贷款难问题,放大资金效益,做大做强扶贫特色优势产业,加快贫困地区、贫困农民增收致富步伐,为脱贫攻坚打下坚实基础。

(一)农村金融改革夯实了我国金融扶贫的工作基础

1. 规范整顿农村金融秩序,积极防范和处置金融风险

1997 年亚洲金融危机后,为了规避多年积累的金融风险,推动金融机构健康发展,我国启动了金融体制改革,对金融风险控制采取了更为严格的措施,加大对农村金融风险的处置力度。

首先是规范整顿农村金融秩序。1997 年,中央金融工作会议确定了"各国有商业银行收缩县(及县以下)机构,发展中小金融机构,支持地方经济发展"的基本策略。"十五"期间,大型商业银行逐步退出农村金融市场,农村金融机构数量与服务急剧减少。据统计,2005 年年末,商业银行县(及县以下)网点仅 3.19 万个,较 2000 年减少了 2.62 万个;县(及县以下)网点人员 43.14 万人,较 2000 年减少了 17.9 万人。

其次是重点推进农村信用社改革。1996 年,《国务院关于农村金融体制改革的决定》提出,要"建立和完善以合作金融为基础,商业性金融、政策性金融分工协作的农村金融体系"。把农村信用社逐步改成由农民入股、社员民主管理、主要为入股社员服务的合作性金融组织。农村信用社与中国农业银行脱离行政隶属关系,改由中国人民银行监管。由于历史包袱沉重,农村信用社不良资产率总体偏高,承担风险能力较弱。按照当时的贷款四级分类口径,2002 年年末,全国农村信用社不良贷款余额达 5147 亿元,不良贷款率达 37%。

再次是限制和取缔农村非正规金融活动。1999 年,在全国范围内开始撤销农村信用合作基金会。截至 2002 年年末,国家共同入资一千

多亿元,清理整顿农村信用合作基金会近 3 万个,其中 6300 多个并入农村信用社,关闭 22000 多个。

一系列的规范整顿,国有商业银行农村网点撤并,使农村金融发展处于低谷,"十五"期间,农村资金外流情况严重,农村金融市场的活力亟待恢复。

2. 全面推进金融体系改革

在历史积累的风险逐步化解之后,"十五"后期,国务院启动了一系列的改革。

一是积极推动农村金融组织体系改革。深化农村信用社改革试点,为村信用社改革试点提供资金支持,引导农村信用社逐步"上台阶",同时,将改革试点的管理权交给地方,调动地方政府积极出台配套政策,帮助农村信用社催收债务和进行产权改革。根据国务院"面向三农、整体改制、商业运作、择机上市"的总体要求,推进农业银行改制上市和设立"三农金融事业部"。培育新型农村金融组织,对村镇银行执行比大型商业银行低 6 个百分点的存款准备金率,对新增存款一定比例用于当地贷款考核达标的村镇银行执行比同类机构正常标准低 1 个百分点的存款准备金率。截至 2014 年年末,全国拥有村镇银行 1233 家。

二是加大货币信贷政策支持力度,探索对涉农金融机构实行差别化监管。国家综合运用货币、信贷、财税和差别化监管等多项政策措施,加大对农村地区的支持力度。目前,县域农商行、农合行、农信社及村镇银行比大型银行低 5—8 个百分点。设立扶贫再贷款,重点支持贫困地区发展特色产业和贫困人口就业创业。开展涉农信贷政策导向效果评估,将金融机构的涉农信贷业务分为"优秀、良好、中等、勉励"四个等级,加强评估结果的综合运用,引导金融机构加大涉农信贷投入。放宽涉农不良贷款监管容忍度,因灾导致农业生产受影响的,允许贷款合理展期,不降低信用评级,同时将涉农小微企业和农户贷款风险权重从100%下调为75%。

三是推进农村金融改革试点。为解决农村融资难、信贷产品少、信息不对称等问题,中国人民银行等部门和地方政府围绕创新农村金融组织体系、农村金融产品和服务创新、农村信用体系建设、农村普惠金融服务等方面,大力推动区域农村金融改革试点。如,四川成都市创新农业设施抵押贷款,开展农业设备、农作物、农产品等农村动产抵(质)押贷款,鼓励金融机构利用微贷技术进行信贷流程再造;浙江丽水依托丰富的林业资源,大力推进林权抵押贷款。

四是创新农村金融产品和服务方式。中国人民银行联合"三会"开展农村金融产品和服务方式创新,拓宽农村抵押担保物范围。原则上,凡不违反现行法律规定、财产权益归属清晰、风险能够有效控制、可用于贷款担保的各类动产和不动产,都可以试点用于贷款担保。加快农村支付体系建设,开展农民工银行卡特色、银行卡助农取款等服务,畅通农村支付结算渠道,农村地区基本实现"家家有账户、补贴能到户"。推动农村信用体系建设,有效整合农户等农村经济主体的信用信息,开展信用户、信用村、信用乡镇评定,为缓解农村地区抵押担保融资难发挥了重要作用。

通过不断的农村金融体系改革,农村金融体系不断完善,农村金融改革成效显著,形成了政策性、商业性和合作性金融机构功能互补,银行业金融机构与非银行业金融机构共同发展的新局面,涉农贷款投放不断增加,金融支农力度显著增强。

(二)金融扶贫发展及政策

多年来,围绕金融扶贫进行了大量探索和实践,取得了积极成效。

1.金融扶贫的早期探索

1986年,国务院批准成立贫困地区经济开发领导小组(后更名"国务院扶贫开发领导小组办公室"),设立专项扶贫贴息贷款,每年安排10亿元专项资金,用于支持国家贫困县发展农牧业生产。2001年,中国人民银行印发《扶贫贴息贷款管理实施办法》,进一步完善了扶贫贴息贷款政策。到户贷款5万元以下,三年以内信用贷款贴息利率不超过贷款基准利率;项目贷款按年利率3%的标准予以贴息,贴息1年。2011年,为进一步加快贫困地区发展,中共中央印发的《中国农村扶贫开发纲要(2011—2020年)》,分别从行业扶贫、专项扶贫以及社会扶贫等多方面提出了多项目标任务和政策措施。

2.金融扶贫全面开展

党的十八大以来,党中央国务院高度重视扶贫开发工作,提出了"到2020年,我国现行标准下农村贫困人口实现脱贫,贫困县全部摘帽,解决区域性整体贫困"的目标。中央扶贫开发工作会议上,习近平总书记明确提出"要做好金融扶贫这篇文章,加快农村金融改革创新步伐"。2013年,中共中央办公厅、国务院办公厅印发的《关于创新机制扎实推进农村扶贫开发工作的意见》,提出了做好扶贫开发工作的六项创新机制和十项重点工作,要求从创新金融产品和服务、推动农村金融合作、完善扶贫贴息贷款、进一步推广小额信用贷款等方面完善金融扶贫服务机制。

3.金融扶贫是打赢脱贫攻坚战的重大举措

2014年3月,中国人民银行与财政部、扶贫办等七部门联合出台了《关于全面做好扶贫开发金融服务工作的指导意见》,从货币信贷、差别化监管等方面加大了金融精准扶贫力度,明确了基础设施建设、经济发展和产业结构升级、就业创业和贫困户脱贫致富、生态建设和环境保护四项重点支持领域,设立了信贷投入总量持续增长、直接融资比例不断上升、组织体系日趋完善、服务水平明显提升四个维度的工作目标,提出了发挥政策性、商业性和合作性金融的互补优势、完善扶贫贴息贷款政策、优化金融机构网点布局、改善农村支付环境等十项重点工作。

2015年11月,中共中央、国务院印发的《中共中央　国务院关于打赢脱贫攻坚战的决定》,明确确保到2020年农村贫困人口实现脱贫,同时提出设立扶贫再贷款、发行政策性金融债等金融扶贫政策,金融扶贫力度进一步加大。提出了20个方面的措施:鼓励和引导商业性、政策性、开发性、合作性等各类金融机构加大对扶贫开发的金融支持。运用多种货币政策工具,向金融机构提供长期、低成本的资金,用于支持扶贫开发。设立扶贫再贷款,实行比支农再贷款更优惠的利率,重点支持贫困地区发展特色产业和贫困人口就业创业。运用适当的政策安排,动用财政贴息资金及部分金融机构的富余资金,对接政策性、开发性金融机构的资金需求,拓宽扶贫资金来源渠道。由国家开发银行和中国农业发展银行发行政策性金融债,按照微利或保本的原则发放长期贷款,中央财政给予90%的贷款贴息,专项用于易地扶贫搬迁。国家开发银行、中国农业发展银行分别设立"扶贫金融事业部",依法享受税收优惠。中国农业银行、中国邮政储蓄银行、农村信用社等金融机构要延伸服务网络,创新金融产品,增加贫困地区信贷投放。对有稳定还款来源的扶贫项目,允许采用过桥贷款方式,撬动信贷资金投入。按照省(自治区、直辖市)负总责的要求,建立和完善省级扶贫开发投融资主体。支持农村信用社、村镇银行等金融机构为贫困户提供免抵押、免担保扶贫小额信贷,由财政按基础利率贴息。加大创业担保贷款、助学贷款、妇女小额贷款、康复扶贫贷款实施力度。优先支持在贫困地区设立村镇银行、小额贷款公司等机构。支持贫困地区培育发展农民资金互助组织,开展农民合作社信用合作试点。支持贫困地区设立扶贫贷款风险补偿基金。支持贫困地区设立政府出资的融资担保机构,重点开展扶贫担保业务。积极发展扶贫小额贷款保证保险,对贫困户保证保险保费予以补助。扩大农业保险覆盖面,通过中央财政以奖代补等支持贫困地区特色农产品保险发展。加强贫困地区金融服务基础设施建设,优化金融生态环境。支持贫困地区开展特色农产品价格保险,有条件的地方可给予一定保费补贴。有效拓展贫困地区抵押物担保范围。

2016 年 3 月,中国人民银行等七部门联合印发了《关于金融助推脱贫攻坚的实施意见》,围绕"精准扶贫、精准脱贫"基本方略,提出全面改进和提升扶贫金融服务、增强扶贫金融服务的精准性和有效性。从准确把握精准扶贫要求、精准对接融资需求、推进惠普金融发展、发挥好各类金融机构主体作用、完善精准扶贫保障措施和工作机制等六方面提出了 22 项金融助推脱贫攻坚的具体措施。

二、金融扶贫取得的成绩

由于国家的高度重视,随之金融扶贫的不断改革探索,金融扶贫取得了阶段性成果。

一是金融扶贫政策体系不断建立健全。金融管理部门充分发挥定向降准、差别存款准备金率、再贷款、再贴现、宏观审慎政策和差异化监管政策等正向激励作用,引导金融资源向贫困地区倾斜。截至 2015 年年底,贫困地区人民币各项贷款余额 4.15 万亿元,同比增长 18.17%,高出全国平均中数增速 3.14 个百分点。扶贫贴息贷款余额 471 亿元,同比增长 46.83%。贫困地区再贷款余额 820.3 亿元,同比增长 9.37%。贫困地区直接债务融资额 181.5 亿元,同比增长 30%。

二是贫困地区组织体系不断健全、信贷投放增长加快。截至 2015 年年末,贫困地区已设立县级银行业金融机构 5185 个,服务网点 43598 个。贫困地区人民币贷款余额 4.15 万亿元,较 2011 年增长 119.6%,同比增长 18.2%,高于全国增速 3.1 个百分点。

三是积累了金融扶贫的经验和做法。各地区、各金融机构积极探索金融扶贫的有效模式,形成了一批可复制、可推广的经验和做法。结合贫困地区产业发展特色和扶贫项目融资需求,创新推出金融产品和服务方式。如中国农业银行创新推出"银证合作、政府增信、协同扶贫"模式就是有效整合财政扶贫资金和信贷扶贫资金,契合政府和商业银行的共同诉求,满足贫困农户生产发展的资金需求。截至 2015 年年末,该模式已推广到全国 19 家省分行,累计发放贷款 479 亿元,支持了 93 万农户。

四是金融基础设施逐步完善,金融生态环境持续优化。随着贫困地区金融基础设施的逐步完善,农村信用体系建设稳步推进,乡镇服务盲区大幅减少。截至 2015 年年底,贫困地区共布放自助设备 120.3 万台,较 2011 年增长 245.7%,其中 ATM 机 59207 台、POS 机具 83.8 万台。

三、金融扶贫的重点工作

2016 年 3 月,汪洋副总理在金融扶贫工作座谈会上强调,金融扶贫是打赢脱贫攻坚战的重大举措。围绕"精准扶贫、精准脱贫"的方略,要重点做好以下几方面的工作。

(一)健全精准扶贫金融组织体系,提升贫困地区金融服务能力

健全扶贫开发金融组织体系就是要推动贫困地区政策性、开发性、商业性以及新型金融机构完善内设部门和网点的设置,发挥其主体作

用,并加强协调和配合,提升贫困地区的金融服务能力。

一是推动政策性金融机构,完善内部设置。目前,国家开发银行和中国农业发展银行正在加快建设"扶贫金融事业部",实行有别于其他业务、相对独立、灵活性高的管理体制和运行机制,进一步放宽区域准入政策,下放贷款审批权限,减免服务收费,加大精准扶贫力度。另外,国家开发银行和中国农业发展银行设立的"扶贫金融事业部"依法享受税收优惠。

二是推动商业性、合作性新型金融,强化贫困地区金融服务能力。大中型商业银行继续稳定和优化区域基层网点设置,实现乡镇网点布局的全覆盖,延伸金融服务触角,推动金融服务进村入户。中国农业银行继续深化"三农金融事业部"改革,强化县级事业部与经营能力。中国邮政储蓄银行探索设立"三农金融事业部",进一步延伸服务网络,强化县以下机构网点功能建设,逐步扩大涉农业务范围。农村信用社、农村商业银行、农村合作银行等依托网点多、覆盖广的优势,继续巩固和发展起农村金融服务主力军地位。推动村镇银行、资金互助社、小额贷款公司等不同类型的新型金融机构和组织健康发展,大力推广"农金村办""互联网+"金融等扶贫金融新业态,为扶贫开发带来更多"源头活水"。

(二)精准对接脱贫攻坚,满足多元化融资需求

一是创新运用货币工具,提升贫困地区金融机构扶贫开发的能力。扶贫再贷款是中国人民银行 2016 年专门为贫困地区新创设的货币政策工具,实行比支农再贷款更优惠的利率。管好用好扶贫再贷款,鼓励地方法人金融机构扩大对贫困地区的信贷投放,能有效降低社会融资成本。实施时,要合理确定扶贫再贷款使用期限,为地方法人金融机构支持脱贫攻坚提供较长期的资金来源。使用扶贫再贷款的金融机构要

建立台账,加强精准管理,确保信贷投放在数量、用途、利率等方面符合扶贫再贷款管理要求。同时,继续发挥好再贴现、宏观审慎政策、差异化监管政策等工具的激励约束作用,引导金融资源向贫困地区倾斜。加大再贴现支持力度,引导贫困地区金融机构扩大涉农、小微企业信贷投放。改进宏观审慎政策框架,加强县域法人金融机构新增存款一定比例用于当地贷款的考核,对符合条件的金融机构实施较低的存款准备金率,促进县域信贷资金投入。

二是发展多层次资本市场,拓宽贫困地区企业融资渠道。支持、鼓励和引导证券、期货、保险、信托、租赁等金融机构在贫困地区设立分支机构,扩大业务覆盖面。加强对贫困地区企业的上市辅导培育和孵化力度,根据地方资源优势和产业特色,完善上市企业后备库,帮助更多企业通过主板、创业板、全国中小企业股份转让系统、区域股权交易市场等进行融资。支持贫困地区符合条件的上市公司和非上市公众公司通过增发、配股,发行公司债、可转债等多种方式拓宽融资来源。支持期货交易所研究上市具有中西部贫困地区特色的期货产品,引导中西部贫困地区利用期货市场套期保值和风险管理。加大宣传和推介力度,鼓励和支持贫困地区符合条件的企业发行企业债券、公司债券、短期融资券、中期票据、项目收益票据、区域集优债券等债务融资工具。

三是创新金融产品和服务,支持贫困地区现代化农业发展。建立政策性融资担保公司,为收益低、风险大的重点项目提供低费率的融资担保。建立健全扶贫信贷风险分担机制,充分发挥财政政策对金融扶贫的支持和引导作用。降低建档立卡贫困农户获得金融支持的门槛,进一步调动金融机构为贫困户提供免抵押、免担保的扶贫小额信贷积极性,让更多贫困户能贷款、金融机构敢放款,全面提高建档立卡贫困农户获贷率和受益面。各金融机构要立足贫困地区资源禀赋、产业特色，积极支持特色产业发展。创新"公司+农户""公司+基地+农户""公司+基地+合作社+农户"等农业产业链以及农户联保、合作社联保、农机具抵押、仓单质押等多种方式拓宽扶贫对象融资担保渠道。

四是着力做好易地扶贫搬迁金融服务，保证易地扶贫搬迁相关资金按要求落实。资金筹措是易地扶贫搬迁工作推进的重要保障。2016年3月24日，中国人民银行制定的《易地扶贫搬迁信贷资金筹措方案》明确信贷资金筹集方案，确保资金及时到位和专款专用。国家开发银行、中国农业发展银行通过发行金融债筹措信贷资金，按照保本或微利的原则发放低成本、长期的易地扶贫搬迁贷款，中央财政给予90%的贷款贴息。同时，开发性、政策性金融与商业性、合作性金融要加强协调配合，加大对安置区贫困人口直接或间接参与后续产业发展的支持。中国人民银行各分支机构要加强辖内易地扶贫搬迁贷款监测统计和考核评估，指导督促金融机构依法合规发放贷款。

五是精准对接重点项目和重点地区等领域金融服务需求，夯实贫困地区经济社会发展基础。充分利用信贷、债券、基金、股权投资、融资租赁等多种融资工具，支持贫困地区基础设施和基本公共服务项目建设。创新贷款抵（质）押方式，支持农村危房改造、人居环境整治、新农村建设等民生工程建设。健全和完善区域信贷政策，在信贷资源配置、金融产品和服务方式创新、信贷管理权限设置等方面，对连片特困地区、革命老区、民族地区、边疆地区给予倾斜。对有稳定还款来源的扶贫项目，在有效防控风险的前提下，国家开发银行、中国农业发展银行可依法依规发放过桥贷款，有效撬动商业性信贷资金投入。同时，结合建档立卡贫困户的特点，金融机构要对精准扶贫实施主体和对象按性质、身份和贷款用途进行分类，利用民贸民品优惠利率贷款、农户小额信用贷款、创业担保贷款、助学贷款、康复扶贫贷款等为建档立卡贫困户提供 5 万以下三年以内、免担保免抵押贷款,基准利率放贷、财政扶贫资金贴息、县建风险补偿资金的扶贫小额信贷产品。

(三)构建全方位的保险保障体系,防止因病因灾返贫致贫

保险具有经济补偿、资金融通和社会管理的功能,在扶贫工作中,发挥和利用好保险,可以为贫困户生产经营兜底,提供贫困人口健康服务保障,是脱贫攻坚战中重要的金融工具。

一是创新发展精准扶贫保险产品和服务,扩大贫困地区农业保险覆盖范围。鼓励保险机构建立健全乡、村两级保险服务体系。扩大农业保险密度和深度,通过财政以奖代补等方式支持贫困地区发展特色农产品保险。支持贫困地区开展特色农产品价格保险,有条件的地方可给予一定保费补贴。改进和推广小额贷款保证保险,为贫困户融资提供增信支持。

二是鼓励保险机构建立健全针对贫困农户的保险保障体系,全面推进贫困地区人身和财产安全保险业务,缓解贫困群众因病致贫、因灾返贫问题。

(四)完善农村金融基础设施

一是加强贫困地区支付基础设施建设。持续推动结算账户、支付工具、支付清算网络的应用;继续巩固助农取款服务在贫困地区乡村的覆盖面,促进服务点资源高效利用;鼓励探索利用移动支付、互联网支付等新兴电子支付方式开发贫困地区支付服务市场;支付拓宽农民工银行卡特色服务受理金融机构范围。

二是加强贫困地区信用体系建设。探索农户基础信用信息与建档立卡贫困户信息的共享和对接,完善金融信用信息基础数据库。探索建立针对贫困户的信用评价指标体系,完善电子信用档案,同时深入推进"信用户""信用村""信用乡镇"评定和创建,为金融支持扶贫开发创造良好的信用环境。

第三节　完善科技、人才支撑机制

科技与人才在脱贫攻坚战中发挥着重要作用。科技扶贫是我国扶贫开发工作的重要组成部分,开展科技扶贫有利于广泛宣传科教兴国战略,有利于推动地方科技工作,有利于带领广大贫困农户早日实现脱贫致富。科技扶贫离不开人才,加大对贫困地区的人才支持和培养是脱贫攻坚的有力举措。

一、科技扶贫和人才支持扶贫实践

科技是第一生产力,扶贫必扶智。近些年,科技扶贫开展了一系列卓有成效的工作。实施了科技特派员制度,目前全国有 72.9 万名科技特派员长期活跃在农村基层,覆盖了全国 90% 的县(市、区),带动农民 6000 多万人。从 2011 年开始,实施边远贫困地区、边疆民族地区和革命老区人才支持计划,计划到 2020 年每年引导 10 万名优秀教师、医生、科技人员、社会工作者、文化工作者到"三区"工作或提供服务,每年重点扶持培养 1 万名"三区"急需紧缺人才。相关单位还制定了科技人员、教师等专项支持计划。实施"三支一扶"计划,2015 年选派 2.6 万名大学生到农村基层开展支教、支农、支医和扶贫服务,直接开展扶贫工作的有 5000 多名。统筹安排星火计划等科技计划,加强集成创新和引进消化吸收再创新,加快成熟适用技术在区域特色产业发展中推广应用。

二、科技、人才在贫困地区的发展困境

科技与人才在脱贫攻坚中发挥的作用不言而喻,然而科技和人才在贫困地区发挥的作用经常受到各方面条件的限制和阻碍,如科技扶贫的可持续机制仍未建立;科技推广体系和能力依然非常薄弱;政府主导的科技扶贫项目往往由于市场化程度低、规避市场风险能力差、项目运行保障机制不健全等原因导致项目失败;科技扶贫的市场调节手段不足;人才吸引和流动机制的低效;贫困地区人才功能发挥的软硬件条件有限;人才的培养和发展机制不健全等问题。

因此,要按科学发展观的理念积极探索科技体制机制创新,让科技成果落实到贫困地区,把大批的科技成果转化落实到农村,使农村的发展实现真正的突破,依靠科技使广大农村脱贫致富。要积极探索创新人才机制,使人才能够请进来、走出去,真正发挥作用,带领广大农民脱贫致富。

三、完善科技、人才支持机制的重要举措

继续大力发挥科技、人才对脱贫攻坚的支撑作用,要重点做好六个方面的工作。

(一)加快科技成果转化应用,促进贫困地区农村科技创新

要深入推进三次产业相融合的创业式科技扶贫,以创业带动就业,采取多种手段加速外部资源向贫困地区的集聚。加快先进适用技术成果在贫困地区的转化,促进贫困地区传统的农业经营方式向产业化、品牌化和全链条增值方式转变。结合中央财政科技计划管理改革,加大中央财政对贫困地区科技中介服务、科技成果转化等的支持力度。发挥科技成果转化基金的引导作用,加快贫困地区科技金融发展,促进科

技成果在贫困地区的产业化应用。推动大众创业、万众创新,引导贫困地区建设一批"星创天地",为贫困地区创新创业提供专业化、社会化、便捷化的服务平台。针对贫困地区的特色产业,与正在推进的"大学农业技术推广模式"相结合,安排涉农大专院校为片区的特色产业发展提供技术支撑;鼓励相关科研院所以对口帮扶等形式,围绕片区特色农产品深加工和延伸产业链等开展合作,提高主导产业产品的科技含量。通过协同创新战略联盟等方式,加快光伏等领域技术成果转化应用,促进学科融合,着力培育贫困地区农业新业态,为农民增收脱贫开辟新途径。

(二)加强关键共性技术的研究开发

加强关键共性技术的研究开发,为农村贫困地区提供有力技术保障。针对贫困地区技术需求加强调研,围绕贫困地区重大基础设施建设、现代农业及经济社会全面发展、生态环境保护及修复,以及民生改善等方面凝练一批重点研发项目,遴选组织优秀研发团队进行集中攻关,开发出贫困地区急需且适用的成套关键技术,保障科技成果的有效供给。

(三)深入推行科技特派员制度,推进科技人才队伍建设

落实国务院办公厅《关于深入推行科技特派员制度的若干意见》精神,加强部门联合,推动各地加强政策创新,从资金、项目、待遇等方面进一步倾斜和优惠。建立科技特派员联系帮扶重点贫困村、贫困户制度,引导和鼓励科技特派员深入农村贫困地区开展农业技术示范推广服务。大力营造有利于贫困地区创新创业的环境氛围。认真组织实施"三区"人才支持计划,进一步健全鼓励高校毕业生到基层工作的服务保障,继续组织实施好"三支一扶"计划。

（四）开展创业致富带头人培训工程

贫困地区由于经济发展层次较低、实力有限,在人才需求方面不能单纯追求"高、精、尖",也应注重开发本地人力资源,培养地方人才,既有利于当地人民的脱贫致富,又有利于地区的长期稳步发展。大力开展创业致富带头人培训工程。按照"东部帮西部,先富帮后富"的基本理念和"政府主导、多方参与产业引领、精准培育"的工作途径,紧扣"能力培训、孵化创业和带动增收"三大环节,通过科学有效的工作机制和强有力的政策扶持,为每个建档立卡贫困村平均培养3—5名扶贫创业致富带头人,帮助贫困家庭增收脱贫。落实创业普惠政策和扶贫特惠政策,加大致富带头人创业扶持力度。在"阳光工程""星创天地""领头雁计划"中也要分别开展贫困村致富带头人的培训。在培训工程中,考虑选派年纪较轻、文化层次较高、基本素质较好的乡村干部和能人精英到发达地区进行跟班学习或者挂职实践;与省市有关科研院校建立比较稳定的代培训关系,定期选派人员进行学习专业技术。

（五）加强职业农民培训

通过加强高等学校新农村发展研究院和国家农业科技园区建设,充分发挥新农村发展研究院协同创新战略联盟在师资、基地等方面的优势,以及国家农业科技园区的技术集成、要素聚集、应用示范和辐射带动作用,加大对返乡农民工和农村新成长劳动力的技能培训,为贫困地区培养大批懂技术、会经营、善管理的新型职业农民,促进贫困地区新型农业经营主体的培育和发展,为贫困地区一二三产业融合发展注入持久活力。

（六）完善人才支持政策

制定各种支持性政策,鼓励人才向贫困地区流动。对在贫困县工作的专业技术人员在职称、待遇方面实施倾斜政策。对到贫困地区就业的大学毕业生,实施社会保险补贴、学费补偿或助学贷款代偿等政策,户口可留在原籍或根据本人意愿迁往就业创业所在地,在机关事业单位招考和研究生招入时优先考虑。到贫困县创业的大学生,享受税收优惠、行政事业性收费减免、小额贷款担保、贴息等政策。

第四节　完善扶贫开发土地政策

土地作为生产要素在一个地区的经济发展中有着至关重要的作用。土地产权明晰、土地资源的合理规划和使用可以极大地发挥土地的潜在生产力,提升民众收益率,带动地区经济社会发展。党的十八大以来,党中央、国务院高度重视扶贫工作,土地政策也已成为脱贫攻坚的重要保障。

一、扶贫开发进程中的土地政策变迁

中国特色的扶贫开发,始终与我国的土地制度有着密切的联系,不同时期的土地政策在扶贫开发、脱贫攻坚的不同阶段发挥着不同的作用。

按照土地政策在扶贫开发中变革时间节点,可以分为这样几个阶段:

1984—1993年:土地经营制度变革推动减贫。1984年,《中共中央、国务院关于帮助贫困地区尽快改变面貌的通知》印发,这是在国家层面的文件中,第一次出现"贫困"的概念。该通知明确划定了18个需要重点扶持的贫困地带,并开展扶贫工作。涉及土地政策主要有:"在坚持土地公有的前提下,由群众自主选择最适宜的经营形式。耕地承包期可以延长到30年。允许转让承包权。"据统计,到1985年,农村人均粮食产量增长14%,棉花增长73.9%,油料增长176.4%,肉类增长87.8%;农民人均纯收入增长2.6倍。贫困人口从2.5亿减少到1.25亿,平均每年减少1786万。1986年起,扶贫工作进入一个新的历史时期。土地政策支持大规模开发式扶贫。

1994—2000年:"八七扶贫攻坚计划"中的利用土地政策扶贫。1994年3月,《国家八七扶贫攻坚计划》颁布实施,扶贫开发进入了攻坚阶段。该计划明确指出:"通过土地有偿租用、转让使用权等方式,加快荒地、荒山、荒坡、荒滩、荒水的开发利用。"这是国家第一次明确提出利用土地政策推动扶贫攻坚。1999年年底,国土资源部、农业部联合出台的《关于搞好农用地管理促进农业生产结构调整工作的通知》规定:"将闲置的建设用地、未利用地或被破坏的耕地开发整理成园地,并经土地和农业行政主管部门共同认定能调整成耕地的,可以视同补充耕地。"尽管这项政策不是针对贫困地区的,但至今对贫困地区扶贫开发有着深远的影响。不少贫困县在土地开发和土地整治中获得收入并用于脱贫攻坚。

2011年至今:新的扶贫开发纲要明确了土地政策的作用。2011年12月,《中国农村扶贫开发纲要(2011—2020年)》印发,该纲要对土地政策提出了系统要求,第一次出现扶贫开发对土地政策需求的完整表述。其中该纲要明确提出:"新增建设用地指标要优先满足贫困地区易地扶贫搬迁建房需求,合理安排小城镇和产业聚集区建设用地","在保护生态环境的前提下支持贫困地区合理有序开发利用矿产资源"等。这是在国家层面的纲领性文件中,第一次出现对土地政策需求的完整表述。根据《中国农村扶贫开发纲要(2011—2020年)》规划,中央根据地形地貌结构、民族区域分布与地方经济状况等划定了六盘区等14个集中连片特殊困难地区,作为"十二五"期间扶贫攻坚主战场。2012年国土资源部第一次专门出台文件,对14个片区680个县在土地政策和保障措施等方面给予支持,土地政策在扶贫过程中发挥了积极作用。

2015年11月,《中共中央 国务院关于打赢脱贫攻坚战的决定》出台,把完善扶贫开发用地政策作为专门章节放在健全脱贫攻坚支撑体系中,并明确了具体政策的相应功能和用途,体现出土地政策在脱贫攻坚中的重要性。该决定主要涉及用地规划计划、增减挂钩政策、土地整治和管理制度改革试点等4个方面。《中共中央 国务院关于打赢脱贫攻坚战的决定》指出,完善扶贫开发用地政策。支持贫困地区根据第二次全国土地调查及最新年度变更调查成果,调整完善土地利用总体规划。新增建设用地计划指标优先保障扶贫开发用地需要,专项安排国家扶贫开发工作重点县年度新增建设用地计划指标。中央和省级在安排土地整治工程和项目、分配下达高标准基本农田建设计划和补助资金时,要向贫困地区倾斜。在连片特困地区和国家扶贫开发工作重点县开展易地扶贫搬迁,允许将城乡建设用地增减挂钩指标在省域范围内使用。在有条件的贫困地区,优先安排国土资源管理制度改革试点,支持开展历史遗留工矿废弃地复垦利用、城镇低效用地再开发和低丘缓坡荒滩等未利用地开发利用试点。

二、扶贫开发中用地政策存在的问题

现实的土地用地及管理中存在诸多问题,如土地流转的不合理,土地征用补偿款的截留、挪用、私吞,宅基地补偿过低等问题,这些都会侵蚀农民的合法土地权利,损害农民的合法利益,引发一系列经济社会问题。在资源禀赋及土地资源综合管理利益方面,区域内又有贫困区特殊矛盾,如土地资源集中,但资金、技术投入不足,开发利用水平低,产业化程度低,相关行业不配套,统筹发展程度不足;土地拥有绝对数量,但集约利用程度低,土地闲置、浪费现象严重;耕地面积分布广泛但中低产田占比高,农田基础设施不完备等,贫困区资源优势向经济优势转化不足。

三、完善扶贫开发土地政策

土地政策在扶贫开发、脱贫攻坚的不同阶段发挥着不同的作用。在土地政策不断完善、扶贫脱贫进入最后冲刺期的背景下,进一步完善扶贫开发土地政策,要重点做好以下几方面的工作。

（一）优先保障扶贫开发用地需要

落实新增建设用地计划指标优先保障扶贫开发用地需要,专项安排国家扶贫开发工作重点县年度新增建设用地计划指标。2016年,国土资源部将按照中央脱贫攻坚的决策部署,进一步加大对贫困地区用地计划指标支持,拟专项安排国家扶贫开发重点县每县600亩用地计划指标,同时要求有关省份加大对扶贫开发重点县用地指标的保障力度,做到精准扶贫、精准脱贫。新时期土地扶贫应进一步加强贫困地区供给管控力度,认真落实相关政策要求,上级国土部门应加大对下级国土部门业务督导与监察,通过科学编制规划方案,合理测算用地需求,实地调度检查,及时公开用地信息,优先确保保障性住房用地、棚户区改造用地、中小套型商品房建设用地供应,提高贫困区人民住房水平,满足贫困区人民住房需要。

（二）持续开展土地整治工程,扎实推进高标准基本农田建设

土地整治是当前改变土地农业发展方式、提高耕地产能、促进农民增产增收最为有效的手段。近年来在促进贫困地区扶贫开发方面发挥了不可替代的重要作用。新时期要切实做好全国土地整治规划编制工作。规划编制时，充分考虑贫困地区自然资源特点、经济社会状况和扶贫开发工作情况，将符合条件的贫困地区县（市）纳入土地整治重点区域、重大工程和示范建设，合理安排土地整治及高标准基本农田建设目标任务。进一步加大对贫困地区土地整治项目安排与资金支持力度，重点支持贫困地区对低效利用、不合理利用和未利用的土地进行综合整治，对生产建设破坏和自然灾害损毁的土地恢复利用，提高土地利用效率，统筹推进区域内田、水、路、林、村格局优化，改善贫困区人民群众生产生活条件。大力推进耕地保护和节约集约利用，加大城镇工矿建设用地、农村建设用地整治，盘活存量建设用地供应，加快推进新农村建设和统筹城乡发展。针对土地整治重点区域重点项目，可考虑中央分成的新增建设用地有偿使用费向贫困地区倾斜，专项支持重大土地开发整理、村庄综合整治及相关调查规划等基础性工作。同时积极引导各项涉地涉农资金投入农村土地整治，鼓励以投工、投劳等多种方式参与土地整治工程建设，增加贫困地区农民收入。

加大贫困区高标准基本农田建设支持力度，在下达高标准基本农田建设年度计划和分配中央分成新增费时，重点向贫困地区倾斜。以大规模建设旱涝保收高标准基本农田改变贫困地区农业生产条件，加强基础设施建设，按照"田成方、树成行、路相通、渠相连、旱能灌、涝能排"的标准，在贫困区内科学规划基本农田集中区，有效引导耕地集中连片，优化耕地多功能布局。加大攻坚地区基本农田建设投入，在政策项目安排技术指导，完成指标等方面适当倾斜，通过适度开发后备土地，强化补充耕地的数量与质量，加强粮食生产区建设，引导农业产业结构调整，提高贫困区农业产出，实现基本农田质量提高一个等级，帮助贫困区脱贫致富。

（三）加大城乡建设用地增减挂钩指标支持

我国幅员辽阔,各地资源禀赋、区位条件、经济发展水平差异很大,农户致贫根由与脱贫需求呈现出多样化、个性化的特征,采取单一的"增减挂钩"模式很难满足各地的实际需求,因此可以加大对扶贫开发及易地搬迁地区增减挂钩指标支持。在集中连片特困地区、国家扶贫开发工作重点县和开展易地扶贫搬迁的贫困老区,通过实施城乡建设用地增减挂钩试点项目,将增减挂钩节余指标在省域范围内挂钩流转使用。打破农村产权交易机构的地方割据状况,形成全国统一的农村产权交易市场,作为建设用地指标市场流通的场所。取消项目范围限制,允许在全国范围内跨省进行建设用地指标交易,最大限度释放土地级差收益,用于精准扶贫工作。

增减挂钩本质上是一种土地发展权的"空间交易",具有"类市场运行"的经济性质,这为探索市场化的运行机制奠定了基础。应当借鉴国外土地发展权市场与重庆"地票交易"的实践经验,尽快构建起建设用地指标的市场化交易机制。省级国土资源主管部门建立台账,对全省增减挂钩节余指标进行统一管理,按照公开、公平、有偿的原则,引导节余指标合理流转,用于效益好的项目,充分显示土地级差收益,保证产生的结余指标能用得出去、资金能收得回来。切断拆旧区与建新区的捆绑关系,项目完成复垦还耕和农民新居建设并经验收合格,节余的建设用地指标即可入市交易。创设建设用地指标供需市场。供给端,促进投资主体多元化,充分调动民间投资的积极性,鼓励农民自主投资和企业参与投资,畅通土地产权融资渠道,促进农村土地整治的产业化与市场化;需求端,凡是购买建新区国有土地的开发商,均需持用同等面积的建设用地指标。

（四）支持开展未利用地开发利用

支持开展历史遗留工矿废弃地复垦利用。2012年3月起,国土资源部严格按照城乡建设用地增减挂钩要求实行专项管理,同时强调先复垦、后利用,严格执行土地复垦管理规定,部署在河北等12个省份开展工矿废弃地复垦利用试点工作。实践表明,积极推进工矿废弃地复垦利用,已经显示出良好的经济、社会、生态效益。对于扶贫攻坚重点地区,通过工矿废弃地复垦利用,有效促进了贫困地区耕地保护和节约集约用地,改善了生态环境,推动了工业化、城镇化、农业现代化发展,为资源枯竭型地区转型提供支持,改善了矿区产出生活条件,受到当地政府和人民群众的普遍欢迎,初步显示良好的经济、社会、生态综合效益。下一步,要继续坚持"实事求是、尊重历史、有利复垦、维护权益"的原则,对试点管理政策进行调整完善,在充分考虑扶贫攻坚地区需求,在扶贫攻坚重点地区,对于确实具有资源潜力、符合开展条件的地方,选择矿区面积比较集中、具备一定规模的地区,整合工矿废弃地复垦利用,发展绿色矿业发展示范区,恢复治理矿山环境。

支持开展城镇低效用地再开发。结合贫困地区实际,对旧城镇、旧工矿、旧村庄改造开发,积极开展城镇低效用地再开发,推动土地节约集约利用,为新型城镇化发展、危房改造、扶贫产业发展提供用地空间。

支持开展低丘缓坡荒滩等未利用地开发利用。低丘缓坡荒滩资源主要集中在西北、西南地区,西部12个省(自治区、直辖市)占全国未利用地总量的86.5%;从省域来看,低丘缓坡荒滩资源也往往集中在经济相对落后的山区和偏远地区。推进低丘缓坡荒滩等未利用土地开发利用,有利于发挥欠发达地区的土地资源优势,为扶贫攻坚、加快民族地区经济社会发展提供有力支撑。

第八章 精准扶贫的管理机制

第一节 扶贫对象管理

扶贫对象管理主要是指通过对扶贫对象进行精准识别、建档立卡和建立全国扶贫信息网络系统等工作，对扶贫对象进行全方位、全过程的监测，实时反映贫困户和贫困人口的收入、致贫原因、帮扶措施、发展变化等情况，实现对扶贫对象的有进有退，动态管理。

一、扶贫对象管理是精准扶贫工作的基础和首要工作

2015年3月8日，习近平总书记参加全国人大三次会议广西代表团审议时提出，扶贫要看真贫、扶真贫、真扶贫，少搞一些盆景，多搞一些惠及广大贫困人口的实事。精准扶贫的目的是实现真扶贫、扶真贫，实现这一目的需要对扶贫对象进行精准管理。

长期以来，我国农村扶贫工作的瞄准对象一直没有针对具体贫困户和贫困个体。20世纪80年代，我国的扶贫对象是国家或省确定的贫困县；21世纪初开始将扶持的重点转向15万个贫困村；2011年，又将14个连片特困地区作为扶贫的重点。我国贫困人口的数量是由国

家统计局根据调查数据推算出来的,不是根据实际情况逐一上报汇总出来的。在实际工作中,长期存在着国家对贫困村、贫困户、贫困人口识别不清的问题,导致扶贫措施存在"大水漫灌"的现象,造成不少贫困人口难以直接受益。因此,《中国农村扶贫开发纲要(2001—2010年)》提出,要制定科学规范、符合实际的监测方案,采用多种方法,全面、系统、动态地反映贫困人口收入水平和生活质量的变化,以及贫困地区的经济发展和社会进步情况,为科学决策提供必要的依据。2004年4月,胡锦涛同志在四川考察时强调,扶贫开发要有针对性,必须在"直接"上下功夫,要重点安排一些能让群众直接受益的小型项目,得到实实在在的利益。2004年11月,回良玉同志在全国扶贫工作会议上明确提出,让贫困人口直接受益。2005年,为增强扶贫开发工作的针对性,贯彻落实回良玉同志关于扶贫工作一定要"让贫困人口直接受益"的指示,准确掌握贫困人口状况,确实瞄准贫困群体,将扶贫开发的政策、措施真正落实到户,提升扶贫攻坚成效,国务院扶贫办于2005年4月27日发出《关于进一步加强贫困人口建档立卡和扶贫动态监测工作的通知》,开展贫困人口建档立卡工作,为我国扶贫开发工作提供更准确、更全面的基础数据,同时,也将成为落实扶贫项目、帮扶措施和扶贫优惠政策的重要依据。但由于受扶贫资源制约,虽然对当时的贫困人口进行了建档立卡工作,但没有采取更多有效的扶持措施。2011年印发的《中国农村扶贫开发纲要(2011—2020年)》进一步明确提出,在扶贫标准以下具备劳动能力的农村人口为扶贫工作主要对象。建立健全扶贫对象识别机制,做好建档立卡工作,实行动态管理,确保扶贫对象得到有效扶持。加强扶贫统计与贫困监测。建立扶贫开发信息系统,开展对连片特困地区的贫困监测。进一步完善扶贫开发统计与贫困监测制度,不断规范相关信息的采集、整理、反馈和发布工作,更加及时客观反映贫困状况、变化趋势和扶贫开发工作成效,为科学决策提供依据。

2013年,中共中央办公厅、国务院办公厅印发的《关于创新机制扎实推进农村扶贫开发工作的意见》首次明确提出建立精准扶贫工作机制,并指出国家制定统一的扶贫对象识别办法。2014年4月初,根据《关于创新机制扎实推进农村扶贫开发工作的意见》,制定《扶贫开发建档立卡工作方案》,提出通过建档立卡,对贫困户和贫困村进行精准识别,了解贫困状况,分析致贫原因,摸清帮扶需求,明确帮扶主体,落实帮扶措施,开展考核问效,实施动态管理。对贫困县和连片特困地区进行监测和评估,分析掌握扶贫开发工作情况,为扶贫开发决策和考核提供依据。2014年年底前,在全国范围内建立贫困户、贫困村、贫困县和连片特困地区电子信息档案,并向贫困户发放《扶贫手册》。以此为基础,构建全国扶贫信息网络系统,为精准扶贫工作奠定基础。2014年5月12日,国务院扶贫办等七部门联合印发的《建立精准扶贫工作机制实施方案》,提出要建立精准扶贫工作机制,并明确提出精准识别、精准管理的概念。但《建立精准扶贫工作机制实施方案》中,精准识别和精准管理是分开讲的,笔者认为如果不能将贫困村和贫困户有效识别出来,扶贫对象都不明确,何谈对扶贫对象的精准管理。因而,扶贫对象管理包含精准识别和精准管理两部分的内容,是精准帮扶、精准考核,也即精准扶贫的基础和首要工作。

二、扶贫对象管理的主要工作

(一)精准识别,建档立卡

按照《扶贫开发建档立卡工作方案》的要求,国务院扶贫办、各省(自治区、直辖市)、县、镇、村进行不同分工,各司其职,各负其责,到

2014 年 10 月底前完成建档立卡工作,并将相关数据录入电脑,联网运行。

国务院扶贫办负责确定贫困户、贫困村的识别标准、方法和程序,省级负责相关人员培训、督促检查、考核评估等工作。各省(自治区、直辖市)根据国家统计局确定的分省(自治区、直辖市)和分片区贫困人口规模,按照《扶贫开发建档立卡工作方案》中确定的贫困人口、贫困村规模分解和控制办法,负责将贫困人口、贫困村规模逐级向下分解到村到户,并负责市县两级相关人员培训、专项督察等工作。县负责贫困户、贫困村确定,并组织乡(镇)村两级做好建档立卡工作,同时加快信息化建设。国务院扶贫办制定和组织实施全国扶贫开发信息化建设规划和建设方案,制定标准规范,整合国务院扶贫办内原有信息系统,建设统一的应用软件系统。各省(自治区、直辖市)、市(区)、县(区)负责设备购置、人员配备、数据采集和更新等工作。通过信息化建设,引导各项资源向贫困户和贫困村精准配置,提高针对性和有效性。此项工作 2014 年 12 月底前完成,以后逐步升级完善。

贫困户、贫困村识别标准、方法和程序已在《扶贫开发建档立卡工作方案》中明确。如贫困户建档立卡工作方法和步骤分别为:工作方法明确了贫困户标准、规模、做法和《扶贫手册》的登记内容。以 2013 年农民人均纯收入 2736 元(相当于 2010 年 2300 元不变价)的国家农村扶贫标准为识别标准。但各省(自治区、直辖市)(以下简称"各省")在确保完成国家农村扶贫标准识别任务的基础上,可结合本地实际,按本省标准开展贫困户识别工作。贫困人口规模原则上以国家统计局发布的 2013 年年底全国农村贫困人口规模 8249 万人为基数。省级统计数大于国家发布数的,可在国家发布数基础上上浮 10% 左右;个别省级统计数与国家发布数差距较大的,上浮比例可适当提高;具体识别规模经省级扶贫开发领导小组研究确定后,由省扶贫办报国务院扶贫办核定。各省将贫困人口识别规模逐级分解到行政村。贫困户识别要以农户收入为基本依据,综合考虑住房、教育、健康等情况,通过农户申请、民主评议、公示公告和逐级审核的方式整户识别。按户登记《扶贫手册》,具体内容包括家庭基本情况、致贫原因、帮扶责任人、帮扶计划、帮扶措施和帮扶成效等六个方面内容。登记的标准时点为 2013 年 12 月 31 日,标准时期为 2013 年 1 月 1 日—2013 年 12 月 31 日。具体工作分九步完成。第一步:规模分解。按照《贫困人口规模分解参考方法》,各省将报国务院扶贫办核定后的贫困人口识别规模逐级分解到行政村。第二步:初选对象。在县扶贫办和乡镇人民政府指导下,按照分解到村的贫困人口规模,农户自愿申请,各行政村召开村民代表大会进行民主评议,形成初选名单,由村委会和驻村工作队核实后进行第一次公示,经公示无异议后报乡镇人民政府审核。第三步:公示公告。乡镇人民政府对各村上报的初选名单进行审核,确定全乡(镇)贫困户名单,在各行政村进行第二次公示,经公示无异议后报县扶贫办复审,复审结束后在各行政村公告。以上工作在 2014 年 5 月底前完成。第四步:结对帮扶。在省级人民政府指导下,各县应统筹安排有关帮扶资源,研究提出对贫困户结对帮扶方案,明确结对帮扶关系和帮扶责任人。第五步:制定计划。在乡镇人民政府指导下,由村委会、驻村工作队和帮扶责任人结合贫困户需求和实际,制定帮扶计划。以上工作在 2014 年 7 月底前完成。第六步:填写手册。在县扶贫办指导下,由乡镇人民政府组织村委会、驻村工作队和大学生志愿者对已确定的贫困户填写《扶贫手册》。第七步:数据录入。在县扶贫办指导下,乡镇人民政府组织村委会、驻村工作队和大学生志愿者等将《扶贫手册》录入全国扶贫信息网络系统,并进行数据审核。《扶贫手册》由国务院扶贫办统一监制,各县负责制发,贫困户、村委会各执一册。以上工作在2014年8月底前完成。第八步:联网运行。由各省扶贫办负责,将录入数据在本省内试运行,并在2014年10月底前完成。第九步:数据更新。贫困户信息要及时更新,并录入全国扶贫信息网络系统,实现贫困户动态调整。此工作在县扶贫办指导下,由乡镇人民政府组织村委会和驻村工作队在2015年1月底前完成。

(二)更新信息,动态管理

在对贫困户、贫困村完成建档立卡工作后,要对扶贫对象的信息进行实时更新,做好对贫困户、贫困村的动态管理。为此,国务院扶贫办行政人事司专门印发了《关于开展2015年度扶贫对象动态管理和信息采集工作的通知》和《关于做好2016年扶贫对象动态调整和建档立卡信息采集录入工作的通知》,分别对2015年、2016年扶贫对象进行动态管理。

《关于开展2015年度扶贫对象动态管理和信息采集工作的通知》的工作目标是:在建档立卡"回头看"工作基础上,对扶贫对象进行动态调整。采集2015年年底贫困户脱贫和贫困村、贫困县摘帽信息,对扶贫对象生产生活情况等基础数据进行年度更新,核准标注易地搬迁贫困户信息。同时,补充采集贫困户、贫困村及自然村新增指标数据。具体工作内容和任务包含:一是开展建档立卡"回头看"工作。通过"回头看"核查工作,确保既不遗漏真正的贫困人口,也不把非贫困人口纳入扶贫对象。二是核准易地扶贫搬迁贫困户信息。要求各地对需要搬迁的贫困户进行逐一识别认定,并在信息系统中作搬迁户标注,补录相关信息。超出上述规模数的搬迁户信息可以同时采集,经规划财务司同意后,进行补录。三是对贫困人口政治面貌、党员和大学生村官的信息进行采录。贫困户表中贫困人口信息一栏增加"政治面貌"指标,对贫困人口政治面貌进行采录。同时,在贫困村表中增加了"中共党员数量"和"大学生村官数量",并进行采录。四是对扶贫对象进行动态管理。根据贫困户的变化情况,国务院扶贫办对各地在"建档立卡信息采集系统"中标注的贫困人口"已脱贫"和"预脱贫"信息迁移至扶贫开发信息系统中,并将"已脱贫"转换为"2014 年脱贫"。并根据"回头看"工作,根据 2014 年、2015 年的年度减贫人口数将两年的脱贫户分别标注为"2014 年脱贫"和"2015 年脱贫",也可以将 2014 年和2015 年两年脱贫户全部标注为"2015 年脱贫"。根据贫困村的变化情况,将 2015 年摘帽的贫困村在扶贫开发信息系统中标注为"贫困村摘帽"。新识别的贫困村,通过扶贫开发信息系统中"贫困村新增"和"自然村新增"功能录入。五是对 2015 年度扶贫对象信息进行采集及更新。对系统中原有贫困户,入户采集 2015 年发生变化的数据,然后在系统中修改成 2015 年的贫困户信息。对系统中原有贫困村,采集2015 年发生变化的数据,然后在系统中修改形成 2015 年贫困村信息。采集贫困村中自然村的信息为此次新增的内容和指标,采集原有贫困村中所有自然村的信息,并通过系统中"自然村新增"功能将信息录入系统。同时,对照贫困县 2014 年的数据采集 2015 年发生变化的数据,然后在系统中修改形成 2015 年贫困县数据。六是调整贫困户家庭成员变化情况。入户采集贫困户成员变化信息,并录入扶贫开发信息系统。

《关于做好 2016 年扶贫对象动态调整和建档立卡信息采集录入工作的通知》的工作内容主要包括:一是对贫困人口进行动态调整。首先,是对贫困人口退出实行动态管理。以各省 2016 年年初提出的减贫计划为依据,以户为单位,以农户家庭人均纯收入稳定超过国家扶贫标准且吃穿不愁,义务教育、基本医疗、住房安全有保障为主要衡量标准,严格按照村"两委"组织民主评议、村"两委"和驻村工作队核实、农户认可、村级公示无异议、乡级公告和在扶贫开发信息系统中标注销号的程序,对 2016 年已脱贫的贫困人口实行退出管理。其次,是对返贫人口和新增贫困人口纳入管理。按照贫困人口识别标准、方法和程序,对因灾、因病、因学等原因返贫的贫困人口,以及符合贫困人口识别标准的新增贫困人口全部纳入扶贫开发信息系统。二是对贫困县、贫困村退出进行管理。根据各省年初提出的贫困县退出计划,以贫困发生率为主要衡量标准(中部地区 2%、西部地区 3%),由县级扶贫开发领导小组提出退出申请,市级扶贫开发领导小组初审,省级扶贫开发领导小组核查,确定退出名单后向社会公示,无异议后,由省(自治区、直辖市)扶贫开发领导小组审定后向国务院扶贫开发领导小组报告,国务院扶贫开发领导小组组织专项评估检查,对符合退出条件的贫困县,由省级政府批准退出。根据年初提出的贫困村退出计划,以贫困发生率为主要衡量标准(东中部地区 2%、西部地区 3%),统筹考虑村内基础设施、基本公共服务、产业发展、集体经济收入等综合因素,按照村提出、乡公示、县公告的程序进行退出管理。三是对建档立卡信息进行动态管理。对 2015 年年底未脱贫的贫困户、2014 年和 2015 年两年已标注脱贫户以及 2016 年新增贫困户入户进行信息采集录入;对贫困户、脱贫户、返贫户信息进行采集录入,但仅采集和录入发生变化的信息;对贫困村进行信息采集录入,包括行政村和行政村内自然村,但仅采集发生变化的信息;对贫困户家庭成员自然增减信息采集录入。

第二节 扶贫责任管理

"政治路线确定之后,干部就是决定的因素。"精准扶贫离不开广大领导干部的努力。扶贫责任管理是指,通过对各级领导干部明确责任、严格考核,全面落实脱贫攻坚责任制,从组织上确保精准扶贫各项措施落到实处,帮助贫困群众脱贫致富。

一、强化脱贫攻坚责任制

扶贫离不开组织保障,离不开相关部门和人员的努力。我国在长期的扶贫开发过程中,一直高度重视组织领导,强化扶贫开发责任。在《国家八七扶贫攻坚计划》中,就明确了国务院扶贫开发领导小组和各省及省长的责任,领导小组负责全面部署和督促检查本计划的执行。同时,坚持分级负责、以省为主的省长(自治区主席、市长)负责制。各省、自治区、直辖市特别是贫困面较大的省、自治区,要把扶贫开发列入重要日程,根据本计划的要求制定具体实施计划;省长(自治区主席、市长)要亲自抓,负总责,及时协调解决重要问题。2001年印发的《中国农村扶贫开发纲要(2001—2010年)》提出,要切实落实扶贫工作责任制。坚持省负总责,县抓落实,工作到村,扶贫到户。扶贫开发工作责任在省,关键在县。扶贫开发工作责任到省、任务到省、资金到省、权力到省。扶贫开发工作重点县,负责把扶贫开发的政策措施真正落实到贫困村、贫困户。2011年印发的《中国农村扶贫开发纲要(2011—2020年)》,也明确提出要强化扶贫开发责任。坚持"中央统筹、省(自治区、直辖市)负总责、市(地)县抓落实"的管理体制,建立片为重点、工作到村、扶贫到户的工作机制,实行党政一把手负总责的扶贫开发工作责任制。2013年,中共中央办公厅、国务院办公厅印发的《关于创新机制扎实推进农村扶贫开发工作的意见》提出,要加强领导,确保各项措施落到实处。明确了有关人员和机构的工作职责,贫困地区各级党委和政府要把扶贫开发工作列入重要议事日程,党政主要负责同志要认真履行职责,把工作重点放在扶贫开发上。中央和国家机关要发挥引领示范作用,积极选派优秀干部到贫困地区帮扶。东部各省(直辖市)在做好东西部扶贫协作的同时,进一步加大对本区域内贫困地区和贫困人口的扶持力度。同时,提出要完善管理体制。进一步完善"中央统筹、省(自治区、直辖市)负总责、市(地)县抓落实"的管理体制。国务院有关部门负责统筹协调、分类指导。各省(自治区、直辖市)党委和政府要对本区域内贫困地区的扶贫脱贫负总责。各县(市、区、旗)党委和政府要把扶贫开发任务和政策逐项落到实处。

精准扶贫战略更是强调扶贫责任,强化责任落实。为强化脱贫攻坚领导责任制,专门制定了《脱贫攻坚责任制实施办法》,在继续坚持"中央统筹、省(自治区、直辖市)负总责、市(地)县抓落实"的工作机制大框架下,对中央、省(自治区、直辖市)、市(地)县等各级机构及人员责任进行了细化,构建了责任清晰、各负其责、合理攻坚的责任体系。

中央负责全国脱贫攻坚、精准扶贫工作的统筹。党中央、国务院主要负责统筹制定脱贫攻坚大政方针,出台重大政策举措,完善体制机制,规划重大工程项目,协调全局性重大问题、全国性共性问题。国务院扶贫开发领导小组负责全国脱贫攻坚的综合协调,建立健全扶贫成效考核、贫困县约束、督察巡查、贫困退出等工作机制,组织实施对省级党委和政府扶贫开发工作成效考核,组织开展脱贫攻坚督察巡查和第三方评估,有关情况向党中央、国务院报告。国务院扶贫开发领导小组建设精准扶贫、精准脱贫大数据平台,建立部门间信息互联共享机制,完善农村贫困统计监测体系。有关中央和国家机关按照工作职责,运用行业资源落实脱贫攻坚责任,按照中共中央办公厅、国务院办公厅印发的《贯彻实施〈中共中央 国务院关于打赢脱贫攻坚战的决定〉重要政策措施分工方案》要求制定配套政策并组织实施。中央纪委机关对脱贫攻坚进行监督执纪问责,最高人民检察院对扶贫领域职务犯罪进行集中整治和预防,审计署对脱贫攻坚政策落实和资金重点项目进行跟踪审计。

省(自治区、直辖市)对各自地区脱贫攻坚、精准扶贫工作负总责。省级党委和政府对本地区脱贫攻坚工作负总责,并确保责任制层层落实。具体职责包括,贯彻落实中央脱贫攻坚的大政方针和决策部署,结合本地区实际制定政策措施,根据脱贫目标任务制定省级脱贫攻坚滚动规划和年度计划并组织实施;调整财政支出结构,建立扶贫资金增长机制,明确省级扶贫开发投融资主体,确保扶贫投入力度与脱贫攻坚任务相适应;统筹使用扶贫协作、对口支援、定点扶贫等资源,广泛动员社会力量参与脱贫攻坚;加强对扶贫资金分配使用、项目实施管理的检查监督和审计,及时纠正和处理扶贫领域违纪违规问题;加强对贫困县的管理,组织落实贫困县考核机制、约束机制、退出机制;保持贫困县党政正职稳定,做到不脱贫不调整、不摘帽不调离。省级党委和政府主要负责人向中央签署脱贫责任书,每年向中央报告扶贫脱贫进展情况。

市(地)县负责脱贫攻坚、精准扶贫项目的落实。市级党委和政府负责协调域内跨县扶贫项目,对项目实施、资金使用和管理、脱贫目标任务完成等工作进行督促、检查和监督。县级党委和政府承担脱贫攻坚主体责任,负责制定脱贫攻坚实施规划,优化配置各类资源要素,组织落实各项政策措施,县级党委和政府主要负责人是第一责任人。县级党委和政府具体职责包括:指导乡、村组织实施贫困村、贫困人口建档立卡和退出工作,并对贫困村、贫困人口精准识别和精准退出情况进行检查考核;制定乡、村落实精准扶贫、精准脱贫的指导意见并监督实施,保证贫困退出的真实性、有效性;指导乡、村加强政策宣传,充分调动贫困群众的主动性和创造性,把脱贫攻坚政策措施落实到村到户到人；坚持抓党建促脱贫攻坚，强化贫困村基层党组织建设，选优配强和稳定基层干部队伍。除以上职责外，县级政府还负责建立扶贫项目库，整合财政涉农资金，建立健全扶贫资金项目信息公开制度，并对扶贫资金管理监督负首要责任。

对其他相关机构及人员责任进行明确。东西部扶贫协作和对口支援双方各级党政主要负责人要负责推动建立精准对接机制，聚焦脱贫攻坚，注重帮扶成效，加强产业带动、劳务协作、人才交流等方面的合作；各定点扶贫单位要紧盯建档立卡贫困人口，细化实化帮扶措施，督促政策落实和工作到位，切实做到扶真贫、真扶贫，不脱贫不脱钩；军队和武警部队要积极参与地方脱贫攻坚，有条件的承担定点帮扶任务；各民主党派要做好脱贫攻坚民主监督工作，同时发挥优势做好扶贫工作的人才和智力支撑；民营企业、社会组织和公民个人要主动支持和参与脱贫攻坚，积极履行社会责任。

二、严格扶贫责任考核督察

明确责任后，考核就成为落实责任追究，促使各级机构和人员切实履职尽责，改进工作，切实推进精准扶贫的重要手段。

长期以来，我国的扶贫工作一直重视考核工作，通过考核，落实责任。2001 年印发的《中国农村扶贫开发纲要（2001—2010 年）》就提出，要把扶贫开发的效果作为考核地方党政主要负责人政绩的重要依据。2011 年印发的《中国农村扶贫开发纲要（2011—2020 年）》明确提出，要进一步完善对有关党政领导干部、工作部门和重点县的扶贫开发工作考核激励机制。2012 年，为贯彻落实《中国农村扶贫开发纲要（2011—2020 年）》精神，进一步完善扶贫开发工作考核激励机制，国务院扶贫开发领导小组决定，自 2012 年开始，对各省（自治区、直辖市)扶贫开发工作进行考核,印发了《扶贫开发工作考核办法(试行)》,明确了考核原则、考核对象、考核方式、考核内容和考核依据,并确定了组织实施方案,并就考核结果的处理办法也进行了明确。《扶贫开发工作考核办法(试行)》还就扶贫开发工作考核主要指标进行了细化,计分细化到 0.1 分。2013 年,中共中央办公厅、国务院办公厅印发的《关于创新机制扎实推进农村扶贫开发工作的意见》提出,要加大扶贫开发工作考核力度,做到有目标、有计划、有措施、有检查、有奖惩。

中央提出精准扶贫战略后,更是加强了对扶贫责任的考核。2016年印发的《脱贫攻坚责任制实施办法》中明确提出了奖惩办法,要各级党委和政府、扶贫开发领导小组以及有关中央和国家机关可以按照有关规定对落实脱贫攻坚责任到位、工作成效显著的部门和个人,以适当方式予以表彰,并作为干部选拔使用的重要依据;对不负责任、造成不良影响的,依纪依法追究相关部门和人员责任。各级党委和政府、扶贫开发领导小组以及有关中央和国家机关对在脱贫攻坚中作出突出贡献的社会帮扶主体,予以大力宣传,并按照有关规定进行表彰。并于2016 年年初专门制定了《省级党委和政府扶贫开发工作成效考核办法》,对考核原则及目标、考核内容、考核工作办法以及考核结果处理办法等做了明确规定。

考核原则及目标。考核办法适用于中西部 22 个省(自治区、直辖市)党委和政府扶贫开发工作成效的考核。考核工作围绕落实精准扶贫、精准脱贫基本方略,坚持立足实际、突出重点,针对主要目标任务设置考核指标,注重考核工作成效;坚持客观公正、群众认可,规范考核方式和程序,充分发挥社会监督作用;坚持结果导向、奖罚分明,实行正向激励,落实责任追究,促使省级党委和政府切实履职尽责,改进工作,坚决打赢脱贫攻坚战。参与考核工作的中央部门应当严守考核工作纪律,坚持原则、公道正派、敢于担当,保证考核结果的公正性和公信力。各省(自治区、直辖市)应当及时、准确提供相关数据、资料和情况,主动配合开展相关工作,确保考核顺利进行。对不负责任、造成考核结果失真失实的,应当追究责任。

考核内容包括四个方面。减贫成效:考核建档立卡贫困人口数量减少、贫困县退出、贫困地区农村居民收入增长情况;精准识别:考核建档立卡贫困人口识别、退出精准度;精准帮扶:考核对驻村工作队和帮扶责任人帮扶工作的满意度;扶贫资金:依据财政专项扶贫资金绩效考评办法,重点考核各省(自治区、直辖市)扶贫资金安排、使用、监管和成效等。

考核工作办法。考核工作从2016年到2020年,每年开展一次,由国务院扶贫开发领导小组组织进行,具体工作由国务院扶贫办、中央组织部牵头,会同国务院扶贫开发领导小组成员单位组织实施。考核工作于每年年底开始实施,次年2月底前完成,按以下步骤进行:省级总结:各省(自治区、直辖市)党委和政府,对照国务院扶贫开发领导小组审定的年度减贫计划,就工作进展情况和取得成效形成总结报告,报送国务院扶贫开发领导小组。第三方评估:国务院扶贫开发领导小组委托有关科研机构和社会组织,采取专项调查、抽样调查和实地核查等方式,对相关考核指标进行评估。数据汇总:国务院扶贫办会同有关部门对建档立卡动态监测数据、国家农村贫困监测调查数据、第三方评估和财政专项扶贫资金绩效考评情况等进行汇总整理。综合评价:国务院扶贫办会同有关部门对汇总整理的数据和各省(自治区、直辖市)的总结报告进行综合分析,形成考核报告。考核报告应当反映基本情况、指标分析、存在问题等,作出综合评价,提出处理建议,经国务院扶贫开发领导小组审议后,报党中央、国务院审定。沟通反馈:国务院扶贫开发领导小组向各省（自治区、直辖市）专题反馈考核结果，并提出改进工作的意见建议。

考核结果处理办法。考核结果由国务院扶贫开发领导小组予以通报。对完成年度计划减贫成效显著的省份，给予一定奖励。考核中若发现下列问题：未完成年度减贫计划任务的；违反扶贫资金管理使用规定的；违反贫困县约束规定，发生禁止作为事项的；违反贫困退出规定，弄虚作假、搞"数字脱贫"的；贫困人口识别和退出准确率、帮扶工作群众满意度较低的；纪检、监察、审计和社会监督发现违纪违规问题的。由国务院扶贫开发领导小组对省级党委、政府主要负责人进行约谈，提出限期整改要求；情节严重、造成不良影响的，实行责任追究。考核结果作为对省级党委、政府主要负责人和领导班子综合考核评价的重要依据。

同时，《脱贫攻坚责任制实施办法》提出各省（自治区、直辖市）要参照本办法，结合本地区实际，制定本地区各级扶贫开发工作的考核办法，加强对本地区各级扶贫开发工作的考核。

第三节　扶贫队伍管理

扶贫队伍管理，主要是指对大量工作在农村贫困地区一线人员的管理。主要包括乡镇扶贫工作人员、贫困村工作人员以及由中央省市县各级选派的驻村第一书记及扶贫工作队员等。

一、加强扶贫队伍管理，确保精准扶贫"精准"

精准扶贫战略的有效实施需要构建精准扶贫工作长效机制，通过对贫困户和贫困村精准识别、精准帮扶、精准管理和精准考核,引导各类扶贫资源优化配置,实现扶贫到村到户。

精准识别、精准帮扶、精准管理和精准考核是精准扶贫战略的核心构成,前面"四个精准"的"精准"贯彻落实是确保精准扶贫实现"精准"的关键,是构建精准扶贫工作长效机制的根本。"四个精准"是一个紧密相连的有机构成,各部分关系紧密,通过精准识别,可以有效地将贫困户和贫困村识别出来。此后,通过深入分析贫困户和贫困村的致贫原因,落实帮扶责任人,逐村逐户制定帮扶计划,实现精准帮扶。精准管理是指对前两项的工作进行监测、记录及管理。即对扶贫对象(贫困户和贫困村)进行全方位、全过程的监测,建立全国扶贫信息网络系统,实时反映帮扶情况,实现扶贫对象的有进有出,动态管理,为扶贫开发工作提供决策支持。精准考核是指对前三方面的工作成效进行量化考核,奖优罚劣,保证各项扶贫政策落到实处。上述工作的有效完成需要三个条件:一是需要制定各种标准、工作流程、办法、措施以及制度等,这需要顶层设计;二是需要做好建档立卡和信息化建设等工作,为精准扶贫提供决策支撑;三是需要一支庞大的工作在一线的扶贫队伍,这是贯彻落实顶层设计,做好建档立卡基础工作的具体实施者。

在一定意义上讲,精准扶贫是一种双向机制。一方面,需要中央到地方层层分工、明确责任,把中央的顶层设计严格落实下去,落实到位;另一方面,又需要基层的扶贫工作队员入村、入户,及时反馈信息,摸清致贫原因,为项目安排、资金使用、措施到户精准奠定基础,确保脱贫成效。其中,大量工作在一线的扶贫队伍是确保精准扶贫"精准"的关键,是精准扶贫战略的具体实施者。加强对扶贫队伍的管理,是确保精准扶贫"精准""高效"的关键。

二、加强扶贫队伍建设,确保"因村派人精准"

为确保精准识别、完成建档立卡工作,2014 年 4 月至 10 月,全国组织 80 万人进村入户。2015 年 8 月至 2016 年 6 月,全国动员近 200 万人开展建档立卡"回头看",识别精准度进一步提高。为确保精准帮扶、精准管理和精准考核,全国选派 18.8 万名优秀干部到贫困村担任第一书记,选派 77.5 万名干部驻村帮扶。加强扶贫队伍建设,确保"因村派人精准",需要做好三支扶贫队伍的建设工作。

加强贫困乡镇领导班子建设。乡镇政府作为战斗在精准扶贫一线的主力军,在精准扶贫工作中起着至关重要的作用,它是连接上级党委政府与基层群众的桥梁与纽带,直接服务于基层群众,它是精准扶贫政策的宣传者,是扶贫精准识别的执行者,是精准扶贫政策的落实者,是扶贫项目安排和扶贫资金使用的监管者,是打赢精准扶贫这场硬仗的关键。要有针对性地选配政治素质高、工作能力强、熟悉"三农"工作的干部担任贫困乡镇党政主要领导。

抓好贫困村基层组织建设。抓好以村党组织为领导核心的村级组织配套建设,集中整顿软弱涣散村党组织,提高贫困村党组织的创造力、凝聚力、战斗力,发挥好工会、共青团、妇联等群团组织的作用。选好配强村级领导班子,突出抓好村党组织带头人队伍建设,充分发挥党员先锋模范作用。完善村级组织运转经费保障机制,将村干部报酬、村办公经费和其他必要支出作为保障重点。加快推进贫困村村务监督委员会建设,继续落实好"四议两公开"、村务联席会等制度,健全党组织领导的村民自治机制。在有实际需要的地区,探索在村民小组或自然村开展村民自治,通过议事协商,组织群众自觉广泛参与扶贫开发。

精准选配第一书记和驻村工作队员。根据贫困村的实际需求,中央、省、市及县各级政府精准选配第一书记。中央和国家机关部委、人民团体、中管金融企业、国有重要骨干企业和高等学校，要结合扶贫开发工作，按照因村派人原则，主要从各级机关优秀年轻干部、后备干部，以往因年龄原因从领导岗位上调整下来、尚未退休的干部中选派，有农村工作经验或涉农方面专业技术特长的要优先选派。省级及以下各级党政机关、人民团体、大专院校、企事业单位等都应当选派政治素质好、业务能力强的干部。同时，精准选派驻村工作队，注重选派思想好、作风正、能力强的优秀年轻干部到贫困地区驻村。在选派驻村工作队员时，要提高县以上机关派出干部比例。

三、明确职责任务，强化管理考核及服务保障

乡镇政府和村基层组织作为长期存在的机构，都有相应的职责，对于各级政府选派的第一书记和驻村工作队员，在组建好队伍后，要保持扶贫队伍的稳定性，明确职责，强化管理考核，同时做好保障服务工作。

明确第一书记和驻村扶贫工作队员的职责。中央组织部选派的第一书记，明确规定了四项主要职责，即加强基层组织，推动精准扶贫，为民办事服务，提升治理水平。其中与精准扶贫紧密相关的是做好精准扶贫推动工作，重点是大力宣传党的扶贫开发和强农惠农富农政策，深入推动政策落实；带领派驻村开展贫困户识别和建档立卡工作，帮助村"两委"制定和实施脱贫计划；组织落实扶贫项目，参与整合涉农资金，积极引导社会资金，促进贫困村、贫困户脱贫致富；帮助选准发展路子，培育农民合作社，增加村集体收入，增强"造血"功能。省级及以下选派的第一书记职责由各省根据自己的实际情况制定。如云南省驻村扶贫工作队队长（第一书记）的主要职责包括：负责对工作队队员的管理，制定工作队年度工作计划；组织收集扶贫工作推进情况，分析存在

问题,总结工作经验,协调争取相关部门的支持;牵头落实村级脱贫发展规划和年度扶贫计划,以及单位包村的各项帮扶措施,参与所驻村扶贫项目的组织实施和管理,及时总结上报驻村扶贫工作情况;督促检查各类项目资金到位和实施情况、建档立卡数据更新情况、队员在岗和工作开展情况等;落实第一书记"建强基层组织、为民办事服务、提升治理水平"等职责。驻村扶贫队员的主要职责也由各省自己酌情制定,如云南省规定驻村扶贫工作队的主要职责有:宣传党中央、国务院和省委、省政府关于农村工作特别是扶贫开发的重大方针政策,帮助落实好各项强农惠农富农政策和扶贫措施;配合村"两委"完成贫困村、贫困户建档立卡和动态管理工作;逐村逐户分析致贫原因,帮助制定村级脱贫发展规划和年度实施计划,找准发展思路、制定脱贫措施、增加农民收入;引导贫困村立足优势资源,发展特色产业和村级集体经济。帮助协调解决贫困户住房、就学、就医等实际困难。参与扶贫项目的计划编制、组织实施和检查验收,监督村"两委"管好用好各类扶贫资金;组织开展实用技术培训、劳动力转移技能培训等工作,提升贫困群众能力素质,拓宽农民增收渠道;坚持"党建带扶贫、扶贫促党建",按照"强组织、兴产业、富百姓、重实效"的思路,推进扶贫开发与基层党建"双推进"工作。协调解决各种矛盾纠纷,维护农民权益。监督村务公开、账务公开,促进基层干部依法办事。

加强对第一书记及扶贫工作队员的管理考核。中央组织部选派的第一书记由县(市、区、旗)党委组织部、乡镇党委和派出单位共同管理。县(市、区、旗)党委组织部和乡镇党委负直接管理责任。第一书记参加派出单位年度考核,由所在县(市、区、旗)党委组织部提出意见。任职期满,派出单位会同县(市、区、旗)党委组织部进行考察,考核结果作为评选先进、提拔使用、晋升职级的重要依据,对任职期间表现优秀的在同等条件下优先使用。对工作不认真、不负责的给予批评教育,造成不良后果的及时调整和处理。省级及以下地方政府选派的第一书记及工作队员由地方政府出台管理考核办法。日常管理一般都由县级组织、扶贫等部门与乡镇党委政府共同负责,乡镇党委政府具体负责驻村扶贫工作队员的管理。具体管理内容一般包括在岗时间、请销假、履职履责、扶贫任务完成情况等。对不驻村、不尽心尽力、不履行驻村职责、扶贫任务完成不好,经教育帮助不改的队员,驻村扶贫工作队队长可逐级向管理部门提出要求进行调整更换。对驻村扶贫工作队队长(第一书记)及队员每年进行年度考核,考核一般由县级有关部门统筹,乡镇党委政府具体负责,年度考核等次视同其在派出单位的年度考核等次,考核结果存入个人档案。驻村扶贫工作队队长及队员任期考核情况作为培养和选拔使用干部的重要依据之一。对驻村期间工作任务完成好、帮扶成效明显、受省级表彰的驻村扶贫工作队队长及队员,在同等条件下优先提拔任用,在职称评审、岗位聘用中给予优先。考核不合格的驻村扶贫工作队队长及队员,一年内不得提拔任用。

做好对第一书记及扶贫工作队员的保障服务工作。一是及时做好扶贫工作人员的培训工作。扶贫、农办等部门要开展扶贫、涉农等政策和技能培训,加强业务指导。二是确保扶贫工作人员的工作经费和生活补贴。中央组织部选派的第一书记工作经费,具体由各地财政统筹安排,各地扶贫部门要从扶贫资金中专项安排帮扶经费。任职期间要给予适当生活补助,可参照差旅费、伙食补助费标准执行。派往艰苦边远地区的,还可参照所在地区同类同级人员的地区性津贴给予相应补助。省级及以下选派人员的工作经费一般由省市县等财政部门负责,补贴一般由派出单位负责。三是所在乡镇、村要力所能及地为驻村扶贫工作人员提供工作和生活条件,确保大家下得去、待得住、干得好。

四是各级派出单位要为驻村队员安排定期体检,办理任职期间人身意外伤害保险,并帮助解决生活等方面的实际困难。

第四节　扶贫资金管理①

扶贫资金是贫困群众的"救命钱",一分一厘都不能乱花,更容不得动手脚、玩猫腻。加强扶贫资金管理,增强资金使用的针对性和实效性,推进扶贫资金使用精准,切实使资金直接用于扶贫对象。

一、精准扶贫亟须加强扶贫资金管理

扶贫资金是贫困群众的"救命钱""保命钱",是减贫脱贫的"助推剂"。管好用好扶贫资金是精准扶贫、精准脱贫的重要保证。精准扶贫、精准脱贫,就是要把扶贫资金用到该用的地方,用在刀刃上,确保资金使用效率。当前,在扶贫资金方面,一方面扶贫资金管理体制存在不完善的地方;另一方面在使用上存在一些乱象,亟须加强管理。

扶贫资金管理体制存在不完善的地方,影响着精准扶贫的效果。一是财政扶贫资金的筹措机制不完善。当前,我国农村扶贫资金筹措渠道比较单一,扶贫资金来源主要以中央和地方财政资金的注入为主,缺乏积极开拓面向社会筹措扶贫资金的有效资金筹措制度体系。长此以往,会导致扶贫资金不充足,影响精准扶贫效果。二是扶贫资金使用

① 这里讲的扶贫资金主要是指财政专项扶贫资金,是国家财政预算安排用于支持各省(自治区、直辖市)农村贫困地区、少数民族地区、边境地区、国有贫困农场、国有贫困林场、新疆生产建设兵团贫困团场(以下简称"各地")加快经济社会发展,改善扶贫对象基本生产生活条件,增强其自我发展能力,帮助提高收入水平,促进消除农村贫困现象的专项资金。

制度不健全。首先,财政专项扶贫资金的分配制度有缺陷。资金分配链条过长,扶贫项目审批层级太高,环节过长。多数扶贫项目资金,特别是以工代赈和少数民族发展资金的审批权掌握在省级。自省级部门向下拨付的扶贫资金,往往要经过多级政府的审批环节,中间审批流程过长导致资金难以及时到位。此外,扶贫专项资金存在多头管理问题,扶贫办、发展改革委、农委等部门都管理着部分资金,导致资金零星分散、整合不足,资金效益不能得到有效发挥。其次,扶贫资金存在投入不够精准问题。由于基层政府和目标群体对于扶贫项目决策参与不够,上级决策的扶贫项目存在"失准"或"脱靶"的问题。一些上级政府推动的项目,与基层和目标群体实际需求的匹配度不够,致使基层政府和目标群体推动积极性不高,效果不好。最后,扶贫资金在使用过程中存在截留挪用等违规现象。如不同程度上存在弄虚作假,套取扶贫资金;改变用途,截留、挪用扶贫资金;管理松懈,扶贫资金损失浪费严重等问题。三是扶贫资金监管制度不健全。首先,由于各级政府的财政扶贫资金管理存在多头管理的问题,这给扶贫资金监管制度体系的有效运行造成障碍,也为少数熟悉监管制度的人员利用各部门之间的监管漏洞作案的机会。其次,监管手段落后,监督检查和责任追究制度不够完善。检查监督主要以财务和资金的审查为主,对项目的检查和扶贫效果的评估却很少。检查结果的责任追究不够严厉,使得犯罪政治成本、法律成本、经济成本都比较低,检查的督促作用大大弱化。

由于扶贫资金管理体制的不完善,在扶贫资金使用上还存在不少乱象。2016年6月29日,中华人民共和国审计署审计长刘家义在全国人大常委会会议上介绍扶贫资金审计情况时强调,审计发现1.5亿元扶贫资金被虚假冒领或违规使用,其中17个县将2000多万元用于弥补业务经费、发放福利等。8.7亿元扶贫资金闲置或浪费,其中闲置

时间最长的超过 15 年。审计还发现,云南省寻甸县 2015 年发放的
6560 万元扶贫贷款中,仅有一半发放给了建档立卡贫困户。自 2014
年开始,在中华人民共和国审计署发布的相关审计公告中,扶贫资金
"到处都缺钱"和"资金睡大觉"的矛盾屡屡出现。2016 年 8 月 1 日,中
央纪委公开曝光 9 起扶贫领域腐败问题典型案例。9 起典型案例分别
为:山西省河曲县鹿固乡辉塔村党支部原书记刘俊雄、村委会原主任刘
憨雄骗取"以奖代补"项目资金、危房改造补助资金等问题;安徽省当
涂县姑孰镇连千村村委会原委员吴小明侵占养老保险金问题;湖北省
咸宁市咸安区扶贫办监管失职问题;重庆市丰都县挪用危房改造补助
资金问题;四川省乐至县中天镇原党委副书记、镇长陈德勇协助他人骗
取以工代赈建设资金等问题;贵州省织金县扶贫办挪用财政专项扶贫
资金等问题;云南省宣威市龙潭镇陆泉村原党总支书记、村委会主任朱
恩全和村委会原副主任范开林违规收取危房改造户保证金等问题;甘
肃省秦安县五营镇北坡村原党支部书记、村委会主任邵友芳截留精准
扶贫专项贷款等问题;宁夏回族自治区西吉县苏堡乡张撒村党支部原
书记何彦庆、村委会原主任王军军办理低保优亲厚友问题。从上述 9
起案例可以看出,当前扶贫领域腐败已呈现出多样性、复杂性和普遍
性,扶贫资金已成为不少人的"唐僧肉",扶贫资金管理亟待完善机制、
加强管理,确保资金安全。

二、多方筹措加大扶贫资金投入

一是加大政府财政对扶贫的投入。确保政府投入力度与脱贫攻坚
任务相适应,发挥好政府投入主导作用。各级财政部门积极调整和优
化支出结构,强化财政综合扶贫投入体系建设,财政支农投入新增部分
重点用于扶贫开发,一般性转移支付、涉及民生的专项转移支付等资金

进一步向贫困地区倾斜。不断增加专项扶贫资金预算,提高扶贫支出占一般公共预算支出的比重。中央和省级财政一般公共预算收入安排和财政专项扶贫资金预算安排要保持一定增量。市县(区)财政单列年度扶贫资金预算,根据贫困人口和脱贫目标安排扶贫支出,并保持逐年稳定增长。盘活各级财政存量资金,当年清理回收存量资金中统筹一定比例用于扶贫开发。省级政府可以通过发行地方政府债券筹集扶贫资金。加大政府性基金收入、国有资本经营预算统筹力度,每年从土地出让纯收益和其他非税收入中按照一定比例筹集扶贫资金。

二是加大各行业对扶贫的投入。各级党委、政府要积极协调、指导、督促各部门加大脱贫攻坚行业投入力度。压缩党政部门的公用经费,把一定比例的缩减费用用于扶贫开发。部门投入要重点向贫困县(区)、贫困村、贫困户倾斜,确保基础设施、产业发展、文化惠民、教育培训等涉农专项资金原则上按不低于可安排资金总额一定的比例投入贫困县(区)和贫困村。

三是加大金融对扶贫的投入。通过扶贫再贷款、专项金融债等多种政策工具,向扶贫提供长期、低成本资金。创新金融扶贫产品,落实免抵押免担保的扶贫小额信贷,扩大对贫困人口的保险覆盖。创新金融帮扶方式,加强对带动贫困人口脱贫的龙头企业、合作社等的金融支持。鼓励金融机构延伸服务网络,下沉服务重心,充分利用农村基层组织、驻村扶贫工作队等资源,降低金融服务成本,提高贫困人口金融服务可及性和质量,防范金融风险。

四是支持社会资本加大对扶贫的投入。鼓励支持企业、各类组织和个人参与扶贫开发。全面落实扶贫捐赠税前扣除、税收减免等扶贫公益事业税收优惠政策,以及各类市场主体到贫困地区投资兴业、带动就业增收的相关支持政策。降低扶贫社会组织注册门槛,简化登记程序,对符合条件的社会组织给予公益性捐赠税前扣除资格。对积极参与扶贫开发、带动贫困群众脱贫致富、符合信贷条件的各类企业给予信贷支持,并按有关规定给予财政贴息等政策扶持。在资金扶植、贷款贴息、土地流转、"上市"融资、基地建设、兴办农业产业协会、专业合作社和申报国家级农业产业化龙头企业方面对参与扶贫开发的企业给予重点倾斜。按照国家税收法律及有关规定,鼓励有条件的企业自主设立扶贫公益基金。支持社会团体、基金会、民办非企业单位等各类组织积极从事扶贫开发事业。引导广大社会成员和港澳同胞、台湾同胞、华人华侨及海外人士,通过爱心捐赠、志愿服务、结对帮扶等多种形式参与扶贫。

三、围绕重点促进扶贫资金精准使用

一是整合扶贫资金,提高资金使用效益。扶贫资金来源众多,极其分散。大的来讲有财政专项扶贫资金、各部门资金、社会资金以及个人捐赠等,部门资金又分散在扶贫办、发改委、民政、农业、水利、林业、农发、土地等部门。造成资源难以共享,形不成合力,资金使用效率低。因此,应围绕脱贫攻坚规划和年度实施方案,以县乡为平台,以贫困村为重点,整合扶贫资金,在资金分配、项目安排、项目实施验收等各环节加强统筹协调,使项目管理科学化和规范化,使有限的资金发挥最大的作用,提高资金使用绩效。

二是加大乡镇政府和扶贫对象参与扶贫项目决策的力度。从2015年起,除个别不适合下放审批权限的外,绝大部分扶贫项目审批权限都已下放到县,由县级政府依据中央和省级资金管理办法规定的用途,自主确定扶持项目。这在一定程度上提高了扶贫资金使用的精准度,但由于县扶贫项目审批相关工作人员较少,很难充分了解扶贫对

象的项目需求，导致一些具体项目的精准性不够。建议加大基层政府和扶贫对象的参与力度，特别是要发挥好驻村第一书记和广大驻村扶贫工作队员的作用。在项目选择时增加基层政府在项目选择时的决策权重，多关注扶贫工作队员的意见，多注重目标群体的具体诉求，以更加精准地确定扶贫项目。比如，可以进一步下放扶贫资金项目审批权限，或仅下放部分项目审批权限。由乡镇统筹扶贫资金项目，村里民主决策确定扶贫项目，县扶贫部门进行监督。这样既可以调动广大贫困群众和各个方面参与的积极性，又可以提升扶贫资金的使用效率。

三是增强对"造血"式扶贫项目的支持，形成脱贫长效机制。加强贫困地区基础设施的建设，基础设施是发展当地经济的基础，在扶贫开发过程中，加强贫困地区的基础设施建设能够有效地造福当地人民，为脱贫攻坚创造良好的条件。支持贫困地区集体经济的发展。集体经济是确保农村"有人干事"的重要保障，"有钱办事"的重要来源，是推进扶贫攻坚，实现共同富裕的重要载体。要根据每个村的资源禀赋，因地制宜采取"产业带动型、服务创收型、资源开发型、资产经营型、资本运作型、固资租赁型、乡村旅游型"等多种类型发展壮大村级集体经济。支持贫困地区中长期产业的发展，产业是脱贫的根本，中长期产业是贫困户长期稳定脱贫的根本保证。产业扶贫不能光盯着种植、养殖等短期产业，要将更多扶贫资金投入光伏、水电、乡村旅游等中长期产业，让贫困人口分享产业发展带来的长远收益。

四、加强管理确保扶贫资金安全使用

一是全面推行公开公示制度。全面推行扶贫资金、项目公告公示制，增强资金使用的透明度，保障资金在阳光下运行。各级有关部门应将涉农资金政策文件、管理制度、资金分配、工作进度等信息及时向社会公开。贫困县要在本地政府门户网站和主要媒体公开统筹整合使用的涉农资金来源、用途和项目建设等情况,并实施扶贫项目行政村公示制度,接受社会监督。

二是强化资金监管责任。在扶贫资金项目审批权限下放的背景下,按照权责匹配原则,强化地方监管责任,省、市两级政府将工作重心转变到强化资金和项目的监管上来,县级政府承担确保资金安全、规范、有效运行的具体责任,贫困村第一书记、驻村工作队、村委会要深度参与涉农资金和项目的管理监督。

三是加强监督检查稽查力度。加强财政监督检查和审计、稽查等工作,建立扶贫资金违规使用责任追究制度。纪检监察机关对扶贫领域虚报冒领、截留私分、贪污挪用、挥霍浪费等违法违规问题,坚决从严惩处。推进扶贫开发领域反腐倡廉建设,集中整治和加强预防扶贫领域职务犯罪工作。各级审计、财政等部门要加大对贫困县的审计和监督检查力度,并对贫困县监管职责落实情况进行跟踪问效。探索引入第三方独立监督,引导贫困人口主动参与,构建多元化资金监管机制。各级扶贫、财政、发展改革部门要加强对资金统筹整合使用的绩效评价,并将其纳入扶贫开发工作成效考核,评价、考核结果以本级扶贫开发领导小组名义通报。对试点工作成效好、资金使用效益高的地方,在分配财政专项扶贫资金时给予奖励和倾斜;对不作为、乱作为等行为,严肃追究相关人员责任。

第五节　贫困退出管理

贫困退出管理主要是指通过建立贫困户、贫困村和贫困县退出机制,严格退出程序和标准,对扶贫对象进行动态管理,做到贫困户有进有出,确保扶贫对象按期退出和确保扶贫质量。

一、当前贫困退出中存在的主要问题

脱贫成效精准,必须在落实"扶贫对象退出机制"上下功夫,实现精准脱贫。当前,我国在精准扶贫、精准脱贫中,扶贫对象的退出还存在一些问题,影响着脱贫攻坚的精准,需要通过建立贫困户脱贫和贫困村、贫困县退出工作机制,严格退出程序和标准,对扶贫对象进行动态管理,做到贫困户有进有出,加强贫困退出管理。确保按期退出和确保退出质量,把有限的"弹药"用在最需要的地方。

一是"急躁冒进"搞扶贫"大跃进",影响扶贫质量。党的十八大以来,以习近平同志为核心的党中央对扶贫工作高度重视,提出了到2020年确保我国现行标准下农村贫困人口实现脱贫,贫困县全部摘帽,解决区域性整体贫困的目标。在这样的大环境下,地方一些领导为了政绩在扶贫工作中层层加码、"急躁冒进",搞扶贫"大跃进"。如不少省份提出要提前实现脱贫目标,多则提前3年,少则提前1年。为了完成省里目标,市里、县里在省里提前的基础上,进一步提前,层层加码。一些西部非常困难的县,却提出要提前4年、3年摘帽。中央扶贫对象退出机制还没建立,有些县就快脱贫出列了。在层层加码下,扶贫就出现了不少问题。有的不认真想办法,搞发展,玩起"数字脱贫""算账脱贫",把明年、后年的收入算为当前的实际收入,把农民自己消费或还没有变成商品的产品收入算为现金收入,以拔高收入的方式实现假脱贫。时间紧,赶进度。特别是在易地扶贫搬迁中,盖房子是硬性任务,就不顾实情,赶工期,导致房子标准、质量等存在隐患,资金、土地矛盾不断。还有采用修改脱贫人口数量、篡改贫困衡量标准等等作弊方法,通过"数据脱贫""假脱贫"从贫困的名单上退出,以博取政绩。

二是"不愿退""不想退",占用扶贫资源。这种现象过去有,现在也有,过去主要问题出在县里,现在县里有,贫困村和贫困户中也存在。过去,为了得到更多的财政救助、政策倾斜和税收减免,一些县宁要"里子"不要"面子",眼光瞄准"贫困帽子",努力争取戴上"省定贫困县"和"国家扶贫开发工作重点县"的帽子,而且戴上就不再想把它摘下来。有些县即使在经过大力扶持后,经济得到快速发展,生活状况得到明显改善,早已脱离贫困,但为了继续享受扶贫带来的利益,不惜编造数据保贫困帽子。如有干部甚至认为,没有一定比例的贫困人口,贫困帽就保不住,所以脱贫速度和规模都要有"规划"才行。党的十八大以来,党和国家对扶贫高度重视,对贫困对象给予了大量政策、资金、项目支持。一些地方认为扶贫的"含金量"更大了,贫困帽子更重要了,更是想尽办法竞相争戴。个别地方甚至不以贫困为耻,反以贫困加身为能事,出现了打广告热烈庆祝成为国家级贫困县的荒唐事。有的县通过修改地方经济社会数据的手段,始终"赖"在贫困的名单上,一直不肯退出。贫困村也存在类似问题,特别是党的十八大以来,扶贫力度不断加大,给予贫困村的资金、项目越来越多、越来越大,一些贫困村就不愿意脱贫退出。此外,不少贫困人口,安于贫困之现状,以贫困为由坐等扶持、不思进取;或者以为扶贫是干部的责任,自己只等待项目上门。有的贫困户甚至认为,自己不脱贫帮扶干部就得不到提拔,就会受到上级处理,将自己的脱困完全寄托在他人身上,游手好闲、好吃懒做,以贫困为资本要挟扶贫干部。

三是贫困退出机制还有需要完善的地方。目前,中央政府已经出台了贫困退出机制,部分省市县也相应出台了贫困退出机制,为扶贫对象的退出提供了标准和程序。但目前制定的一些标准、程序和政策等还有不尽如人意的地方,需要进一步完善。如退出标准还比较宏观、原则,不够细化。中央规定:"贫困人口退出以户为单位,主要衡量标准是该户年人均纯收入稳定超过国家扶贫标准且吃穿不愁,义务教育、基本医疗、住房安全有保障。"贫困户年人均纯收入超过国家扶贫标准好理解,"稳定"超过怎么理解?吃穿不愁仅指有就行,还是说要有一定的质量、数量等。如文件还指出,坚持正向激励。对提前退出的贫困县,各省可制定相应奖励政策。目前,"相应奖励政策"好多尚未明确,进而影响着正向激励的效果。

上述问题和现象的产生,要求我们要进一步加强贫困退出管理,通过建立科学严格的贫困退出机制,达到标准的就必须严格按照程序退出,而没达到标准的则须继续攻坚克难。贫困退出机制,本质上是扶贫脱贫工作的质量保障和检验机制,它使得扶贫工作更加精准。

二、贫困退出要严格遵守标准和程序

贫困退出工作涉及面广、政策性强,在实施过程中要遵守原则,严格执行退出标准和程序。统一的退出标准和程序由国务院扶贫办领导小组制定,各省(自治区、直辖市)根据各地的具体情况,制定贫困退出具体方案,各省在遵守国务院扶贫开发领导小组制定的统一的退出标准和程序的基础上,可以结合本地情况,细化标准和程序。

严格执行退出标准。国务院扶贫办领导小组制定的统一的退出标准。贫困人口退出标准(贫困人口退出以户为单位),是该户年人均纯收入稳定超过国家扶贫标准且吃穿不愁,义务教育、基本医疗、住房安全有保障。贫困村的退出标准,主要以贫困发生率为主要衡量标准,原则上贫困村贫困发生率降至2%以下(西部地区降至3%以下),并统筹考虑村内基础设施、基本公共服务、产业发展、集体经济收入等综合因素。贫困县（包括国家扶贫开发工作重点县和集中连片特困地区县）退出标准,以贫困发生率为主要衡量标准,原则上贫困县贫困发生率降至2%以下(西部地区降至3%以下)可以退出。各省根据各地情况,可进行细化。如安徽省贫困人口退出标准为:贫困人口退出以户为单位,该户当年人均纯收入稳定超过国家扶贫标准且吃穿不愁;有安全住房;家庭无因贫辍学学生;符合基本医保(新型农村合作医疗)条件的家庭成员全部参加基本医保。这里把义务教育和基本医疗的内容稍微作了调整,义务教育改为更易操作,基本医疗更加细化。贵州省毕节市贫困村退出标准为:贫困村退出以贫困发生率和"五通四有"(脱贫村通水泥路或沥青路、通客运、通宽带及电话、通组公路及连户路硬化、通生产用电;有美丽乡村创建点、有村卫生室和乡村医生、有村文化活动室和文化信息员、有不低于3万元村级集体经济)为主要衡量标准,贫困村的贫困发生率降至3%以下,实现"五通四有",通过退出程序审批后认定为退出。相比国家的统一标准,毕节市的贫困村退出标准更加细化,也更具操作性。

严格遵守退出程序。国务院扶贫办领导小组制定的退出程序比较简单,贫困户退出程序:由村"两委"组织民主评议后提出,经村"两委"和驻村工作队核实、拟退出贫困户认可,在村内公示无异议后,公告退出,并在建档立卡贫困人口中销号。贫困村退出程序:在乡镇内公示无异议后,公告退出。贫困县退出程序:由县级扶贫开发领导小组提出退出,市级扶贫开发领导小组初审,省级扶贫开发领导小组核查,确定退出名单后向社会公示征求意见。公示无异议的,由各省(自治区、直辖市)扶贫开发领导小组审定后向国务院扶贫开发领导小组报告。各省制定的程序就要更加明确和更具操作性。如安徽省贫困人口退出程序主要分四步:贫困人口脱贫程序。(1)评议公示。贫困户脱贫由村"两委"组织民主评议后提出,经村"两委"和驻村扶贫工作队核实、拟退出贫困户认可后,在村内进行公示;公示无异议,报乡镇党委、政府审核,并将审核意见在村内进行公示。(2)审定公告。公示无异议的,由乡镇党委、政府审定并公告。(3)备案标注。乡镇党委、政府将脱贫人口名单上报县级扶贫开发领导小组备案,并由县级扶贫开发领导小组办公室在扶贫开发信息管理系统中统一标注。(4)颁发脱贫光荣证。贫困户脱贫后,由县级扶贫开发领导小组颁发脱贫光荣证。贵州省毕节市制定的贫困村退出程序:(1)村级申请。按照贫困村退出标准,由贫困村开展自查,提出贫困村退出申请。(2)乡镇核实。乡镇人民政府组织相关人员对申请退出村进行调查评估,达到退出标准的上报县级扶贫开发领导小组。(3)县级核准。县级扶贫开发领导小组对乡(镇)上报的拟退出贫困村组织相关人员全面核实,达到退出标准的进行核准认定。(4)签字确认。县级扶贫开发领导小组核准认定后,由联系贫困村的县和乡镇领导、扶贫工作站主要负责人、村党支部书记和村委会主任、村党支部"第一书记"、驻村工作队(组)主要负责人签字确认退出,并在"贵州省扶贫云建档立卡系统"中标识确认。(5)省市级备案。经县级扶贫开发领导小组认定退出的贫困村,以县为单位上报市级扶贫开发领导小组备案,市级汇总后,以市为单位上报省级扶贫开发领导小组备案。

三、贫困退出管理要把握好几个原则

一是要坚持实事求是。对稳定达到脱贫标准的要及时退出,新增贫困人口或返贫人口要及时纳入扶贫范围。注重脱贫质量,坚决防止虚假脱贫,确保贫困退出反映客观实际、经得起检验。既要防止为政绩,层层加码,不顾实际、"急躁冒进",搞"数字脱贫""算账脱贫"的现

象;也要防止"不愿退""不想退",弄虚作假,修改数据,躺着等政策、等项目、等资金,不想摘帽,占用脱贫资源的现象。真正做到有进有出,精准扶贫、精准脱贫。

二是既要把握原则性,又要注意灵活性。比如在脱贫标准和程序制定上,总的来说,国家统一制定的退出标准和程序更加有原则和简单一些,省市县制定的退出标准和程序更加细化和更具操作性一些。这就比较符合我国扶贫的基本情况,我国各地致贫原因不一,扶贫脱贫方案也有差异,国家制定标准过细,则容易"一刀切",导致不符合一些地方情况,不具有操作性。制定原则性的标准和程序,既有了最低标准,又给了地方很大的操作空间,便于地方操作。

三是要不断完善退出机制。贫困退出工作涉及面广、政策性强,要在实施过程中逐步完善。要做好跟踪研判,及时发现和解决退出机制实施过程中的苗头性、倾向性问题。要坚持规范操作。严格执行退出标准、规范工作流程,切实做到程序公开、数据准确、档案完整、结果公正。贫困人口退出必须实行民主评议,贫困村、贫困县退出必须进行审核审查,退出结果公示公告,让群众参与评价,做到全程透明。强化监督检查,开展第三方评估,确保脱贫结果真实可信。

四是要坚持正向激励。贫困人口、贫困村、贫困县退出后,在一定时期内国家原有扶贫政策保持不变,支持力度不减,留出缓冲期,确保实现稳定脱贫。对提前退出的贫困县,各省(自治区、直辖市)可制定相应奖励政策,鼓励脱贫摘帽。而且各省要尽快明确奖励和扶持政策。如陕西省明确提出,贫困县按照省上确定的脱贫计划脱贫退出的,省上在安排下年度中省财政专项扶贫资金时,按照脱贫年度中省专项扶贫资金规模安排外,另外一次性奖励上年中省专项扶贫项目资金的10%,最低300万元;贫困县提前脱贫退出的,按照脱贫年度中省专项扶贫资金规模安排外,另外一次性奖励上年中省专项扶贫项目资金的30%,最低500万元。

五是要加强监督问责。国务院扶贫开发领导小组、各省(自治区、直辖市)党委和政府要组织开展扶贫巡查工作,分年度、分阶段定期或不定期进行督导和专项检查。对贫困退出工作中发生重大失误、造成严重后果的,对存在弄虚作假、违规操作等问题的,要依纪依法追究相关部门和人员责任。

参考文献

1. [印度]阿比吉特·班纳吉、[法]埃斯特·迪弗洛:《贫穷的本质》,景芳译,中信出版社2013年版。

2. [印度]阿玛蒂亚·森:《贫困与饥荒》,王宇、王文玉译,商务印书馆2001年版。

3. 安春英:《非洲的贫困与反贫困问题研究》,中国社会科学出版社2010年版。

4. [英]保罗·科利尔:《最底层的10亿人:最贫穷国家为何日益衰败?如何起死回生?》,王涛译,中信出版社2008年版。

5. 陈栎宇:《宣战贫困:中国政府正式启动温饱工程》,吉林出版集团2011年版。

6. 陈全功、程蹊:《少数民族山区长期贫困与发展型减贫政策研究》,科学出版社2014年版。

7. 陈宗胜主编:《发展经济学:从贫困走向富裕——新编经济学系列教材》,复旦大学出版社2004年版。

8. [美]迪恩·卡尔兰、[美]雅各布·阿佩尔:《不流于美好愿望:新经济学如何帮助解决全球贫困问题》,傅瑞蓉译,商务印书馆2014年版。

9. [日]堤未果:《贫困大国美国》,殷雨涵、谢志海译,北京科学技术出版社 2010 年版。

10. 邓小海：《旅游精准扶贫理论与实践》，知识产权出版社 2016 年版。

11. 邓维杰：《精准扶贫的难点、对策与路径选择》，《农村经济》 2014 年第 6 期。

12. 丁声俊、王耀鹏等：《反饥饿　反贫困——全球进行时》，中国农业出版社 2012 年版。

13. 董玲：《西海固，向贫困宣战》，阳光出版社 2012 年版。

14. 杜建安、王义高：《挂职扶贫：中国式消除贫困的制度创新》，经济科学出版社 2010 年版。

15. [法]弗朗索瓦·布吉尼翁、[巴]路易斯·A.佩雷拉·达席尔瓦：《经济政策对贫困和收入分配的影响评估技术和方法》，史玲玲、周泳敏译，中国人民大学出版社 2007 年版。

16. 樊怀玉、郭志仪等：《贫困论——贫困与反贫困的理论与实践》，民族出版社 2002 年版。

17. 范小建：《扶贫攻坚的中国式探索》，《北大商业评论》2015 年第 10 期。

18. 方迎风、张芬：《多维贫困视角下的区域性扶贫政策选择》，武汉大学出版社 2015 年版。

19. 冯永宽主编：《西部贫困地区发展路径研究》，四川大学出版社 2010 年版。

20. 高飞、向德平：《社会治理视角下精准扶贫的政策启示》，《南京农业大学学报（社会科学版）》2017 年第 4 期。

21. 顾六宝等：《西部大开发中"贫困陷阱"问题的经济计量模型及实证研究》，人民出版社 2009 年版。

22. 郭雪剑：《三条保障线：中国反贫困的理论与实践》，中国社会出版社 2007 年版。

23. 管仲连、涂方祥主编：《贫穷与浪费》，海洋出版社 2007 年版。

24. 高帅：《贫困识别、演进与精准扶贫研究》，经济科学出版社 2016 年版。

25. 国家统计局住户调查办公室：《中国农村贫困监测报告（2015）》，中国统计出版社 2015 年版。

26. 国风、魏晓东、董锁成：《历史的壮举：中国农村反贫困历程》，山西人民出版社 2003 年版。

27. 国务院扶贫开发领导小组办公室编：《脱贫攻坚政策解读》，党建读物出版社 2016 年版。

28. ［瑞典］冈纳·缪尔达尔著，［美］塞思·金缩写：《亚洲的戏剧：南亚国家贫困问题研究》，方福前译，商务印书馆 2015 年版。

29. 耿怀英：《挑战贫困》，山西人民出版社 2010 年版。

30. ［美］哈瑞尔·罗杰斯：《美国的贫困与反贫困（第二版）》，刘杰译，中国社会科学出版社 2012 年版。

31. 贺静：《西方经济学穷人和贫困问题研究及启示》，中国社会科学出版社 2013 年版。

32. 黄颂文：《普惠金融与贫困减缓》，中国经济出版社 2014 年版。

33. 黄传会：《中国贫困警示录》，中国社会出版社 1996 年版。

34. 黄承伟：《打赢脱贫攻坚战的行动指南——学习领会习近平扶贫开发战略思想》，《红旗文稿》2017 年第 16 期。

35. 黄承伟：《东西部扶贫协作的实践与成效》，《改革》2017 年第 8 期。

36. 黄承伟：《脱贫攻坚省级样本——精准扶贫精准脱贫贵州模式

研究》,社会科学文献出版社 2016 年版。

37. 黄承伟:《与中国农村减贫同行》,华中科技大学出版社 2016 年版。

38. 韩建民、韩旭峰、朱院利编:《西部农村贫困与反贫困路径选择》,中国农业出版社 2012 年版。

39. 杭静、周建文编:《困有所助:农村减贫》,中国民主法制出版社 2016 年版。

40. [美]亨利·乔治:《进步与贫困》,吴良健、王翼龙译,商务印书馆 2010 年版。

41. 姬广武:《世纪决战:中国西部农村反贫困纪实》(上卷),甘肃文化出版社 2001 年版。

42. [美]杰弗瑞·G.威廉姆森:《贸易与贫穷:第三世界何时落后》,符大海、张莹译,中国人民大学出版社 2016 年版。

43. [美]杰弗里·萨克斯:《贫穷的终结:我们时代的经济可能》,邹光译,上海人民出版社 2007 年版。

44. [英]拉法尔·卡普林斯基:《夹缝中的全球化:贫困和不平等中的生存与发展》,顾秀林译,知识产权出版社 2008 年版。

45. 陆汉文、黄承伟:《中国精准扶贫发展报告(2016)》,社会科学文献出版社 2016 年版。

46. [美]拉斯泰德:《贫穷》,张蕊译,辽宁少年儿童出版社 2015 年版。

47. 李华主编:《国际社会保障动态反贫困模式与管理》,上海人民出版社 2015 年版。

48. 李鸿:《贫困落后地区增强自我发展能力研究——以贵州省为例》,中国社会科学出版社 2015 年版。

49. 林俐:《供给侧结构性改革背景下精准扶贫机制创新研究》,《经济体制改革》2016 年第 5 期。

50. 李文、李芸:《中国农村贫困若干问题研究》,中国农业出版社 2009 年版。

51. 李小云:《中国与非洲:发展、贫困和减贫》,中国财政经济出版社 2010 年版。

52. 李小云主编:《环境与贫困:中国实践与国际经验》,社会科学文献出版社 2005 年版。

53. 李雪峰:《贫困与反贫困:西部贫困县基本公共服务与扶贫开发联动研究》,中国财政经济出版社 2016 年版。

54. 雷明:《贫困山区可持续发展之路——基于云南昭通地区调查研究》,经济科学出版社 2010 年版。

55. 刘明宇:《贫困的制度成因:产业分工与交换的经济学分析》,经济管理出版社 2007 年版。

56. 刘奇:《贫困不是穷人的错》,生活·读书·新知三联书店 2015 年版。

57. 刘永富:《中国特色扶贫开发道路的新拓展新成就》,《智慧中国》2017 年第 9 期。

58. 刘永富:《我国"十三五"脱贫攻坚的形势与任务》,《时事报告(党委中心组学习)》2016 年第 1 期。

59. 刘渝琳:《防范"贫困化增长":后危机时代 FDI 评价、甄别与优化机制研究》,商务印书馆 2014 年版。

60. 刘云生:《制度变异与乡村贫困》,法律出版社 2012 年版。

61. [美]马丁·瑞沃林:《贫困的比较》,赵俊超译,北京大学出版社 2005 年版。

62. 莫光辉:《精准扶贫:中国扶贫开发模式的内生变革与治理突破》,《中国特色社会主义研究》2016 年第 2 期。

63. 马建堂主编:《中国精准脱贫攻坚十讲》,人民出版社 2016 年版。

64. [美]玛丽亚·康西安、[美]谢尔登·丹齐革:《改变贫困,改变反贫困政策(第二版)》,刘杰等译,中国社会科学出版社 2014 年版。

65. 米勇生主编:《社会救助与贫困治理》,中国社会出版社 2012 年版。

66. 莫光辉、祝慧:《社会组织与贫困治理:基于组织个案的扶贫实践经验》,知识产权出版社 2016 年版。

67. [南非]莫列齐·姆贝基:《贫穷的设计师》,董志雄译,上海人民出版社 2011 年版。

68. 彭新万:《贫困与发展的主导因素——中国农村改革 30 年制度变迁的经验研究》,经济管理出版社 2010 年版。

69. 曲大维:《流动人口贫困测度研究》,上海交通大学出版社 2014 年版。

70. [英]萨比娜·阿尔基尔等:《贫困的缺失维度》,刘民权、韩华为译,科学出版社 2010 年版。

71. [美]史蒂芬·M.博杜安:《世界历史上的贫困》,杜鹃译,商务印书馆 2015 年版。

72. 世界银行编写组主编:《全球化增长与贫困》,中国财经出版社 2003 年版。

73. 世界银行编:《世界银行国别报告——中国战胜农村贫困》,国务院扶贫办译,中国财经出版社 2002 年版。

74. 单德朋:《民族地区贫困的测度与减贫因素的实证研究》,经济科学出版社 2014 年版。

75. 山东省博兴县委宣传部:《"互联网+"促进农村减贫》,世界知识出版社 2016 年版。

76. 山西推进精准扶贫政策研究课题组:《山西推进精准扶贫政策研究》,中国社会出版社 2015 年版。

77. [美]苏珊·纽曼:《学前教育改革与国家反贫困战略——美国的经验》,李敏谊、霍力岩译,教育科学出版社 2011 年版。

78. [美]塞德希尔·穆来纳森、[美]埃尔德·沙菲尔:《稀缺:我们是如何陷入贫穷与忙碌的》,魏薇、龙志勇译,浙江人民出版社 2014 年版。

79. 宋志辉:《印度农村反贫困研究》,巴蜀书社 2011 年版。

80. 田小红:《中国贫困管理:历史、发展与转型》,中国社会出版社 2009 年版。

81. 郜秀军、李树苗:《中国农户贫困脆弱性的测度研究》,社会科学文献出版社 2012 年版。

82. 谭诗斌:《现代贫困学导论》,湖北人民出版社 2012 年版。

83. 武汉大学中国国际扶贫中心:《中国反贫困发展报告(2016)》,华中科技大学出版社 2016 年版。

84. 温世仁、林光信:《告别贫穷:八亿农民的出路》,生活·读书·新知三联书店 2003 年版。

85. 王家华:《决战 2020:拒绝贫困》,中国民主法制出版社 2016 年版。

86. 王建平:《反贫困政策调整优化研究——基于川西北藏区的实证分析》,经济科学出版社 2016 年版。

87. 王俊文:《当代中国农村贫困与反贫困问题研究》,湖南师范大学出版社 2010 年版。

88. 王介勇、陈玉福、严茂超：《我国精准扶贫政策及其创新路径研究》，《中国科学院院刊》2016 年第 3 期。

89. 王洛林、朱玲主编：《如何突破贫困陷阱》，经济管理出版社 2010 年版。

90. 王曙光：《问道乡野——农村发展、制度创新与反贫困》，北京大学出版社 2014 年版。

91. 王曙光等：《社会参与、农村合作医疗与反贫困》，人民出版社 2008 年版。

92. 王小林：《贫困测量：理论与方法》，社会科学文献出版社 2012 年版。

93. 王小林：《消除一切形式的贫困：内涵和政策取向》，《地方财政研究》2016 年第 8 期。

94. 王永红：《美国贫困问题与扶贫机制》，上海人民出版社 2011 年版。

95. 王三秀等：《中国政府反贫困规范重构》，中国社会科学出版社 2013 年版。

96. 汪三贵、刘未：《"六个精准"是精准扶贫的本质要求——习近平精准扶贫系列论述探析》，《毛泽东邓小平理论研究》2016 年第 1 期。

97. 汪树民：《超级大国的弱势群体——战后美国贫困问题透视》，学林出版社 2011 年版。

98. 习近平：《摆脱贫困》，福建人民出版社 2014 年版。

99. 习近平：《习近平谈治国理政》，外文出版社 2014 年版。

100. 习近平：《习近平谈治国理政》第二卷，外文出版社 2017 年版。

101. 谢冰等:《贫困与保障——贫困视角下的中西部民族地区农村社会保障研究》,商务印书馆2013年版。

102. 徐滇庆、柯睿思、李昕:《终结贫穷之路——中国和印度发展战略比较》,机械工业出版社2009年版。

103. 徐慧:《转型期的贫困"代际转移"及相应公共政策研究》,经济科学出版社2015年版。

104. 徐旭初、吴彬:《贫困中的合作:贫困地区农村合作组织发展研究》,浙江大学出版社2016年版。

105. 徐勇主编:《反贫困在行动:中国农村扶贫调查与实践》,中国社会科学出版社2015年版。

106. 许彦:《西部民族地区反贫困的路径选择和制度安排》,西南财经大学出版社2013年版。

107. 向德平、黄承伟主编:《中国反贫困发展报告(2012)》,华中科技大学出版社2013年版。

108. 向德平、黄承伟:《减贫与发展》,社会科学文献出版社2016年版。

109. 熊娜:《精准扶贫战略下贫困地区新型农业社会服务体系建设研究——以广西为例》,经济管理出版社2015年版。

110. 叶普万:《贫困经济学研究》,中国社会科学出版社2004年版。

111. [美]约翰·肯尼斯·加尔布雷斯:《贫穷的本质》,倪云松译,东方出版社2014年版。

112. 杨道田:《新时期我国精准扶贫机制创新路径》,经济管理出版社2017年版。

113. 杨进:《贫困与国家转型——基于中亚五国的实证研究》,社会科学文献出版社 2012 年版。

114. 杨立雄、胡姝:《中国农村贫困线研究》,中国经济出版社 2013 年版。

115. 杨绪盟:《中国贫困群体调查》,东方出版社 2010 年版。

116. 庄巨忠编:《亚洲的贫困、收入差距与包容性增长》,中国财政经济出版社 2012 年版。

117. 赵曦:《中国西部农村反贫困模式研究》,商务印书馆 2009 年版。

118. 周紫林:《滇西学术文丛——云南国家级贫困县贫困难题破解研究》,云南大学出版社 2009 年版。

119. 张建华等:《贫困测度与政策评估——基于中国转型时期城镇贫困问题的研究》,人民出版社 2010 年版。

120. 张磊、黄承伟、王燕、Shahidur R. Khandker:《贫困监测与评估》,中国农业出版社 2008 年版。

121. 张磊、樊胜根:《新千年减贫战略:问题、经验与教训》,中国财政经济出版社 2008 年版。

122. 郑志龙:《基于马克思主义的中国贫困治理制度分析》,人民出版社 2015 年版。

123. 中国发展研究基金会编:《在发展中消除贫困》,中国发展出版社 2007 年版。

124. 中国国际扶贫中心、联合国开发计划署驻华代表处编:《国际减贫与发展论坛集萃(2007—2011)》,社会科学文献出版社 2013 年版。

125. 中共中央文献研究室编:《习近平关于社会主义经济建设论述摘编》,中央文献出版社 2017 年版。

126. 中华人民共和国国务院新闻办公室:《中国的减贫行动与人

权进步》,人民出版社 2016 年版。

127. 左常升主编:《国际减贫理论与前沿问题(2015)》,中国农业出版社 2015 年版。

后　记

　　本书是国家社科基金重大项目《把握经济发展趋势性特征　加快形成引领经济发展新常态的体制机制和发展方式研究》［批准号15ZDC009］子课题"经济新常态下的精准扶贫体制机制研究"的阶段性研究成果。

　　党的十八届五中全会明确提出，到2020年中国现行标准下农村贫困人口实现脱贫，贫困县全部摘帽，解决区域性整体贫困。2015年11月，中央扶贫开发工作会议在京召开，在这次大会上，习近平总书记强调，消除贫困、改善民生、逐步实现共同富裕，是社会主义的本质要求，是我们党的重要使命。我们要立下愚公移山志，咬定目标、苦干实干，坚决打赢脱贫攻坚战，确保到2020年所有贫困地区和贫困人口一道迈入全面小康社会。为确保打赢脱贫攻坚战，我们党整合全党、全国和整个社会的力量进行脱贫攻坚。

　　2016年3月，我有幸被中共中央组织部、国务院扶贫办和国家行政学院选派为第一书记，前往云南省普洱市墨江县雅邑镇坝利村进行一年的扶贫挂职。在云南一年的时间里，使我对精准扶贫、精准脱一线工作情况有了较为充分的了解，对我国扶贫任务的艰巨有了的认识，对精准扶贫、精准脱贫战略开始初步的思考。2016年年底,受国家行政学院经济学教研部主任张占斌教授委托,我开始就"经济新常态下的精准扶贫体制机制研究"课题进行研究,并参与中国改革新征途丛书编写,撰写本书。在研究撰写过程中,我深深认识到在经济新常态下中国扶贫任务之复杂、艰巨,精准扶贫、精准脱贫战略之关键、宏大,研究精准扶贫体制机制的重要意义,但受学识、实践经验局限,深感许多问题仍需深入研究,本书只是些阶段性的思考。

本书的顺利出版首先感谢国家行政学院经济学教研部主任张占斌教授,感谢多年来张主任对我学术、工作和生活等多方面的帮助、支持。尤其是在学术上给我更多的学习、实践机会,使我能够结合实践从事自己感兴趣的理论研究,才使此书得以出版。感谢国家行政学院经济学教研部办公室鲍显庄主任多年来的关怀帮助和鼎力支持。感谢国家行政学院决策咨询部副主任董小君教授,国家行政学院经济学部副主任张青教授、李江涛教授、樊继达教授、黄锟教授和龚晓伟老师等诸位同仁长期的帮助和支持。

感谢人民出版社经济与管理编辑部郑海燕编审,为本书的编辑付出的大量心血,为本书的早日出版放弃多个节假日的休息。

同时,十分感谢我的爱人许海利女士,在照顾家庭的同时为本书搜集了大量的资料,做了大量的校对等工作。也感谢我的家人、朋友一直以来的支持、厚爱与陪伴!

王海燕

2017 年 11 月于国家行政学院

策划编辑:郑海燕
责任编辑:郑海燕
封面设计:林芝玉
责任校对:孙寒霜

图书在版编目(CIP)数据

大国脱贫之路/王海燕 著. —北京:人民出版社,2018.5(2019.4 重印)
(中国改革新征途:体制改革与机制创新丛书)
ISBN 978－7－01－019060－0

Ⅰ.①大… Ⅱ.①王… Ⅲ.①扶贫-研究-中国 Ⅳ.①F126

中国版本图书馆 CIP 数据核字(2018)第 047911 号

大国脱贫之路
DAGUO TUOPIN ZHI LU

王海燕 著

人民出版社 出版发行
(100706 北京市东城区隆福寺街 99 号)

北京盛通印刷股份有限公司印刷 新华书店经销

2018 年 5 月第 1 版 2019 年 4 月北京第 2 次印刷
开本:710 毫米×1000 毫米 1/16 印张:16.5
字数:200 千字

ISBN 978－7－01－019060－0 定价:60.00 元

邮购地址 100706 北京市东城区隆福寺街 99 号
人民东方图书销售中心 电话 (010)65250042 65289539